"十四五"职业教育国家规划教材

微课版

市场营销

（第六版）

新世纪高等职业教育教材编审委员会 组编

主　编　易正伟　张洪满　张首杰
副主编　蔡　霞　苗德宏　沈　静

大连理工大学出版社

图书在版编目(CIP)数据

市场营销 / 易正伟，张洪满，张首杰主编. -- 6 版
-- 大连：大连理工大学出版社，2021.10(2025.7重印)
ISBN 978-7-5685-3302-7

Ⅰ.①市… Ⅱ.①易…②张…③张… Ⅲ.①市场营销学－高等职业教育－教材 Ⅳ.①F713.50

中国版本图书馆CIP数据核字(2021)第 220736 号

大连理工大学出版社出版

地址：大连市软件园路80号　邮政编码：116023
营销中心：0411-84707410　84708842　邮购及零售：0411-84706041
E-mail:dutp@dutp.cn　URL:https://www.dutp.cn
辽宁星海彩色印刷有限公司印刷　大连理工大学出版社发行

幅面尺寸：185mm×260mm　　印张：18　　字数：416千字
2006年7月第1版　　　　　　　　　　2021年10月第6版
2025年7月第5次印刷

责任编辑：夏圆圆　　　　　　　　　　责任校对：刘丹丹
封面设计：对岸书影

ISBN 978-7-5685-3302-7　　　　　　　　定　价：55.80元

本书如有印装质量问题，请与我社营销中心联系更换。

前　言

《市场营销》(第六版)是"十四五"职业教育国家规划教材、"十二五"职业教育国家规划教材,也是首届中国大学出版社优秀教材,还是新世纪高等职业教育教材编审委员会组编的市场营销类课程规划教材之一。

企业的盈利水平通常取决于其市场营销能力。一个企业,即使其产品或服务再好,如果不能通过适当的营销策略去满足消费者需要,从而获得盈利,那么其财务、运营以及其他职能根本就无法真正发挥作用。因此,了解营销、学习营销成了企业和广大有志于从事营销工作的人的必然选择。

与同类教材相比,本教材的特色主要体现在以下方面:

1. 全面贯彻落实党的二十大精神,坚持把立德树人作为教材编写的指导方针,让课程思政生根落地。每个项目除了设置"知识目标"和"能力目标"外,新增了"职业素养目标",将课程思政和生态文明教育贯穿始终。

2. 按照市场营销工作过程将全书内容分为市场营销基础、市场分析与开发、营销策略选择与制定、营销管控与营销创新等四个模块,结构简单清晰,逻辑性强,便于读者学习和理解。

3. 根据营销职业岗位(群)的任职要求,参照相关的职业能力标准,来构建教材体系和教学内容。首先,紧跟高职院校人才培养模式改革要求,以"项目导向、任务驱动"作为教材编写的总方针。其次,在编排结构上,摒弃传统的章节编写体例,在每个模块下分项目,每个项目下分任务依次展开。

4. 每个项目开始设置了"知识目标"和"能力目标"小模块,便于读者针对学习目标对学习效果进行自测和评估。

5. 适应高职院校人才培养要求,强调"理论够用,突出实践"。既重视学生理论素养的培养,又重视知识向技能的转化。所谓既"授之以鱼",又"授之以渔"。

6. 为增强内容的知识性、趣味性和可读性,在正文中精心编排了"小案例""小思考""小链接"等小栏目。在案例材料的选取上,摒弃了以往教材"大品牌、大企业、洋案例"的思路,精心选编了大量"小而精"且贴近实际的本土化案例,便于读者理解和吸收。

7. 课后安排了"知识巩固""项目案例""实训项目"等栏目，便于读者复习和总结。贴合单元内容的综合案例分析和具有针对性的实训设计，亦是本书"能力导向"的突出体现。

8. 本教材最大的一个特色是继续保持前五版的脚本式编写风格，将艰深晦涩的营销理论和复杂多变的营销实践用传神的语言予以描述，堪称画龙点睛之笔。

9. 为适应信息化教学的发展趋势，根据每个项目的教学重点和难点精心设计了微课，以帮助读者加深对教材重、难点知识的理解。

为让教材的内容更好地反映营销理论和实践的新发展，在第五版的基础上，我们对教材做了修订，除了增加微课外，对部分案例进行了替换，在案例材料的选取上，更加注重新颖性、典型性和本土化。

本教材主要为高等职业教育市场营销及相关专业的学生编写，同时也可作为广大营销实践工作者和有志于从事营销工作人士的参考用书。

本教材编写团队由具有丰富教学经验与营销实战经验的一线教师组成，其中，广东工贸职业技术学院易正伟、南京交通职业技术学院张洪满、湖北轻工职业技术学院张首杰担任主编，共同研究并确定教材编写体系；武汉外语外事职业学院蔡霞、广州科技职业技术大学苗德宏、湖北轻工职业技术学院沈静担任副主编；广州例外服饰有限公司龙欣荣、易简广告传媒集团股份有限公司陈志丹等参与了部分内容的编写。具体分工如下：龙欣荣从企业工作实践的角度安排项目和任务的编写思路和提纲，易正伟编写项目七、八、九，张首杰、沈静编写项目四、五、六，张洪满编写项目一、二、十，苗德宏编写项目三，蔡霞负责微课的制作，陈志丹负责提供企业素材。

在编写本教材的过程中，我们参考了许多专家、学者的有关论著，汲取了多方面的研究成果，借此机会向他们表示最诚挚的谢意！请相关著作权人看到本教材后与出版社联系，出版社将按照相关法律的规定支付稿酬。

为方便教师教学和学生自学，本教材配有课件、课程标准、教学大纲、实训模块、试卷及答案、小模块参考答案等配套资源，欢迎登录职教数字化服务平台下载。受编者知识水平所限，书中仍可能存在疏漏和不足之处，恳请读者批评指正。

编　者

所有意见和建议请发往：dutpgz@163.com
欢迎访问职教数字化服务平台：https://www.dutp.cn/sve/
联系电话：0411-84706671　84707492

目 录

模块一　市场营销基础

项目一　市场营销认知——绝知此事要躬行 ······ 3
　　任务一　明确市场营销的内涵 ······ 4
　　任务二　树立市场营销的观念 ······ 11
　　任务三　分析市场营销的岗位 ······ 15

模块二　市场分析与开发

项目二　营销环境分析——不谋全局者,不足以谋一域 ······ 31
　　任务一　认识营销环境 ······ 32
　　任务二　分析营销环境 ······ 39
　　任务三　分析消费者购买行为 ······ 45
　　任务四　分析市场竞争 ······ 56

项目三　市场调研——打开市场玄妙之门的"钥匙" ······ 68
　　任务一　确定市场调研项目 ······ 69
　　任务二　选择市场调研方法 ······ 77
　　任务三　设计市场调研问卷 ······ 83
　　任务四　制订市场调研方案 ······ 92

项目四　目标市场选择与市场定位——弱水三千,吾只取一瓢饮 ······ 102
　　任务一　掌握市场细分的方法 ······ 103
　　任务二　选择目标市场 ······ 110
　　任务三　明确目标市场定位 ······ 115

模块三　营销策略选择与制定

项目五　产品策略——善战者,先胜而后战 ······ 125
　　任务一　产品组合策略 ······ 126
　　任务二　产品生命周期策略 ······ 134
　　任务三　产品品牌和包装策略 ······ 139
　　任务四　新产品开发与扩散策略 ······ 144

项目六 价格策略——"薄利"不一定"多销" 153
任务一 分析定价目标及影响因素 154
任务二 选择产品定价方法 158
任务三 选择产品定价策略 162
任务四 制定价格调整策略 170

项目七 渠道策略——以空间消灭时间,以时间消灭空间 177
任务一 认识营销渠道 178
任务二 选择营销渠道 185
任务三 管理营销渠道 194

项目八 促销策略——"临门一脚"的营销战术 204
任务一 促销组合 205
任务二 人员推销 209
任务三 广告策略 214
任务四 销售促进 219
任务五 公共关系 223

模块四 营销管控与营销创新

项目九 营销管控——种瓜得瓜,种豆得豆 233
任务一 营销计划 234
任务二 营销组织 238
任务三 营销控制 246

项目十 市场营销的创新与实践——企业成功的"发动机" 253
任务一 整合营销时代的营销新理念 254
任务二 数字营销 260
任务三 新媒体营销 265
任务四 全网营销 269

参考文献 280

微课索引

微课 何谓市场	微课 营销的至高境界	微课 满足顾客的需求	微课 认识营销环境
微课 SWOT分析法	微课 5W1H分析法	微课 选择调研方法	微课 设计调研问卷
微课 市场细分的关键问题	微课 目标市场选择的关键问题	微课 产品定位的几个关键问题	微课 如何理解产品的整体概念
微课 产品组合决策之BCG法	微课 产品组合决策之GE法	微课 产品生命周期策略	微课 掌握定价目标的两个关键问题
微课 掌握产品定价的三种方法	微课 掌握产品定价的基本策略	微课 理解产品价格调整应注意的问题	微课 认识营销渠道

微课 营销渠道管理涉及的几个关键问题

微课 窜货管理

微课 人员推销的十大步骤和关键要领

微课 广告决策的三个关键问题

微课 促销的三个主要对象及常见的促销工具

微课 营销计划管理

微课 关系营销的几个关键问题

微课 体验营销的几个关键问题

模块一

市场营销基础

项目一　市场营销认知

项目一　市场营销认知

——绝知此事要躬行

知识目标

- 理解市场的内涵及构成。
- 掌握市场营销的内涵及其核心概念。
- 了解市场营销观念及其发展。
- 熟悉企业的主要市场营销岗位及其工作职责。

能力目标

- 能够运用有关市场的知识对不同的市场予以区分。
- 能够举例说明市场营销核心概念的异同。
- 能够举例说明市场营销观念在不同企业或行业的差异,并分析差异产生的原因。
- 能够结合企业营销岗位及其职责,对自己未来的职业生涯进行初步规划。

职业素养目标

- 树立社会营销观念,在从事营销活动时兼顾个人、企业和社会的短期利益与长期利益。
- 树立绿色营销观念,在从事营销活动时注重生态文明建设,实现经济活动与自然环境的和谐统一。
- 树立良好的职业形象,确立营销人的职业担当意识和时代使命意识。

情境引入

皮鞋的由来

从前,有一位国王到某个偏远的乡间旅行,因为路面有很多碎石头,硌得他的脚板又痛又麻。回到王宫后,他下了一道命令,要将国内所有的道路都铺上一层牛皮。他认为这样做,不只是为自己考虑,还可以造福他的人民,让大家走路时不再受疼痛之苦。但即使杀尽国内所有的牛,也筹措不到足够的皮革,而所花费的金钱、动用的人力,更不知几何。虽然根本做不到,甚至还相当愚蠢,但因为是国王的命令,大家也只能摇头叹息。

但是，一位聪明的仆人还是决定大胆地向国王建言："国王啊！为什么您要劳师动众，牺牲那么多头牛，花费那么多金钱呢？您何不用两小片牛皮包住您的脚呢？"国王听了很惊讶，但也立即领悟，于是采用了这个建议。据说，这就是"皮鞋"的由来。

试问："皮鞋"的由来说明了什么？

要改变世界，很难；要改变自己，则较为容易。与其改变全世界，不如先改变自己。自己改变后，眼中的世界自然也就跟着改变了。如果你希望看到世界改变，那么第一个必须改变的就是自己。改变自己的法则：换产品不如换观念，你必须自己去掌握机会，创造适合自己产品的配套模式，才能与世界竞争。

任务一　明确市场营销的内涵

——实现企业和顾客价值的最大化

一、市场的内涵

市场是与商品经济相联系的经济范畴，是商品经济发展的产物。市场的存在与发展，取决于社会分工及商品生产。在日常生活中，人们习惯于将市场看作买卖的场所，而从营销的角度来看，卖者构成行业，而买者才构成市场。所谓市场，是指具有特定需要和欲望，愿意并能够通过交换来满足这种需要和欲望的全部现实的和潜在的顾客。

从卖方角度研究买方市场，市场的形成要有人口、购买力、购买欲望三个要素。所以，从市场营销的角度来看，可以用下列简单公式来表示市场：

市场＝人口＋购买力＋购买欲望

这个公式说明，企业要出售商品，现实的与潜在的顾客的总量、顾客的支付能力以及购买的主观愿望三大要素缺一不可。只有将这三者结合起来才能构成现实的市场，并决定市场的规模和容量。

小案例

"50＋"超市

在奥地利首都维也纳有专门为50岁以上老人服务的购物场所，即"50＋"超市。

"50＋"超市创意很简单，但又很独到。超市货架之间的距离比普通超市大得多，老人可以慢慢地在货架间选货而不会显得拥挤或憋气；货架间设有靠背座椅；购物推车装有刹车装置，后半截还设置了一个座位，老人如果累了还可以随时坐在上面歇息；货物名称和价格标签也比别的超市要大，而且更加醒目；货架上还放着放大镜，以方便老人看清物品上的产地、标准和有效期等。如果老人忘了带老花镜，可以到入口处的服务台去临时借一副老花镜戴上。最重要的是，超市只雇用50岁以上的员工。对此，一家"50＋"超市经理布丽吉特·伊布尔说："这里受到顾客的欢迎，增加了他们的信任感。"从中获益的不仅仅是顾客，雇用的12名员工也可以重新获得工作，他们十分珍惜这份工作，积极性特别高。

"50＋"超市由于替老人想得特别周到，深受老人欢迎。同时也被其他年龄层（如带孩子的年轻母亲)所接受。"50＋"超市商品的价格与其他超市一样,营业额却比同等规模的普通超市多了20%。

焦点问题：请解释以上案例是如何体现市场的内涵及市场公式所包含的三要素的。

二、市场营销

(一)市场营销的内涵

市场营销一词由英语中"Marketing"一词翻译而来,基本含义是指在市场中进行商品交换的活动过程。市场营销的内涵在市场营销学发展的不同阶段是不同的。最为权威的市场营销定义是美国著名市场学专家菲利普·科特勒教授的定义：

市场营销是个人和群体通过创造、提供并同他人交换有价值的产品,以满足各自的需要和欲望的一种社会活动和管理过程。

根据这一定义,可以将市场营销概念具体归纳为下列要点：

(1)市场营销的最终目标是"满足需求和欲望"。

(2)"交换"是市场营销的核心,交换过程是一个主动、积极寻找机会,满足双方需要和欲望的社会过程和管理过程。

(3)交换过程能否顺利进行,取决于市场营销者创造的产品和价值满足顾客需求的程度和交换过程管理的水平。

微课
营销的至高境界

市场营销的实质是在市场研究的基础上,以消费者的需求为中心,在适当的时间和地点,以适当的价格及方式,把适合消费者需要的产品和服务提供给消费者。

市场营销与销售或推销是有区别的,现代市场营销活动包括市场营销研究、市场需求预测、新产品开发、定价、分销、物流、广告、公共关系、人员推销、营业推广、售后服务等,而销售仅仅是现代企业市场营销活动的一部分,而且不是最重要的部分。

小链接

推销与营销的区别

①推销是见到客户就说业务,营销则首先问需求;

②推销更重视产品并将买卖放首位,营销更关注客户特点并考虑客户的感觉;

③推销是见到客户就捕鱼,不论鱼大鱼小、网是否合适,营销则根据鱼的特点先织网,再捕鱼;

④推销是拿着产品跟着客户跑,营销则用业务吸引客户并做客户的顾问。

小思考

市场营销就是推销、广告等促销活动吗?

(二)市场营销涉及的核心概念

1.需要、欲望和需求

需要和欲望是市场营销活动的起点。需要是指人类与生俱来的基本需要,如人类为了生存必然有对吃、穿、住、安全、归属、受人尊重的需要。这些需要存在于人类自身生理和社会之中,市场营销者可用不同方式去满足它,但不能凭空创造。欲望是指想得到上述需要的具体满

微课
满足顾客的需求

足品的愿望,是个人受不同文化及社会环境影响表现出来的对基本需要的特定追求。如为满足"解渴"的生理需要,人们可能选择(追求)喝开水、茶、汽水、果汁、绿豆汤或者矿泉水。市场营销者无法创造需要,但可以影响欲望,开发及销售特定的产品和服务来满足欲望。需求是指人们有能力购买并愿意购买某个具体产品的欲望。需求实际上也就是对某特定产品及服务的市场需求。市场营销者总是通过各种营销手段来影响需求,并根据对需求的预测结果决定是否进入某一产品(服务)市场。

2.产品和服务

产品是能够满足人的需要和欲望的任何东西。产品的价值不在于拥有它,而在于它所带来的对欲望的满足。人们购买小汽车不是为了观赏,而是为了得到它所提供的交通服务。产品实际上只是获得服务的载体。这种载体可以是物,也可以是"服务",如人员、地点、活动、组织和观念。当我们心情烦闷时,为满足解脱的需要,可以去参加音乐会,听歌手演唱(人员);可以到风景区旅游(地点);可以参加各种志愿者活动(活动);可以参加消费者假日俱乐部(组织);也可以参加研讨会,接受一种不同的价值观(观念)。市场营销者必须清醒地认识到,其创造的产品不管形态如何,如果不能满足人们的需要和欲望,就必然会失败。

3.顾客价值

顾客价值是指购买产品的成本与拥有此产品的价值之间的差距。面对市场上的多种产品的选择,买家会估计并排列各类产品对他的价值,然后购买对他而言价值最高的产品。

4.效用、费用和满足

效用是顾客对产品满足其需要的整体能力的评价。顾客通常根据效用这种对产品价值的主观评价和要支付的费用来做出购买决定。如某人为了解决其每天上班的交通需要,他会对可能满足这种需要的产品选择组合(如自行车、公交车、地铁、汽车、出租车等)和他的需要组合(如速度、安全、方便、舒适和节约等)进行综合评价,以决定哪一种产品能提供最大的满足。假如他主要对速度和舒适度感兴趣,也许会考虑购买汽车。但是,汽车购买与使用的费用要比自行车高许多,若购汽车,他必须放弃用其有限的收入可购置的其他产品(服务)。因此,他将全面衡量产品的费用和效用,选择购买能使每一元花费带来最大效用的产品。

5.交换和交易

交换是指从他人之处取得所需之物,而以自己的某种东西作为回报的行为。人们对满足需要或欲望之物的取得,可以有多种方式,如自产自用、强取豪夺、乞讨和交换等。其中,只有交换方式存在市场营销。交换的发生,必须具备五个条件:至少有交换双方;每一方都有对方需要的有价值的东西;每一方都有沟通和运送货品的能力;每一方都可以自由地接受或拒绝;每一方都认为与对方交易是合适或称心的。交易是交换的基本组成单位,是交换双方之间的价值交换。交换是一种过程,在这个过程中,如果双方达成一项协议,我们就称之为发生了交易。

6.市场营销者

在交换中,把更主动、更积极地寻求交易的一方称为市场营销者,把相对被动的一方称为潜在顾客。换句话说,市场营销者是指希望从他人那里获得资源并愿意以相应价值的产品和服务作为交换的人。市场营销者可以是卖方,也可以是买方。买卖双方都表现积极时,可将双方都称为市场营销者。

三、市场营销管理的任务

市场需求是多种多样的,根据需求水平、时间和性质的不同,可归纳出以下几种不同的需求状况,在不同的需求状况下,市场营销管理的任务有所不同。

1.采取扭转性营销,使负需求变为正需求

负需求是指全部或大部分顾客对某种产品或服务不仅不喜欢、没有需求,甚至有讨厌情绪。在此情况下,市场营销的任务是分析市场为何不喜欢这种产品,研究如何经由产品再设计、改变产品的性能或功能、降低价格和正面促销等市场营销方案来改变市场的看法和态度,即扭转人们的抵制态度,实行扭转性营销措施,使负需求变为正需求。

2.采取刺激性营销,使无需求变为正需求

无需求是指市场对某种产品或服务既无负需求亦无正需求,只是漠不关心,没有兴趣。无需求通常针对新产品和新的服务项目,人们因不了解而没有需求;或者是非生活必需的装饰品、赏玩品等,消费者在见到它们以前也不会产生需求。因此,市场营销的任务就是要设法把产品能带来的利益和价值同人们的自然需要和兴趣结合起来,以引起消费者的关注和兴趣,通过刺激需求,使无需求变为正需求,即实行刺激性营销。

3.采取开发性营销,使潜在需求变为现实需求

潜在需求是指多数消费者对市场上现实不存在的某种产品或服务的强烈需求。在这种情况下,市场营销的任务就是估量潜在市场的大小和发展前景,努力开发新产品,设法提供能满足潜在需求的产品和服务,变潜在需求为现实需求,实行开发性营销。

4.采取恢复性营销,使下降需求变为上升需求

人们对一切产品和服务的兴趣和需求,总会有发生动摇或下降的时候,在这种情况下,市场营销者必须分析市场衰退的原因,决定是否通过选择新的目标市场,改变产品特色,或者采取更有效的营销组合再刺激需求。市场营销的任务是设法使已下降的需求重新回升,使人们已经冷淡下去的兴趣得以恢复,即实行恢复性营销。

5.采取同步性营销,使不规则需求变为规则需求

许多产品和服务的需求是不规则的,即在不同时间、不同季节需求量不同,如运输业、旅游业、娱乐业都有这种情况。因此,市场营销的任务是设法调节需求与供给的矛盾,通过灵活定价、促销和其他激励措施,寻找改变需求时间模式的方法,使供求趋于协调同步,即实行同步性营销。

6.采取维护性营销,使饱和需求能够持续充分

饱和需求是指当前市场对企业产品或服务的需求在数量上和时间上同预期的最大需求已达到一致。但是,饱和需求状态不会静止不变,而是动态的,它常常由于两种因素的影响而变化:一是消费者的偏好和兴趣的改变;二是同行业者的竞争。因此,市场营销的任务是设法保持现有的需求水平和销售水平,防止出现下降趋势,这就要求企业必须保持或改进产品质量,不断估计消费者需求的满足程度与企业生产经营之间的关系,努力做好营销工作,即实行维护性营销。维护性营销的主要策略包括保持合理售价,稳定推销人员和代理商,严格控制成本费用,进一步搞好售后服务等。

7.采取限制性营销,使过度需求变为适度需求

过度需求是指市场对某种产品或服务的需求量超过了卖方所能供给或所愿供给的水平,这可能是暂时性缺货,也可能是价格太低,还可能是由于产品长期过分受欢迎所致。在这种情况下,应当实行限制性营销。限制性营销就是长期或暂时限制市场对某种产品或服务的需求,通常可采取提高价格、减少服务项目和供应网点、劝导节约等措施。实行这些措施是难免要受到反对的,市场营销者要有充分的思想准备和应变措施。

8.采取抵制性营销,使有害需求变为无需求或负需求

有些产品或服务对消费者、社会公众或供应者有害无益,对这种产品或服务的需求就是有害需求。有害的产品或服务常引起有组织的力量反对其消费,在这种情况下,市场营销的任务是否定这类需求,抵制和清除这类需求,即实行抵制性营销或禁售。

抵制性营销与限制性营销不同,限制性营销是限制过度的需求,而不是否定产品或服务本身;抵制性营销则是强调产品或服务本身的有害性,从而抵制这种产品和服务的生产和经营。

四、市场营销组合

(一)市场营销组合的内容

市场营销组合是企业市场营销战略的一个重要组成部分,是指将企业可控的基本营销措施组成一个整体性活动。市场营销的主要目的是满足消费者的需要。这一概念是由美国哈佛大学教授尼尔·鲍顿于1964年开始采用的。同年,美国伊·杰罗姆·麦卡锡教授将市场营销研究的内容概括为"4Ps"。"4Ps"理论认为,影响企业经营的诸要素中,市场营销环境是不可控的因素,而产品(Product)、价格(Price)、分销(Place)和促销(Promotion)是企业可以控制的因素,这四种因素可以组成一个系统化的营销组合策略,以适应外部环境的变化,满足目标顾客的需求,实现企业的经营目标。

影响企业市场营销的因素有两类:一类是企业外部环境给企业带来的机会和威胁,这些是企业很难改变的;另一类则是企业本身可以通过决策加以控制的。企业本身可以控制的因素归纳起来主要有以下四个方面:

1.产品策略

产品策略包括产品发展、产品计划、产品设计、交货期等决策的内容。其影响因素包括产品的特性、质量、外观、附件、品牌、商标、包装、担保、服务等。

2.价格策略

价格策略包括确定定价目标、制定产品价格原则与技巧等内容。其影响因素包括分销渠道、区域分布、中间商类型、运输方式、存储条件等。

3.分销策略

分销策略主要研究使商品顺利到达消费者手中的途径和方式等方面的策略。其影响因素包括付款方式、信用条件、基本价格、折扣、批发价、零售价等。

4.促销策略

促销策略是指研究如何促进顾客购买商品以实现扩大销售的策略。其影响因素包括

广告、人员推销、宣传、营业推广、公共关系等。

上述四个方面的策略组合起来称为市场营销组合策略。市场营销组合策略的基本思想在于：从制定产品策略入手，同时制定价格、促销及分销策略，组合成策略总体，以便达到以合适的产品、价格、促销方式，把产品送到合适地点的目的。企业经营的成败，在很大程度上取决于这些组合策略的选择和它们的综合运用效果。

小案例

表1-1为麦当劳公司的市场营销组合策略。

表1-1 麦当劳公司的市场营销组合策略

产品策略	标准的、稳定的、高质量的产品，服务时间长，服务速度快
价格策略	低价政策
分销策略	营业场所选择在顾客密集的区域——无论城市或郊区，组织特许连锁经营，扩展新店
促销策略	强有力的广告宣传，广告媒体以电视为主，内容针对年轻人的口味

焦点问题：试评价麦当劳公司营销组合策略的优缺点。

（二）大市场营销组合

20世纪80年代以来，世界经济发展滞缓，市场竞争日益激烈，政治和社会因素对市场营销的影响和制约越来越大。这就是说，一般营销策略组合的"4Ps"不仅要受到企业本身资源及目标的影响，而且更受企业外部不可控因素的影响和制约。一般市场营销理论只看到外部环境对市场营销活动的影响和制约，而忽视了企业经营活动也可以影响外部环境。为克服一般营销观念的局限，大市场营销组合应运而生。1986年美国著名市场营销学家菲利普·科特勒教授提出了大市场营销组合，在原"4Ps"的基础上增加两个"P"，即权力（Power）和公共关系（Public Relations），简称"6Ps"。

菲利普·科特勒给大市场营销下的定义为：为了成功地进入某特定市场，在策略上必须协调地使用经济心理、政治和公共关系等手段，以取得外国或地方有关方面的合作和支持。此处所指特定的市场，主要是指壁垒森严的封闭型或保护型的市场。贸易保护主义的回潮和政府干预的加强，是国际、国内贸易中大市场营销存在的客观基础。要打入这样的特定市场，除了做出较多的让步外，还必须运用大市场营销策略，即"6Ps"组合。大市场营销概念的要点在于当代营销者越来越需要借助政治力量和公共关系技巧去排除产品通往目标市场的各种障碍，取得有关方面的支持与合作，实现企业营销目标。

大市场营销理论与常规的营销理论（"4Ps"）相比，有两个明显的特点：一是十分注重调和企业与外部各方面的关系，以排除来自人为的（主要是政治方面的）障碍，打通产品的市场通道，这就要求企业在分析满足目标顾客需要的同时，必须通过研究来自各方面的阻力来制定对策，这在相当程度上依赖于公共关系工作去完成；二是打破了传统的关于环境因素之间的分界线，也就是突破了市场营销环境的不可控因素，重新认识市场营销环境及其作用，某些环境因素可以通过企业的各种活动施加影响或运用权力疏通关系来加以改变。

小链接

"4Cs"营销组合策略

"4Cs"营销组合策略是在1990年由美国营销专家劳特朋教授提出的,它以消费者需求为导向,重新设定了市场营销组合的四个基本要素,即消费者(Consumer)、成本(Cost)、便利(Convenience)和沟通(Communication)。该策略强调企业应该把追求顾客满意放在第一位,其次是努力降低顾客的购买成本,然后要充分注意顾客购买过程中的便利性,而不是从企业的角度来决定分销渠道策略,最后还应以消费者为中心实施有效的营销沟通。

与以产品为导向的"4Ps"理论相比,"4Cs"理论有了很大的进步和发展,它重视顾客导向,以追求顾客满意为目标,这实际上是当今消费者在营销中越来越居主动地位的市场对企业的必然要求。"4Cs"营销组合内容包括以下四个方面:

1.消费者。这里的消费者主要指顾客的需求。企业必须首先了解和研究顾客,根据顾客的需求来提供产品。同时,企业提供的不仅仅是产品和服务,更重要的是由此产生的客户价值(Customer Value)。

2.成本。这里的成本不单是指企业的生产成本,即"4Ps"中的Price(价格),它还包括顾客的购买成本,同时也意味着产品定价的理想情况,应该是既低于顾客的心理价格,亦能够让企业有所赢利。此外,这中间的顾客购买成本不仅包括货币支出,还包括为此耗费的时间、体力和精力以及购买风险。

3.便利。即所谓的为顾客提供最大的购物和使用便利。"4Cs"营销理论强调企业在制定分销策略时,要更多地考虑顾客的方便,而不是企业自己方便。要通过好的售前、售中和售后服务来让顾客在购物的同时,也享受到便利。便利是客户价值不可或缺的一部分。

4.沟通。沟通取代了"4Ps"中对应的Promotion(促销)。"4Cs"营销理论认为,企业应通过同顾客进行积极有效的双向沟通,建立基于共同利益的新型企业-顾客关系。这不再是企业单向促销和劝导顾客,而是在双方的沟通中找到能同时实现各自目标的途径。

在"4Cs"理念的指导下,越来越多的企业更加关注市场和消费者,与顾客建立一种更为密切的和动态的关系。总体来看,"4Cs"营销理论注重以消费者需求为导向,与市场导向的"4Ps"相比,"4Cs"营销理论有了很大的进步和发展。"4Cs"营销理论从其出现的那一天起就普遍受到企业的关注,20世纪50年代到20世纪70年代,许多企业运用"4Cs"营销理论创造了一个又一个奇迹。但是"4Cs"营销理论过于强调顾客的地位,而顾客需求的多变性与个性化发展,导致企业不断调整产品结构、工艺流程,不断采购和增加设备,而其中的许多设备专属性强,导致专属成本不断上升,利润空间大幅缩小。另外,企业的宗旨是"生产能卖的东西",在市场制度尚不健全的国家或地区,就极易产生假冒伪劣的恶性竞争以及"造势大于造实"的推销型企业,从而严重损害消费者的利益。当然这并不是由"4Cs"营销理论本身所引发的。

任务二　树立市场营销的观念

——酒香也怕巷子深

一、市场营销观念

市场营销观念又称为营销理念、市场观念、营销哲学,是指企业在开展市场营销的过程中,处理企业、顾客和社会三者利益问题时所持的态度、思想和意识,即企业进行市场营销管理时的指导思想和行为准则。市场营销观念的核心是企业以什么为中心来开展营销活动,一种经营观念一旦形成,就会成为全社会在一定时期经营活动的行为准则。企业市场营销管理的指导思想是否符合形势,与企业市场营销管理能否成功和企业的兴衰成败关系极大。

随着商品交换日益向深度和广度发展,经营观念也不断地演变和充实。纵观企业经营观念发展演变的历史,大致经历了生产观念、产品观念、推销观念、市场营销观念、生态营销观念和社会营销观念六个阶段。其中,前三种被称为旧市场营销观念,后三种被称为新市场营销观念。

小案例

海尔的营销观念:先卖信誉,后卖产品

著名管理大师德鲁克说:"一些企业采用疯狂降价的手段提供给买主极优惠的价格与现金折扣,实际上只是白白耗费了巨额的资金,更糟糕的是,流失了大量的买主。"随着产品降价,企业信誉在用户心中的位置也一落千丈。

曾有段时期,海尔热水器市场部产品经理刘某通过为客户挑"毛病"而赢来订单的故事成为美谈。

昆明某房地产公司的张经理准备买一批热水器。消息传开,竞标者蜂拥而至。其他厂家将热水器的价格一降再降,唯独刘某以用户的眼光在张经理精心设计的样板房内挑了许多"毛病",其中一条就是热水器放置在明处与周围环境不协调。同时提出用海尔线控式"防电墙"热水器可以克服这种不协调。第二天一早,张经理将定制80台海尔线控式"防电墙"热水器的订单传给了海尔。面对其他品牌厂家的不解,张经理一语道破天机:"海尔是站在用户的角度为客户着想,就冲这个我把订单给海尔!"

焦点问题:海尔的营销观念对其产品销售有何影响?

(一)生产观念

生产观念是最古老的一种市场营销观念。20世纪20年代以前,这一营销观念在美国占主导地位,那时的消费者喜欢那些价格低廉而且可随处买到的产品。"以产定销,以量取胜",不考虑消费者的需要和社会利益,企业以生产为中心,生产什么产品就销售什么产品。在生产观念影响下企业的中心任务是:加强生产管理,努力提高生产效率,增加产量,降低成本,把物美价廉的产品提供给顾客,获取利润。

小案例

福特的营销观念

美国福特汽车公司的创办人曾经说过:"不管顾客的需要是什么?我们的汽车就是黑色的。"因为在那个时代,福特汽车公司通过采用大量流水生产组织形式,大大提高了福特汽车的生产效率,降低了汽车的生产成本,从而大大降低了福特汽车的售价,使福特汽车供不应求,清一色的黑色汽车畅销无阻,不必讲究市场需求的特点和推销方法。显然,整个市场的需求基本上是被动的,消费者没有多大选择余地。

焦点问题:福特的营销观念有何问题?在现今的市场经济条件下,你认为福特的营销观念应做怎样的转变?

(二)产品观念

产品观念是与生产观念并存的一种市场营销观念,都是重生产,轻营销。产品观念认为,消费者喜欢高质量、多功能和具有某些特色的产品。因此,企业管理的中心是致力于生产优质产品,并不断精益求精,"以产定销,以质取胜"。但企业在营销管理中缺乏远见,只看到自己的产品质量好,看不到市场的变化,具体表现为"酒香不怕巷子深""皇帝的女儿不愁嫁"。在产品观念下企业的中心任务是:制造质量优良的产品,并经常不断地加以改造提高。

(三)推销观念

推销观念产生于资本主义经济由"卖方市场"向"买方市场"的过渡阶段。推销观念认为,消费者通常有一种购买惰性或抗衡心理,若顺其自然,消费者就不会自觉地购买大量本企业的产品,因此企业管理的中心任务是积极推销和大力促销,以诱导消费者购买产品。其具体表现是:我卖什么,就设法让人们买什么。在推销观念下,企业的中心任务是:采取各种可能的销售手段和方法,去说服和诱导顾客购买产品。

推销观念与前两种观念一样,也是建立在以企业为中心的"以产定销"的基础上,而不是满足消费者的真正需要。因此,前三种观念被称为旧市场营销观念。

(四)市场营销观念

市场营销观念是以消费者需求为中心的企业经营哲学,形成于20世纪50年代。这一观念认为,实现企业经营目标的关键在于正确确定目标市场的需要和愿望,一切以消费者为中心,并且要比竞争对手更有效、更有力地传送目标市场所期望满足的东西。

市场营销观念的产生,是市场营销哲学一种质的飞跃和革命,它不仅改变了旧观念的逻辑思维方式,而且在经营策略和方法上也有很大突破。它要求企业营销管理贯彻"顾客至上"的原则,将管理重心定为善于发现和了解目标顾客的需要,并千方百计去满足它,从而实现企业目标。该观念的主要表现是:市场需要什么,就生产和推销什么;能卖什么,就生产什么。执行市场营销观念的企业称为市场导向企业,其具体表现是:尽我们最大的努力,使顾客的每一元钱都能买到十足的价值和满意。在市场营销观念下,企业的中心任务是:搞好市场调研,通过产品开发、市场开发满足消费者的需求。

小案例

满足消费者的需求

运动鞋问世后,西方消费者都认为它比布鞋更为耐用、舒适,市场需求量很大。由于生产运动鞋利润丰厚,许多生产者步入该市场,大批量生产,供给量增加,销售出现困难。有些生产者加强推销活动,以维持产品销售。但所推销的仍是以往的产品,虽设计款式有所改变,但未能满足顾客的需求。

锐步公司的创始人保乐·法尔曼认为:"随着生产力的发展,消费水平的提高,消费者的需求也提高了。"这时,如果只从推销方面努力,而不在营销组合策略上力求满足消费者的需求,是难以奏效的。他根据消费者的需求,先后推出"自由式"健美操运动鞋、充气高腰篮球鞋和厚皮面硬底的"黑面"篮球鞋等多款产品。在时尚健康的广告推动下,锐步公司创造了运动鞋销售史上的神话。

锐步公司运用市场营销原理,对消费者需求进行分析,以消费者为中心,不断地研制新产品,从而使自己在运动鞋市场上立于不败之地,成为名列行业前茅的运动鞋制造商。

焦点问题:锐步公司是怎样成为名列行业前茅的运动鞋制造商的?

(五)生态营销观念

20世纪70年代以后,市场营销观念已在资本主义各发达国家中被普遍接受。但是在实践中,有的企业片面强调满足消费者的需求,往往生产企业并不擅长的产品,其结果是并不能达到在满足消费者需求的同时获取尽可能多的利润的目的。因此,出现了生态营销观念。生态营销观念认为企业同生物的有机体一样,与所处的营销环境有着密切的相互依存关系,企业只有使其经营行为与其所处的环境保持协调平衡,才能求得生存和发展。在生态营销观念下,企业的中心任务是:注重企业优势与市场需求的整合。

小案例

坐困愁城的发明家

能源危机引起了各种各样严肃而又有趣的发明,这些发明都是为了节省矿物燃料或开辟新能源。比如,用玉米制成液化气;利用太阳能和风能;采用可使用多种能源的机器以提高原料的利用率等。

有位发明家研制了一种同时兼备上述三种特点的小汽车,他将汽油箱改为一个高效能的快速甲烷发生器,该发生器可把有机物(如杂草等)随时转化为燃料;汽车棚顶上装有太阳能电池板,当甲烷用完时可由电池驱动,平时则用电池板给蓄电池充电;另外车上还装有一对风翼,以便在风向和风速适宜的条件下使用。这种汽车采用最先进的设计、材料和工艺技术,不仅重量轻,而且装有十分理想的气动装置。

这位发明家认定这是一个成功的创造,因此便回到老家墨西哥的一处深山里。他自信世界上所有的厂商都会蜂拥而至,坐等在家也会有人踏出一条通向他家的路来,可最后什么人也没等到,那项杰出的发明放在那里生了锈,布满了尘。

焦点问题:这位发明家的产品为什么没有得到推广和认可?

(六) 社会营销观念

社会营销观念是对市场营销观念的修改和补充。社会营销观念认为：企业的合理行为应该在满足消费者需求的同时，考虑社会的整体利益和长远利益，在此基础上谋求企业利润目标的实现。企业提供任何产品或服务时，不仅要满足消费者的需要和符合本企业的短期利益，而且要符合消费者和社会的整体利益和长远利益。社会营销观念要求市场营销者在制定市场营销策略时，要统筹兼顾三方面的利益，即企业利润、消费者需要的满足和社会利益。

小案例

汉堡包快餐行业受到的批评

汉堡包快餐行业提供了美味可口的食品，但却受到了批评。原因是其食品虽然可口却没有营养。汉堡包脂肪含量太高，餐馆出售的油煎食品和肉馅饼都被反映含有过多的淀粉和脂肪。出售时采用方便包装，因而产生了过多的包装废弃物。在满足消费者需求方面，这些餐馆可能损害了消费者的健康，同时污染了环境。

焦点问题：汉堡包快餐行业为什么受到批评？

二、营销观念的比较

上述这六种营销观念中的前三种观念被称为旧市场营销观念。旧市场营销观念总体上是以企业和生产为中心，以产定销，其背景在于产品供不应求，处于卖方市场。后三种观念被称为新市场营销观念。新市场营销观念总体上是以消费者为中心，以销定产，其观念的产生就在于产品供过于求，买方市场的形成。

实际上，在具体的营销实践中，还有许多观念从各个侧面对市场营销观念进行渗透或予以强化，如服务营销、文化营销和绿色营销等。营销观念的比较见表1-2。

表1-2　　　　　　　　　　营销观念的比较

类别	营销观念	出发点	重心	营销策略	营销目标
旧市场营销观念	生产观念	企业	产品产量与质量	增加生产或提高产品质量	通过增加产量、降低成本来取得利润
	产品观念	企业	产品质量	生产更加优质的产品	通过高质量的产品推动销量增长
	推销观念	企业	推销产品	提高产品质量或努力促销	通过促销来扩大销量，达到获利
新市场营销观念	市场营销观念	目标市场	顾客需求	市场营销组合	通过满足市场需求达到长期获利
	生态营销观念	目标市场某部分需求	企业与环境相适应	建立企业的相对优势	通过适应环境变化，满足市场新的需求，区别于竞争对手，创造利润
	社会营销观念	目标市场	顾客需求和社会公众利益	多层次综合市场营销活动	通过满足市场需求、增进社会利益达到长期获利

任务三　分析市场营销的岗位

——人才是第一"营销力"

小案例

市场营销职位需求稳居榜首

无论就业形势如何波动,市场营销职位在人才需求榜中长期占据榜首。特别是专业营销技能较强、有一定行业背景、熟练掌握外语的高端营销人才最为紧俏。

据猎头职业顾问罗某透露,近年有很多企业都意识到市场营销人才的重要性,通过高薪资、高职位、高待遇,不计任何代价引进高端销售人才。即使如此,企业也并不是来者不拒的,企业对有行业背景、出色业绩、管理才能、职业道德的四有人才情有独钟。

据猎头多年来的统计分析,市场营销总监、市场营销经理职位稳居人才需求榜首,薪酬标准也大大高于其他同级别职位。高端销售人才主要来自于同行业或竞争对手公司,一方面可以提升公司业绩,推进企业朝规范化的方向发展;另一方面,猎走竞争对手的核心人才,会减慢竞争对手的发展进程,制造对手发展的阻碍,可谓一举两得。

按照这种供需两旺的良好态势,市场营销专业依然会成为各大高等院校招生的热门专业,历年平均就业率达九成左右。但并不是所有市场营销专业的毕业生都适合做市场营销工作,只有具备良好的沟通技巧和心态,对所从事的行业有深入了解的人才能做好营销工作。

焦点问题:市场营销职位需求为何能稳居榜首?

一、构建市场营销组织

企业的市场营销计划和其他营销活动必须通过相应的、高效率的市场营销组织或机构来执行与实施。所谓市场营销组织是指企业内部涉及市场营销活动的各个职位及其结构。常见的有市场管理型营销组织、销售管理型营销组织、区域营销管理型营销组织,其组织结构及岗位分别见图1-1、图1-2、图1-3。

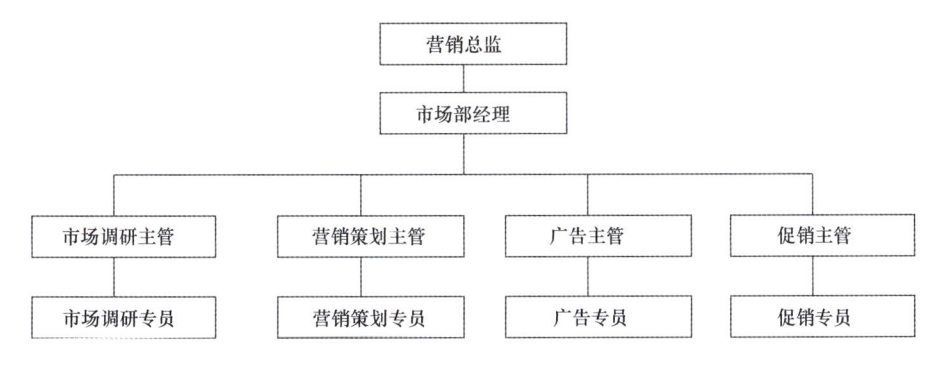

图1-1　市场管理型营销组织结构及岗位

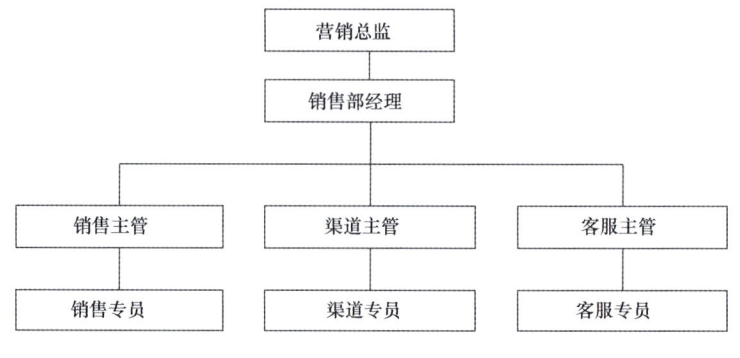

图 1-2　销售管理型营销组织结构及岗位

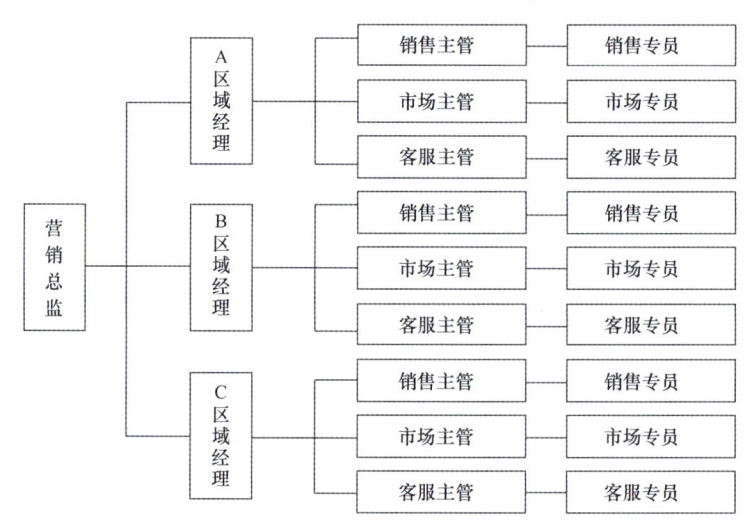

图 1-3　区域营销管理型营销组织结构及岗位

市场营销组织的设计,要根据市场营销计划所确定的目标与要求,将营销工作进行分工,确定企业不同营销部门和营销人员的职责与权限,设立相应的协调机构,以实现企业的营销目标。

企业无论怎样设计其市场营销组织形式,其根本目标都是要保证企业各项营销策略的顺利实施,所以在设置市场营销组织时,必须要根据企业规模、产品因素、市场因素、企业营销最高管理者的态度等主客观条件,选择适当的组织形式。关于市场营销组织的详细介绍,请参见本书项目九中的任务二。

小思考

比较并说明三种营销组织结构的优点、缺点及适用情况。

二、营销岗位分析

从市场营销组织中可以明显看出,在企业中,市场营销涉及的岗位主要有营销总监(营销副总经理)、市场部经理、销售部经理、区域经理、调研主管、策划主管、广告主管、促销主管、销售主管、渠道主管、客服主管、市场主管、调研专员、策划专员、广告专员、促销专员、销售专员、客服专员、渠道专员、市场专员等岗位,这些岗位总体可归纳为以下十类,下面分类说明这些岗位的工作内容。

(一)管理岗位及其工作内容

表 1-3　　　　　　　　　　　　　管理岗位及其工作内容

管理岗位	主要工作	具体工作内容
营销总监(营销副总经理)	(1)部门制度的建设与管理	①组织编制营销管理各项规章制度,报总经理审批后组织实施
		②监督、检查各项规章制度的执行情况
		③根据企业发展的实际情况,适时补充、修改、完善各项规章制度
	(2)营销战略管理	①组织制定公司的营销战略,并监督实施
		②根据公司的营销战略组织编制公司和各营销单位的年度、季度、月度营销计划
		③协调各单位的关系,使营销战略与营销计划得到贯彻执行
	(3)市场推广管理	①根据企业的发展方向,组织搜集有关市场信息,并进行汇总分析,编制市场调研报告
		②负责市场营销推广方案的审批与监督执行
		③负责市场开发方案的审批与监督执行
	(4)销售管理	①组织展开多种销售手段,开拓市场
		②对销售过程进行控制管理
		③针对销售过程中出现的问题提出有效的纠正措施和指导建议,确保销售目标的完成
	(5)营销费用控制管理	①组织编制营销费用预算
		②监督、控制营销费用的使用
	(6)营销组织管理	①构建合理的营销组织,使之符合企业经营发展的需要
		②对营销组织进行管理,适时扩建、调整营销组织结构
市场部经理	(1)计划管理	①编制年度市场推广计划
		②编制年度广告计划
	(2)组织开展市场调研活动	①根据企业经营发展需要,编制调研方案
		②组织开展市场调研活动,编制市场调研报告
	(3)制订市场推广计划	①编制市场推广、广告宣传、促销活动方案
		②统一规划企业的市场推广、广告宣传、促销、公关等活动
		③定期组织公关、广告宣传、促销效果评估,并编写评估报告
	(4)费用控制管理	①严格遵守企业财务制度,及时编制市场的各项费用预算,上报领导审批
		②控制市场费用的支出,节约企业管理成本
	(5)外部关系管理	①建立良好的媒体合作关系
		②与相关合作单位建立良好的关系
	(6)部门人员管理	①协助人力资源部开展市场人员的策划能力、产品知识的培训工作,负责市场人员的培养、选拔与任免工作
		②制订市场人员的考核计划,并对市场人员的工作情况进行考核

(续表)

管理岗位	主要工作	具体工作内容
销售部经理	（1）制订销售计划	①依据企业总体经营计划，协助营销总监编制营销战略规划，提出建设性意见 ②根据企业年度经营目标，制订年度、季度、月度销售计划，并组织实施 ③根据企业年度销售计划制定详细的营销策略，并组织实施
	（2）销售管理	①及时了解下属的工作进度，监督检查营销计划的执行情况 ②针对销售过程中存在的问题，及时进行解决 ③参与重要销售项目的谈判 ④负责审核销售合同
	（3）回款管理	①组织应收账款的核算、催收工作 ②收回账款并及时报账
	（4）客户关系管理	①组织建立并完善客户档案，确定客户的信用度 ②制定客户关系维护制度与售后服务体系，指导销售人员建立、维护与客户的良好合作关系
	（5）销售费用控制管理	①根据销售规划及市场状况，确定年度销售费用预算 ②将预算分解到具体的单位产品 ③控制销售过程中各项费用的支出，尽量控制销售成本
	（6）部门人员管理	①协助人力资源部开展销售人员的销售技能、产品知识等的培训，负责销售管理人员的培养、选拔与任免工作 ②制订销售人员的考核计划，并对销售人员的工作情况进行考核

（二）市场岗位及其工作内容

表 1-4　　　　　　　　　　市场岗位及其工作内容

市场岗位	主要工作	具体工作内容
市场主管	（1）广告计划管理	①组织编制年度广告计划 ②组织年度广告计划的实施
	（2）市场调研管理	①组织制订市场调研计划，组织策划调研项目 ②组织建立营销信息系统，为本部门和其他部门提供信息决策支持 ③组织进行宏观环境及行业状况调研，对企业内部营销环境、消费者及客户进行调研 ④组织搜集市场情报及相关行业政策信息 ⑤组织分析调研结果，及时提出营销建议 ⑥组织制作调研报告，并向管理层提供建议
	（3）营销策划管理	①组织研究市场各方面的信息，包含市场动态、技术发展动态、国家与地方政策变化及趋势等 ②组织编制市场规划、设计方案，并负责组织具体的实施活动 ③配合企业年度经营计划与销售计划进行营销策划活动

(续表)

市场岗位	主要工作	具体工作内容
市场主管	(3)营销策划管理	④组织编制新产品上市策划方案、广告宣传策划方案、品牌推广方案、公关文案、宣传软文等
		⑤组织编写方案实施报告
	(4)品牌管理	①建立、健全公司品牌管理制度
		②组织设计、设立与维护企业产品品牌的定位,设计与实施具体品牌管理方案
		③组织进行公司品牌运作管理,扩大公司品牌知名度
	(5)广告宣传管理	①组织建立与媒体、广告发布媒介的关系,按照领导审批后的各种发布计划组织广告的发布与宣传
		②组织制作各种宣传材料、产品说明书、销售支持材料等
	(6)促销管理	①按照促销方案进行促销活动的实施与管理
		②组织促销资料、礼品的制作
		③配合销售部进行促销活动的实施,及时解决促销中出现的问题
		④促销活动结束后,组织编制促销活动总结
	(7)公关管理	①组织制订和执行市场公关计划,配合企业策划对外的各项公关活动
		②监督实施市场公关活动,与有关部门、企业进行良好的沟通
		③定期提交公关活动报告并对市场整体策略提供建议
		④处理组织公关危机
市场专员	(1)市场调研管理	①根据市场调研方案进行市场调研活动
		②进行宏观环境及行业状况调研,对企业内部营销环境、消费者及客户进行调研
		③分析调研结果,制作调研报告
	(2)营销策划管理	①配合市场部主管进行有针对性的调研活动,编制市场规划,设计方案,并负责具体的组织实施
		②配合企业年度经营计划与销售计划进行营销策划活动
		③编制新产品上市策划方案、广告宣传策划方案、品牌推广方案、公关文案、宣传软文等
	(3)品牌管理	①负责设计与维护企业产品品牌的定位,实施具体品牌管理方案
		②进行品牌运作管理,扩大品牌知名度
	(4)广告宣传管理	①建立与媒体、广告发布媒介的关系,按照领导审批后的各种发布计划组织广告发布与宣传
		②制作各种宣传材料、产品说明书、销售支持材料等
	(5)促销管理	①按照促销方案进行促销活动的实施管理
		②促销资料、礼品的制作
		③配合销售部进行促销活动的实施,及时解决促销中出现的问题
		④促销活动结束后,编制促销活动总结
	(6)公关管理	①监督实施市场公关活动,与有关企业进行良好的沟通
		②定期提交公关活动报告并对市场整体策略提供建议
		③组织公关危机处理

(三)调研岗位及其工作内容

表 1-5　　　　　　　　　　　　　调研岗位及其工作内容

调研岗位	主要工作	具体工作内容
调研主管	(1) 制订调研计划与调研方案	①组织制订年度调研计划,组织策划市场调研项目,随时监测市场信息
		②根据营销活动的需要组织编制合理、可行的调研方案
	(2) 调研活动的实施	①按照市场调研方案组织实施调研活动,保证调研活动的顺利执行
		②组织进行宏观环境、行业状况、竞争对手情况的调研,对企业内部营销环境、消费者进行调研
		③组织研究本公司产品(服务)相对于竞争对手的产品(服务)的优势及不足
		④组织协调调研实施中的各种关系,处理调研中出现的问题
	(3) 编制调研报告	①编制调研总结报告,总结调研活动执行中的经验与教训
		②根据调研情况为营销部的市场推广方案、销售策略的制订提供决策支持
	(4) 费用预算管理	①组织编制合理的调研费用预算
		②进行调研费用控制管理
	(5) 信息系统建设	①组织建立、健全市场信息系统,为本部门和其他部门提供信息决策支持
		②建立与相关产业、研究机构的网络联系
调研专员	(1) 调研活动实施	①按照市场调研方案实施调研活动,保证调研活动的顺利执行
		②实施市场环境、竞争对手、顾客购买行为、新产品市场反馈等调研活动
		③协调调研实施中的各种关系,及时处理调研中出现的问题
	(2) 调研资料整理、分析	①根据调研结果进行资料整理工作
		②对整理后的调研资料进行分析,以得出市场趋势及市场潜力
	(3) 编制调研报告	①编制调研总结报告,总结调研活动中的经验与教训
		②根据调研情况为营销部的市场推广方案、销售策略的制订提供决策支持

(四)策划岗位及其工作内容

表 1-6　　　　　　　　　　　　　策划岗位及其工作内容

策划岗位	主要工作	具体工作内容
策划主管	(1) 营销规划管理	①协调市场部经理、销售部经理编制营销规划方案
		②组织编制大型市场规划、设计方案,并负责组织具体的实施活动
		③配合企业年度经营计划与销售计划进行营销策划活动
	(2) 市场调研管理	①根据企业发展的需要制订市场调研计划并组织实施
		②通过对行业动态、竞争对手的情况进行调研,分析调研数据,撰写调研报告,为企业的经营提供决策支持
		③根据市场发展变化情况,适时提出企业发展方案或经营调整方案
	(3) 品牌策划管理	①组织编制公司品牌管理制度,并监督实施
		②编制企业形象设计方案,并组织实施
		③组织各营销机构执行公司统一的品牌设计
	(4) 公关、广告策划管理	①协调市场部经理编制公司年度广告计划,并组织实施
		②组织编制具体的新产品上市策划方案、广告宣传策划方案、公关文案、广告宣传软文等,并组织实施
		③组织进行危机公关事件的策划与实施
		④组织编写方案实施报告
	(5) 促销策划管理	①组织编制促销策划方案
		②组织促销策划方案的执行
		③根据促销的执行效果编写促销总结报告,总结经验与教训
	(6) 沟通关系管理	①与领导、各部门、各营销单位保持良好的沟通关系,为营销策划方案的制订及执行提供保障
		②建立良好的媒体关系,确保策划项目的顺利实施
	(7) 费用预算管理	①组织编制合理的策划费用预算
		②进行策划活动费用控制管理

(续表)

策划岗位	主要工作	具体工作内容
策划专员	(1)市场调研管理	①实施市场调研计划
		②通过对行业动态、竞争对手的情况的调研活动,分析调研数据,撰写调研报告,为企业的经营提供决策支持
	(2)品牌策划管理	①按照企业品牌管理制度编制品牌、形象设计方案
		②组织各营销机构执行品牌、形象设计方案
	(3)公关、广告策划管理	①编制具体的新产品上市策划方案、广告宣传策划案、公关文案、广告宣传软文等,并组织实施
		②进行危机公关事件的策划与实施
		③根据策划活动的实施效果,编写方案实施报告
	(4)促销策划管理	①编制促销策划方案
		②跟踪促销策划方案的执行,并帮助解决执行中的问题
		③根据促销的执行效果编写促销总结报告,总结经验与教训
	(5)沟通关系管理	①与领导、各部门、各营销单位保持良好的沟通关系,为营销策划方案的制订及执行提供保障
		②建立良好的媒体关系,确保策划项目的顺利实施

(五)广告岗位及其工作内容

表 1-7　　　　　　　　　　广告岗位及其工作内容

广告岗位	主要工作	具体工作内容
广告主管	(1)制订广告计划	①根据企业阶段性发展计划和目标,编制年度广告计划
		②编制年度广告预算,并对其使用进行控制
		③组织年度广告计划的实施
	(2)制订广告方案	①组织广告专员进行调研活动,及时了解市场情况
		②根据年度广告计划和市场营销情况,组织编制广告方案
	(3)广告发布管理	①按照领导审批后的方案进行广告发布与宣传管理
		②组织制作各种广告宣传需要的资料
		③审核具体广告设计稿
		④广告发布后组织编写广告宣传总结报告
	(4)媒体关系管理	①建立与媒体、广告发布媒介的关系
		②与媒体、广告发布媒介沟通具体的广告制作、发布的相关事宜
广告专员	(1)制订广告计划	①协助广告主管编制年度广告计划与广告预算
		②负责年度广告计划的具体实施工作,并对广告预算进行控制
	(2)制订广告方案	①进行调研活动,及时了解市场情况
		②协助广告主管完成各项广告创意工作
		③根据年度广告计划和市场营销情况,撰写各类广告文案
	(3)广告发布管理	①根据广告方案的设计联系相关媒体,进行广告的制作与发布
		②根据广告方案搜集各种广告宣传需要的资料
		③做好与媒体、广告发布媒介之间的沟通事宜
		④广告发布后编写广告宣传总结报告

(六)促销岗位及其工作内容

表1-8　　　　　　　　　　　　　促销岗位及其工作内容

促销岗位	主要工作	具体工作内容
促销主管	(1)促销计划制订	①根据企业营销战略及销售目标,进行市场分析,制订年度促销计划
		②根据企业整体规划,组织分解编制季度、月度及节假日的各种促销计划
		③编制合理的促销费用预算
		④组织制定各区域市场促销活动经费的申报细则及审批程序,并对该项程序进行审核
	(2)促销方案策划	①搜集各种市场信息及其他资料,为促销计划的制订提供数据支持
		②根据促销计划组织编制具体的促销活动方案
		③促销人员的招聘、培训、调配及薪金方案、激励方案的制订与实施
		④指导、监督各区域市场活动计划的制订
	(3)促销实施管理	①根据企业整体规划,组织实施年度、季度、月度以及节假日的各种促销活动
		②指导促销品的设计、印刷及发放管理
		③进行促销活动的现场指导,并处理促销过程中的各种突发事件
		④及时进行促销活动的总结,为企业营销策略的制定提供依据与建议
促销专员	(1)促销方案策划	①搜集市场信息及其他资料,为促销计划、方案的制订提供数据支持
		②协助促销主管拟订各种促销活动方案
	(2)促销实施管理	①协调组织实施促销方案,指导促销方案的实施
		②协调促销活动现场的管理,发现问题及时解决
	(3)促销督导管理	①根据企业整体规划,组织实施年度、季度、月度以及节假日的各种促销活动
		②指导与监督各区域市场促销活动计划的拟订和实施
		③制定各市场促销活动经费的申报细则以及审批程序,并对该项程序予以监督
		④监督各种促销方案的实施与效果评估
		⑤协调各区域进行销量的分析并提出推进计划
	(4)促销培训管理	①根据促销主管的安排,培训公司及经销商的促销人员
		②对促销人员的工作进行考察、指导

(七)渠道岗位及其工作内容

表1-9　　　　　　　　　　　　　渠道类岗位及其工作内容

渠道岗位	主要工作	具体工作内容
渠道主管	(1)编制渠道管理方案	①参与公司渠道战略规划,并执行公司渠道战略
		②协助销售经理制订渠道开发、选择、管理的总体方案
		③组织实施审批后渠道开发、选择、管理的总体方案
	(2)渠道开发管理	①组织寻找并开发渠道新成员
		②组织审查渠道成员的资格
	(3)渠道成员管理	①组织渠道专员和相关部门配合,对渠道成员进行培训等工作
		②编制渠道成员激励方案,并组织实施
	(4)渠道费用管理	①编制渠道管理费用预算,经审批后执行
		②对渠道管理成本进行分析和控制
渠道专员	(1)编制渠道管理方案	①参与制订渠道开发、选择、管理的总体方案
		②实施审批后的总体方案
	(2)渠道开发管理	①运用公司渠道开发方案,开发新的渠道成员,并负责审核其资格
		②渠道成员的联络、考评、筛选、淘汰和更新
	(3)渠道成员管理	①执行渠道成员培训等工作
		②对渠道成员提供持续的支持
		③协助解决渠道成员营销活动中的问题

（八）销售岗位及其工作内容

表1-10　　　　　　　　　　　　　销售岗位及其工作内容

销售岗位	主要工作	具体工作内容
销售主管	(1)销售计划管理	①在销售部经理的指导下，根据公司销售目标和计划，参与公司市场营销策略的制定 ②执行公司营销策略并开拓所负责的市场 ③根据公司年度销售目标和计划的规定，制订所负责销售区域的产品营销计划，并分解产品销售目标
销售主管	(2)销售管理	①运用销售技巧，组织销售专员完成销售任务 ②参与客户的业务谈判及成交
销售主管	(3)客户关系管理	①建立与维护客户关系，对重要客户要保持经常的联系 ②及时、有效地处理客户投诉，保证客户对公司的满意度 ③组织建立客户信用等级档案
销售主管	(4)账款管理	①组织应收账款的核算与催收管理工作 ②组织销售专员收回账款后的及时报账工作
销售专员	(1)销售管理	①在销售主管的领导下，根据公司销售目标和计划，参与公司市场策略的制定 ②依据公司制订所负责区域的产品营销计划，分解产品销售目标 ③执行公司营销策略，实施市场开拓任务 ④运用销售技巧，完成销售额与销售量任务 ⑤做好客户回访工作
销售专员	(2)客户关系管理	①搜集潜在客户资料和新客户的资料，为销售工作队做好准备 ②建立与维护客户关系，对于重要客户要保持经常的联系，并及时了解客户需求、产品的使用情况、对价格的反馈情况等，以便向公司反馈产品情况 ③协调、处理相关客户与业务之间的关系 ④及时、有效地处理客户投诉，保证客户对公司的满意度
销售专员	(3)账款管理	①做好日常发货流水账，及时规避货款风险，及时客户做好对账工作 ②应收账款的核算、催收 ③收回账款的及时报账

（九）客服岗位及其工作内容

表1-11　　　　　　　　　　　　　客服岗位及其工作内容

客服岗位	主要工作	具体工作内容
客服主管	(1)客户服务制度建设	①根据公司的实际情况，组织建立并完善客户服务管理制度 ②组织客户服务管理的实施与监督
客服主管	(2)客户信息管理	①组织做好客户日常来访、来电、来函等相关信息的登记、整理工作 ②组织建设客户信息库，对大客户进行分类，并提供全面的服务 ③组织编制客户信息报告，为开发客户等工作提供支持
客服主管	(3)售后服务管理	①编制售后服务相关管理工作程序，并组织实施，确保销售产品的售后管理质量 ②编制售后服务承诺书，对售后服务承诺进行监督与管理 ③提供售后服务，提高企业及产品的服务质量
客服主管	(4)客户投诉处理	①受理客户投诉 ②进行客户投诉的处理，并及时将投诉结果反馈给客户，会同相关部门分析、研究、解决客户投诉的问题并及时向客户反馈信息
客服主管	(5)客户回访管理	①组织客服专员对客户进行回访 ②督促及时解决与处理客户提出的问题

(续表)

客服岗位	主要工作	具体工作内容
客服专员	(1)客户信息管理	①做好客户日常来访、来电、来函等相关信息的登记、整理工作
		②建设客户信息库,对大客户进行分类,并提供全面服务
		③编制客户信息库,为开发客户等工作提供支持
	(2)售后服务管理	①根据售后服务的相关管理程序实施售后服务工作
		②协助客服主管编制售后服务承诺书,并按照售后服务承诺书的内容实施售后服务工作
		③组织提供售后服务,提高服务质量
	(3)客户投诉处理	①受理客户的投诉
		②会同相关部门分析、研究并解决客户投诉的问题,及时向客户反馈信息
	(4)客户回访管理	①按照客户回访计划对客户进行回访
		②对客户提出的问题及时予以解决

(十)区域岗位及其工作内容

表 1-12　　　　　　　　　　区域岗位及其工作内容

区域岗位	主要工作	具体工作内容
区域经理	(1)区域销售政策与目标管理	①传达、分解、落实市场营销部下达的公司政策
		②传达、分解、落实市场营销部下达的公司各项任务
	(2)制订区域营销方案	①组织编制区域市场的年度、季度、月度营销计划
		②组织制订区域营销方案
		③组织区域销售方案的执行
		④组织营销费用预算的编制,并监督、控制营销费用的使用
	(3)区域市场推广管理	①根据企业的发展方向,组织搜集相关的市场信息,并进行汇总分析,编制市场调研报告
		②分析市场需求,判断消费偏好,提出产品改善和产品开发建议
		③策划本区域促销、公关活动,报批及组织实施和结果评估
		④市场营销推广、开发方案的审批与监督执行
	(4)区域销售管理	①组织每月销售目标的制定,报批销售计划部后分解落实,并督导实施
		②组织制定并定期调整库存的安全定额标准,主持拟订下月、下周品种要货计划
		③保持本辖区市场网络建设的合理性与秩序性,合理布局分销商,关注通路价格的稳定性,洞察预测通路危机,并及时应对
		④区域内重大销售谈判及合同的签订
		⑤对重要客户定期巡访与维护
		⑥建立、健全客户档案
		⑦组织编制区域日、周、月工作计划的制订与总结,报公司营销管理部
	(5)财务控制管理	①制订区域的费用预算计划,报公司审批后执行
		②负责费用的控制与现金收付和签发及监督
	(6)区域人力资源管理	①构建合理的区域营销组织,符合企业经营发展的需要
		②对区域营销组织成员进行管理,并适时扩建、调整营销组织结构
		③组织区域营销成员的招聘录用、薪酬福利、绩效考核管理
		④召集区域人员例会,及时解决员工在业务、思想动态等方面出现的问题
区域主管	(1)制订区域营销方案	①参与编制区域市场的年度、季度、月度营销计划
		②参与制订区域营销方案,并负责方案的实施
	(2)区域销售管理	①执行公司制订的开发计划,完成公司下达的开发目标
		②负责区域内经销商的开发,进行销售谈判及合同的签订
		③组织按照合同约定进行出货、退货、赠品签单等工作
		④负责控制、监督本区域经销商的零售工作
		⑤指导、检查区域专员的销售工作
	(3)账款管理	①组织应收账款的核算、催收管理工作
		②组织区域专员及时回收账款,并及时进行报账
	(4)客户服务管理	①对经销商进行培训、售前协助、售后服务和技术支持等工作
		②按照区域开发方案,对区域经销商提供相关支持
		③组织建立、健全客户档案

小思考

试比较以上所列举的市场营销各岗位的工作内容,对你有何启示?

知识巩固

1.名词解释

市场　市场营销　营销组合　大市场营销组合　市场营销观念　市场营销组织

2.简答题

(1)如何测定一个市场的规模和容量?举例说明。
(2)市场营销与推销有何区别?
(3)市场营销涉及的核心概念有哪些?
(4)市场营销管理的任务有哪些?
(5)简要说明市场营销组合的内容。
(6)简要说明传统营销观念与现代营销观念的区别。
(7)绘制市场管理型营销组织、销售管理型营销组织、区域营销管理型营销组织的组织结构图并比较其异同。
(8)列举市场营销岗位,并简要说明其工作内容。

项目案例

谁是真正的市场营销人才

一家美国鞋业公司派其业务员到一个非洲国家,去了解公司的鞋能否在那里找到销路。一星期后,这位主管打电报回来说:"这里的人不穿鞋,因而这里没有鞋的市场。"

接着该鞋业公司总经理决定派最好的推销员到这个国家,以此进行仔细调查。一星期后,推销员打电报回来说:"这里的人不穿鞋,是一个巨大的市场。"

鞋业公司总经理为弄清情况,再派他的市场营销副总经理去解决这个问题。两星期后,市场营销副总经理打电报回来说:"这里的人不穿鞋,然而他们有脚疾,穿鞋对脚疾会有好处。无论如何,我们必须再行设计我们的鞋子,而且必须在教其懂得穿鞋有益方面花一笔钱。另外,我们在开始之前必须得到部落首领的合作。这里的人没有什么钱,但他们生产我们未曾尝过的最甜的菠萝。我估计鞋的潜在销售周期在三年以上,因而我们的一切费用包括推销菠萝给一家欧洲连锁超级市场的费用,都将得到补偿。总算起来,我们还可赚得垫付款30%的利润。我认为,我们应该毫不迟疑地去干。"

问题:

1.本案例中的三个人分别奉行何种经营观念?
2.如果你是本案例的公司的总经理,你将采纳哪一个业务员的建议?为什么?

实训项目

认识营销岗位

【实训目的】

通过实训,使学生了解企业营销岗位及其工作内容。

【实训内容】

以某一企业为背景,要求学生了解企业营销岗位的称呼、营销岗位的工作内容、营销岗位的市场需求程度及营销岗位的知识和个性化品质要求。

【实训步骤】

(1)以6~8个人为单位组成一个团队。

(2)由团队成员共同讨论确定选题(不同团队可以选择不同行业的企业)。

(3)通过文献调查、深度访谈、企业实习、走访等方式,了解企业的营销岗位情况及市场需求情况。

(4)各团队撰写营销职业岗位认识报告。

(5)各团队派代表展示其成果。

(6)考核实训成果,评定实训成绩。

【实训要求】

(1)考虑到课堂时间有限,项目实施可采取"课外+课内"的方式进行,即团队组成、分工、讨论和方案形成在课外完成,成果展示安排在课内。

(2)每组提交的报告中,必须详细说明团队的分工情况,以及每个成员的完成情况。

(3)每个团队方案展示时间为10分钟左右,老师和学生提问时间为5分钟左右。

【实训考核】

(1)成果评价指标体系

表 1-13　　　　　　　　　　　成果评价指标体系

一级指标	分值	二级指标	分值	评分标准					得分
工作态度	30	工作计划性	10	5(不及格)	6(及格)	7(中)	8(良)	10(优)	
		工作主动性	10	5	6	7	8	10	
		工作责任感	10	5	6	7	8	10	
方案质量	70	内容充实性	20	10	12	14	16	20	
		内容严整性	20	10	12	14	16	20	
		PPT课件生动性	20	10	12	14	16	20	
		表述逻辑性	10	5	6	7	8	10	
		总评分							

评分说明:

①对各队成绩评定采取自评、同行评价和老师评价三者相结合的方式,三者各占10%、20%和70%的分值。

②评分时可根据实际情况选择两个等级之间的分数,如8.5分、9分和9.5分等。

③同行评分以组为单位,由本小组成员讨论确定对其他组的各项评分及总评分。

(2)团队信息

队名：

成员：

说明：本表上交时，每队队长须在每个成员名字后标注分数，以考核该成员参与项目的情况。

(3)评分表

表 1-14　　　　　　　　　　　　评分表

评价主体	工作计划性得分（10%）	工作主动性得分（10%）	工作责任感得分（10%）	内容充实性得分（20%）	内容严整性得分（20%）	PPT课件生动性得分（20%）	表述逻辑性得分（10%）	总评分（100%）
自评								
教师评								
本队对其他队的评分								
第1队								
第2队								
第3队								
第4队								
第5队								
第6队								
第7队								
第8队								
第9队								
第10队								

模块二

市场分析与开发

项目二 营销环境分析
项目三 市场调研
项目四 目标市场选择与市场定位

项目二 营销环境分析

——不谋全局者,不足以谋一域

知识目标

- 理解市场营销环境的内涵及宏观、微观营销环境因素。
- 掌握几种主要的营销环境分析方法与工具。
- 熟悉消费者购买行为和组织市场购买行为的类型、影响因素及决策过程。
- 熟悉市场竞争分析的内容和方法。

能力目标

- 能够结合具体企业,运用所学知识分析评价其所面临的营销环境。
- 能运用所学知识,分别对某消费品或工业品的购买者行为进行分析。
- 能运用竞争分析的相关知识,对某一具体企业、品牌或产品的竞争状况进行分析,然后制定相应的竞争战略和策略。

职业素养目标

- 树立正确的世界观,深刻认识到当前复杂的国际环境给我们开展营销工作带来的机会和威胁。
- 树立正确的价值观,在从事营销活动时正确处理与顾客、竞争者、社会公众等的关系,兼顾个人、企业和社会多方利益。
- 树立正确的人生观,在从事营销工作时必须树立长远目标,不因短期利益牺牲个人、企业和社会的长远利益。

情境引入

5G 对企业营销活动的影响

随着综合实力的稳步上升,中国开始越来越注重核心科技的掌握和引领。在移动互联网的大背景之下,不少中国企业开始将重心转移到核心技术层面,比如 5G。那么,5G

对中国影响大吗？

5G发展的最终形态，是全面迈入万物互联的时代。由阿里重点研发的"城市大脑"项目，将以5G为基础，在城市中的诸多场景，比如学校、医院、工厂、剧院等大型场所，通过云端技术进行操作，让5G网络的应用遍布生活中的每一个角落。智能家居不再是某个科幻电影中的片段，而是习以为常的生活组成部分；智能汽车的自动驾驶、远程协同操作等技术也将迎来大发展；VR/AR也不再受限于当前的科技水平，从而取得巨大的进步。

焦点问题：请问以5G技术为引领的第四次工业革命将对企业营销活动产生怎样的影响？

每个企业的营销活动都是在不断发展、变化的社会环境中进行的，其生存和发展离不开企业的内外部环境。在现代市场经济条件下，企业必须时刻监测营销环境的发展变化，善于分析和识别由于环境变化而带来的机会和威胁，并及时采取相应的对策。

任务一　认识营销环境

——顺之者昌，逆之者亡

一、市场营销环境的内涵

市场营销环境是指与企业市场营销有关的，影响产品的供给与需求的各种外界条件和因素的综合。一般来说，市场营销环境主要包括两方面的构成要素：一是微观环境要素，即指与企业紧密相连，直接影响其营销能力的各种参与者，这些参与者包括企业的供应商、营销中间商、顾客、竞争者以及社会公众和影响营销管理决策的企业内部各个部门；二是宏观环境要素，即影响企业微观环境的巨大社会力量，包括人口、经济、政治、法律、科学技术、社会文化及自然地理等多方面的因素。微观环境直接影响和制约企业的市场营销活动，而宏观环境主要以微观营销环境为媒介，间接影响和制约企业的市场营销活动。前者可称为直接营销环境，后者可称为间接营销环境，两者之间不是并列关系而是主从关系，即直接营销环境受制于间接营销环境。

市场营销环境是一个多因素、多层次且不断变化的综合体。其特点主要表现在四个方面：

1.客观性

市场营销环境的存在不以企业意志为转移，表现出难以控制性。企业经营者必须清醒地认识市场环境的客观存在，认真研究其特征和发展的可能性，否则很难在市场竞争中取胜。

2.动态性

市场营销环境各因素不是一成不变的，因受到多种因素的影响而处于变动之中。

3.有限性

企业面临的市场营销环境与其他事物一样，是存在于一定时间和空间中的，对企业有影响的各项因素是有其地域性和时间性的。

4. 差异性

环境的不同因素对各地区、各企业的影响是不一样的。同一环境因素的变化，对不同企业的影响也不同。

二、宏观营销环境因素

宏观营销环境是指间接影响和制约企业营销活动的社会力量和因素。具体而言，包括人口环境、经济环境、自然环境、科学技术环境、政治和法律环境以及社会文化环境。

（一）人口环境

人口是构成市场的第一要素。现代市场营销观念认为，企业必须密切注意自身所处的环境的变化，因为市场是由那些有购买欲望并且有购买力的人构成的。在一定的环境条件下，人口的多少直接决定市场的潜在容量，是企业的服务对象，对企业营销活动及营销决策起关键性的作用。

1. 地理分布

人口的地理分布是指人口在不同地区的密集程度，人口的地理分布与市场消费需求有着密切的关系，主要表现在以下三个方面：

（1）人口密度的大小在一定程度上决定了市场规模的大小。从区域人口分布看，我国东部沿海地区人口密度大，往西北地区人口密度逐渐递减；从城乡人口分布看，城镇人口密度大，乡村人口密度小。企业应针对地区间人口密度的不同，采取不同的措施开展市场营销活动。

（2）不同的地理环境（如地理位置、气候等条件），表现出消费需求和购买行为上的明显差异。

（3）人口地理分布的动态性对企业营销活动也会产生较大的影响。

随着我国农村人口城市化，城镇人口数量增加、人口密度增大，为企业增加商业网点、扩大城镇市场提供了良好的市场机会。同时，人口城市化带动了周边农村的发展，加强了城镇与乡村之间的社会联系。

2. 年龄结构

人口的年龄结构是指某一地区某一时期内不同年龄层次的人口比重。消费者年龄的差别，使得他们对商品和服务产生不同的需要。

3. 人口性别

性别差异会给人们的需求带来显著的差别。比较男性和女性的市场需求，可以看到他们对于商品的需求以及购买行为都有明显的差别。由于家庭中大多数日用消费品由女性采购，因此，很多家庭用品及儿童用品也可纳入女性市场，这样女性市场的容量就比男性市场大得多。

4. 家庭

现代家庭既是社会的细胞，也是商品采购的单位。家庭数量与家庭规模、结构对市场需求的影响很大。家庭数量的多少直接决定了一些家庭用品市场的容量，而家庭规模的大小又决定了家庭需求的品种、规格和档次。

（二）经济环境

经济环境是指企业市场营销活动所面临的社会经济条件及其运行状况和发展趋势，其中最主要的指标是社会购买力，而社会购买力又与居民的收支、储蓄和信贷以及物价等因素密切相关。所以,企业不仅要研究消费者的收入状况、支出模式、储蓄和信贷情况的变化等几个方面,还要研究经济的宏观指标,比如,本年度工农业生产的增长、货币流通、就业、资源、能源等问题。进行经济环境分析时,要着重分析以下主要经济因素:

1.消费者收入

消费者收入包括消费者个人工资、奖金、津贴、股息、租金和红利等一切货币收入,它决定了消费者的购买力,所以消费者收入是影响社会购买力、市场规模大小以及消费者支出多少和支出模式的一个重要因素。从市场营销的角度看,收入因素主要取决于:

(1)人均年国民收入,是以一年的国民收入总额除以总人口数,大体上反映了一个国家经济发展的水平和社会购买力的大小。

(2)个人收入,是指个人从各种收入来源得到的总收入,包括工资、奖金等收入,它是影响社会购买力、市场规模大小以及消费者支出模式的一个重要的因素。

(3)个人可支配收入,是指个人收入扣除消费者个人缴纳的各种费用和交给政府的非商业性开支(如个人所得税等)之后的余额,是影响消费者购买力和消费者支出的决定性因素。

(4)个人可自由支配收入,是指在可支配收入中再减去消费者用于购买生活必需品的支出和固定支出(如房租、保险费、分期付款、抵押借款等)后所剩余的部分,这是影响消费需求变化的最活跃的经济因素。对大多数企业而言,研究个人可自由支配收入的变化,制定相应的产品营销策略,争取消费者把个人可自由支配收入中更大的部分投入购买本企业所营销的产品是至关重要的。

2.消费者支出

消费者支出主要受消费者收入的影响,随着消费者收入的变化,消费者支出也会发生相应的变化。德国统计学家恩格尔早在1857年就研究总结出消费结构变化之间的规律性。恩格尔定律的表述为:随着家庭收入增加,用于购买食品的支出占家庭收入的比重就会下降;随着家庭收入增加,用于住宅和家务经营的支出占家庭收入的比重大体不变(燃料、水电、冷藏等支出占家庭收入的比重会下降);随着家庭收入增加,用于其他方面(如服装、交通、娱乐、教育)的支出和储蓄占家庭收入的比重就会上升。

由此,人们把消费支出中用于食物的支出与总支出的比例关系,称为"恩格尔系数"。食物支出所占比重越大,恩格尔系数越大,表明生活贫困,生活质量低;食物部分所占比重越小,恩格尔系数越小,表明生活富裕,生活质量高。

小链接

恩格尔系数与贫富标准

联合国根据恩格尔系数制定的评价国家地区或家庭贫富的标准见表2-1。

表2-1　　　　　恩格尔系数与贫富标准

恩格尔系数	贫富标准
>60%	绝对贫困
50%~59%	勉强维持
40%~49%	小康水平
30%~39%	比较富裕
<29%	最富裕

3.消费者储蓄和信贷

居民个人收入不可能全部用掉,总有一部分以各种形式储蓄起来,包括银行储蓄存款、债权、股票等。储蓄来源于消费者的货币收入,其最终目的是消费,因为它是一种推迟的、潜在的购买力,一定时期内的储蓄会影响消费者的购买力和消费支出,从而对企业的营销活动产生或近或远的影响。

消费者信贷是指消费者凭信用先取得商品使用权,然后按期归还贷款,并最终取得商品所有权的消费方式。随着人们价值观念的转变与房地产、汽车等高价大额购买需求的产生,这种"负债消费"方式也逐渐发展起来了,因而可以创造更多的需求,刺激经济增长。

小案例

一块钱存款

第二次世界大战后,日本的财阀、财团都被迫解体或改名,连有着悠久历史和良好信誉的三菱银行,也不得不改名为千代田银行。由于名字非常陌生,生意非常冷清。

业务部的岛田晋为此苦闷不堪,每天都在想着如何吸引顾客来存款。终于有一天,他想出了"一块钱存款"的妙招。

战后的日本,一块钱实在是太少了。在没有什么人来存款的情况下,千代田对往来的顾客发出了这样的宣传海报:"用手掬一捧水,水会从手指间流走。很想存一些钱,但是在目前这种糊口都难的日子里是做梦也不敢想的。先生们、女士们,如果你们有这种想法的话,那么请您持一本存款簿吧。它就像是一个水桶,有了它,从手指间流走的零钱就会一滴一滴、一点一点地存起来,您就会在不知不觉中有一笔可观的大钱了。我们千代田银行是一块钱也可以存的。有了一本千代田存款簿,您的胸膛就会因充满希望而满足,您的心就能在天空中飘然翱翔。"

海报一贴出,就造成了极大的影响,原本因为钱少并没有想过要存款的人们都来存款了,银行也因此度过了艰难的战后初期。这以后,"一块钱存款"风行全世界。

焦点问题: 以上案例给你的启示是什么?

(三)自然环境

市场营销学中的自然环境,主要是指自然物质环境。这方面的环境也处于发展变化之中,当今最主要的动向是:自然原料日益短缺,能源成本趋于提高,环境污染日益严重,政府对自然资源管理的干预不断加强。所有这些,都会直接或间接地给企业带来威胁或机会。

我国是一个幅员辽阔的国家,但就原料资源来说,无论是不可再生的矿物资源,还是可再生的动植物资源或水资源,都是短缺型的,绝大多数资源的人均占有量很低。原料资源短缺,特别是不可再生资源储量越来越少,对许多企业的发展当然是一种威胁,但反过来又迫使人们去研究如何合理开发利用和寻找替代品,从而给许多企业带来新的发展机会。

随着工业化、城镇化的进程,我国的环境污染日趋严重,在一些地区已经严重影响到人民的身体健康、自然生态的平衡和长远的生产发展,这些已引起了政府和公众的高度关注。治理环境污染的呼声此起彼伏,政府的干预措施也在逐步加强,这对企业的发展当然是一种压力和约束,但这也蕴含着若干开发新产品的发展机会。

(四)科学技术环境

科学技术是第一生产力,对人类生活最有影响力的是科学技术,人类历史上的每一次技术革命,都强烈震撼和改变着社会经济生活的方方面面。作为营销环境的一部分,技术环境不仅直接影响企业内部的生产与经营,同时还与其他环境因素互相依赖、互相作用。技术革命的发展对于企业的营销活动有着巨大影响,这主要体现在:产品寿命周期缩短;技术革命极大地促进经济的增长;消费模式和生活方式的变革;流通方式向现代化营销发展;对企业管理水平与人员素质要求不断提高;技术贸易比重不断增大等。

因此,企业的营销活动应注意搜集最新的信息,加强对新技术的学习和采用,开发新产品或抓住时机转入新行业。企业应增加预算中研究与开发的费用,利用新技术改善营销管理,提高企业的服务质量和工作效率,这样才能在不断变化的环境中提高自身的应变能力,从而立于不败之地。

(五)政治和法律环境

政治和法律环境是指那些对企业经济行为产生强制或制约效果的,由国家的各项方针政策、法律法规等内容所组成的环境。政治环境引导着企业营销活动的方向,法律环境则为企业规定经营活动的行为准则。

政治环境是指国家的政治制度、政治倾向以及政府的方针政策等,对企业的营销产生直接或间接的影响。在不同发展阶段的国家,会依据其不同的经济目标制定和调整方针、政策。政治环境包括国内政治环境和国外政治环境两个方面。对于国内市场来说,国家政策的调整变化,会引起人们价值观念、生活方式等的变化,进而直接影响到市场消费需求的变化。而在国际市场上,从事营销工作必须研究东道国的社会性质、政治体制、经济政策,了解其颁布的贸易法令、条例规章,分析研究进入该国市场的可能性和前景,同时还要考虑到各国的政治事件以及政治稳定性,为在国际市场上取得营销成功提供保障。

法律环境是指国家或地方政府所颁布的各种法规、法令和条例等,它是企业营销活动的准则。企业只能遵守这些法律法规,在其所允许的范围内开展营销活动。对于从事国际营销活动的企业来说,不仅要遵守本国的法律法规,还要了解和遵守国外的法律法规和有关的国际法规、惯例和准则。

(六)社会文化环境

社会文化环境是指在一定社会形态下已经形成的价值观念、生活方式、宗教信仰、职业与教育程度、相关群体、风俗习惯、社会道德风尚等因素构成的环境。任何企业都处在一定的社会文化环境中,企业营销活动也必须受到所在的社会文化环境的影响和制约,因此企业要充分了解并尊重目标市场的文化传统,避免与当地的文化传统发生冲突,才能顺利地实现营销计划。社会文化环境所蕴含的这些因素在不同的地区、不同的社会是有所不同的,具体反映在以下四个方面:

1.风俗习惯

风俗习惯是指人们在长期经济与社会活动中所形成的一种消费方式与习惯。世界范围内不同国家或国家内的不同民族在物质文化生活方面各有特点,形成差别的风俗习惯。

因此企业在营销活动中,必须考虑和尊重目标市场的风俗习惯,用动态发展的眼光看待风俗习惯。

2.宗教信仰

宗教是影响人们消费行为的重要因素之一,不同的宗教在思想观念和生活方式、宗教活动、禁忌等方面各有其特殊的传统,这将直接影响其消费习惯和消费需求。

3.价值观念

价值观念是指人们对于事物的评价标准和崇尚风气,其涉及面较广,对企业营销影响深刻。它可以反映在不同的方面,如阶层观念、财富观念、创新观念、时间观念等,这些观念方面的差异无疑造成了企业不同的营销环境。

4.教育水平

世界各国在教育程度和职业上的差异,也会导致消费者在生活方式、消费行为与消费需求上的差异。一般来说,受教育越多,对商品的鉴别能力越强,购买也越理性,同时对商品包装及附加功能均有一定的要求。

除此之外,社会文化环境还包含了语言、社会结构、社会道德风尚等多方面的因素。随着经济生活的国际化、世界文化交流的加深和不同民族、地区文化的相互渗透,企业所面临的社会文化环境也在不断发生变化,企业应及时把握时机,制定相应的营销决策。

小链接

新加坡的礼俗

新加坡的商人谦恭、诚实、文明礼貌,他们在谈判桌上一般会表现三大特点:一是谨慎,不做没有把握的生意;二是守信用,只要签订合同,便会认真履约;三是看重"面子",特别是对老一代人,"面子"往往具有决定性的作用。新加坡人禁忌说"恭喜发财",认为"发财"是指"发不义之财",是对别人的侮辱与谩骂。在新加坡,留长发的男子不受欢迎。新加坡注重环保,文明卫生。在新加坡随地吐一口痰,要罚款200新加坡元,随地扔一个烟头罚款1 000新加坡元。

三、微观营销环境因素

微观营销环境是指与企业营销活动直接相关的各种环境因素的总和,包括供应商、营销中介、顾客、竞争者、社会公众和企业内部环境因素,这些因素都会影响企业为其目标市场服务的能力。

小案例

家私厂的成功营销之道

某大型家私厂,周围同类厂家林立,竞争激烈。但该厂的领导班子精于营销,其产品在众多竞争者中脱颖而出,销量节节上升。该厂特别注重员工的素质,聘请职业经理从事管理,多渠道招收高素质营销人员,从社会及大专院校聘请设计人员,还购买了多套现代化生产设备,定期对操作人员进行培训,生产产品款式新颖,质量稳定。该厂与木材厂、皮料厂、不锈钢厂、玻璃厂等均保持密切联系,保证原料供给充足。其产品多是自产自销,也有部分销往外地,由代理商代理。为扩大知名度,在电视、杂志上进行广告宣传,又支持本地的公益事业,捐款给幼儿园、老人院等。

焦点问题:案例中该大型家私厂营销成功的原因有哪些?

(一)供应商

供应商是向企业供应生产或经营产品和服务所需要的各种资源的企业或个人。供应商提供的资源包括原材料、零部件、机器设备、劳动力和资金等,供应商这一环境因素对企业的营销活动有着重大的影响。供应商提供资源的价格、品种以及交货期,直接制约着公司产品的成本、利润、销售量及生产进度安排。因此,企业既要与主要的供应商建立长期的信用关系,又要避免资源来源的单一化,受制于人。寻找质量和效率都信得过的供应商是企业取得竞争优势的一个重要条件。

(二)营销中介

营销中介是指协助本企业把产品销售给最终购买者的所有中介机构。包括:

(1)商人中间商,指帮助企业寻找顾客或完成销售的分销公司,如批发商、零售商,它们购销商品,拥有商品所有权,利用本身已有渠道进货和销售。

(2)代理中间商,指专门协助企业达成交易,但不拥有产品所有权的中间商。

(3)实体分配公司,指帮助制造企业存储产品以及运往销售地的专业组织,包括仓储公司和运输公司。

(4)营销服务机构,指协助企业寻找正确的目标市场,并为其促销产品的机构。

(5)金融机构,指提供信贷和资金融通的各类金融中间机构,如银行、保险公司、信托投资公司等。

营销中介是一个完整的市场营销活动不可缺少的中间环节,大多数企业的营销活动都需要有它们的协助才能使产品顺利地送达最终购买者手中,因为经过分工可以最大限度地降低交易成本。因此,企业必须重视并处理好与营销中介的关系。

(三)顾客

顾客是企业产品购买者的总称,是企业的服务对象,也是现代企业营销活动的出发点和归宿。企业必须认真调查和研究不同市场的需求情况,一切营销活动都应以满足顾客的需要为中心。企业的目标顾客按其购买动机可以分为:

(1)消费者市场,指购买产品和服务供自己消费的个人和家庭所构成的市场。

(2)生产者市场,指为进一步加工或生产的使用而购买所需产品和服务的组织所构成的市场。

(3)政府市场,指政府、学校等一些非营利性机构,通过购买和集团性消费来发挥自己的社会作用。

(4)中间商市场,指为谋利或用于转售而购买商品和服务的组织机构所构成的市场。

(5)国际市场,指国外购买者所构成的市场,包括国外的消费者、生产者、转卖者和政府机构。

(四)竞争者

竞争者的营销战略、营销策略直接影响企业的营销活动。企业要想在市场竞争中获得成功,就必须能够比其竞争对手更好地发现消费者的需求并满足其需求。因此,企业必须高度关注竞争者的变化,及时调整对策。一般来说,企业面临着四种不同层次的竞争者,包括:愿望竞争者、平行竞争者、产品竞争者和品牌竞争者。

(五)社会公众

社会公众是指对一个组织实现其目标的能力有实际的或潜在的兴趣或影响的任何团体或个人。企业在争取满足目标市场时,不仅要与对手竞争,而且其营销活动也会影响到社会公众的利益,因而社会公众必然会关注、监督、影响和制约企业的营销环境。在通常情况下,一个企业所面临的社会公众主要有以下几种:

(1)融资公众,指影响企业融资能力的金融机构,其中包括银行、投资公司、保险公司、证券交易所等。

(2)媒介公众,主要指报纸、杂志、电台、电视等有广泛影响的大众传播媒介。这些公众对企业声誉以及形象的建立具有重要的作用。

(3)政府公众,指负责管理企业营销业务的有关政府机构,包括行业主管部门及财政、工商、税务、物价、商品检验等部门,企业在制订营销计划时,必须充分考虑政府公众的行为。

(4)社团公众,主要指保护消费者权益的组织、环境保护组织及其他有影响力的公众团体。企业营销活动关系到社会各方面的切身利益,必须密切注意来自社团公众的意见。

(5)当地公众,指企业所在地附近的居民群众、社团组织等。

(6)一般公众,除上述外,企业在经营活动中所面临的其他具有实际或潜在影响力的团体。一般公众虽然可能是一种松散的、非组织性的公众,但他们对企业的印象却影响着消费者对该企业及产品的看法。因此,企业必须关注自身的"公众形象",可以通过赞助慈善事业、设立消费者直接投诉系统等途径来改善和创造良好的微观环境。

(六)企业内部环境

企业开展营销活动要考虑企业内部的环境力量。企业本身包括最高管理层、市场营销,以及研究开发、采购、制造、财务等职能部门。企业营销部门在制订和执行营销计划时,必须与企业内部其他部门默契配合,目标一致,实行整体营销,以便企业的营销决策和营销方案能顺利实施。同时还可以通过向全体员工通报企业发展情况,发动职工出谋献策,奖励有功人员等以增强企业凝聚力,此外员工对企业的态度也会影响到企业之外的公众对企业的看法。

任务二 分析营销环境

——不谋全局者,不足以谋一域

企业的生存与发展既与其生存的市场营销环境密切相关,又取决于企业对环境因素及其影响所采取的对策。由于市场营销环境的客观性、多变性和复杂性,决定了企业不可能去创造、改变营销环境,而只能主动地适应环境、利用环境。

一、环境威胁分析与对策

环境发展趋势基本上分为两大类:一类是环境威胁,另一类是市场机会。所谓环境威胁,是指营销环境变化中所出现的对企业不利的发展趋势及由此形成的挑战。如果不采取果断的措施,这种不利趋势将损害到企业的市场地位。高明的市场营销者应善于识别所面临的威胁,按其潜在的严重性和出现的可能性进行分类,并采取相应行动,以避开威胁或把威胁造成的损失降低到最低限度。

企业可以通过环境威胁分析矩阵图来分析评价环境威胁。图 2-1 中,横向表示出现威胁的可能性大小;纵向表示潜在威胁的严重性大小,即威胁一旦出现,将要使企业的盈利减少,减少的程度也有大、小两种情况。企业可以根据环境的变化,把将要对企业造成的威胁描绘在环境威胁分析矩阵图上,然后根据不同情况采取不同对策。

潜在威胁的严重性	小	大
大	Ⅰ	Ⅱ
小	Ⅲ	Ⅳ

出现威胁的可能性

图 2-1 环境威胁分析矩阵图

图中的四个象限中,第Ⅰ象限表示出现威胁的可能性小,但潜在威胁的严重性较大;第Ⅱ象限表示出现威胁的可能性大,潜在威胁的严重性也大;第Ⅲ象限表示出现威胁的可能性小,潜在威胁的严重性也小;第Ⅳ象限表示出现威胁的可能性较大,但潜在威胁的严重性较小。

企业应对位于第Ⅰ、Ⅳ象限的威胁给予一定的重视,因为它们的威胁性适中,要防止出现威胁的可能性由小变大,潜在威胁的严重性也由小变大;对于第Ⅲ象限,企业主要是注意观察其发展变化,是否有向其他象限发展的可能;企业应高度重视第Ⅱ象限中的威胁,因为它不仅出现的可能性大,而且潜在威胁的严重性也大。

企业对环境威胁应采取的对策主要有:

1. 反抗策略

反抗策略也称抗争策略,即积极地抵制,试图限制或扭转不利因素的发展。一般通过各种方式促使政府颁布某项法令,或达成某种协议来改变环境的威胁。采取反抗策略,通常是针对那些不合理的、不应该发生的环境威胁。

2. 减轻策略

减轻策略也称削弱策略,即通过调整市场营销组合等方式对环境威胁加以削弱和修正,以减轻环境威胁的程度。

小思考

某企业营销人员在经营商品过程中与顾客发生了矛盾,引起了其他顾客的反感。营销部经理在知道并了解情况后,对营销人员提出了批评,并向顾客表示道歉。营销经理对环境威胁采取了何种策略,为什么?

3.转移策略

转移策略也称转变策略或回避策略,即将产品转移到其他盈利更多的行业或市场,实行多元化经营。该策略包括三种转移:

(1)产品转移,即将受到威胁的产品转移到其他市场。

(2)市场转移,即将企业的营销活动转移到新的细分市场。

(3)行业转移,即将企业的资源转移到更有利的新行业。

二、市场机会分析与对策

市场机会是指对企业市场营销富有吸引力的领域。在该领域内,企业将拥有竞争优势。企业要学会寻找和识别市场机会,判断其大小,并把握住机会,从而使企业不断壮大发展。企业在每一特定机会中成功的概率取决于其业务实力是否与该行业所需要的成功条件相符合。

企业可以通过市场机会分析矩阵图来分析评价市场机会。图2-2中,横向表示出现成功的可能性有大、小两种情况,纵向表示潜在吸引力也有大、小两种情况。第Ⅰ象限表示出现成功的可能性小,但潜在吸引力大;第Ⅱ象限表示出现成功的可能性大,潜在吸引力也大,企业应高度重视;第Ⅲ象限表示出现成功的可能性小,潜在吸引力也小,企业主要是观察其发展变化,并根据变化情况及时采取相应措施;第Ⅳ象限表示出现成功的可能性大,但潜在吸引力小。因此,企业应重视位置Ⅰ和Ⅳ的机会。

	小	大
大	Ⅰ	Ⅱ
小	Ⅲ	Ⅳ

潜在吸引力 / 出现成功的可能性

图 2-2 市场机会分析矩阵图

企业面对市场机会,首先要慎重地评价其质量。当企业通过分析、评估,确认市场对某种商品有某种需要,又有顾客购买,企业也有营销能力时,应积极地创造和适时地利用市场机会。如企业可利用体育热创造商品销售机会,也可利用影响较大的政治事件和社会事件创造企业的市场机会。常言说"机不可失,时不再来",要把握好时机,既不能盲目冒进,也不要因循守旧、畏缩不前。

企业对市场机会一般可采取以下对策:

1.发展策略

发展策略又称抢先策略,企业在经过市场机会分析后,认为该市场机会有较大的潜在发展能力,应尽量抓住这一市场机会,及早进行产品开发,抢先进入市场,在竞争中取得领先地位。

2.紧跟策略

紧跟策略又称利用策略,企业在市场机会分析时,认为风险较大,但吸引力也很大,在市场已有企业进入的情况下,采取紧跟策略,既可避免抢先开发的危险,又可在该产品处于引入期时提早进入市场,取得有利的竞争地位。

3. 维持策略

维持策略又称为观望策略,对于发现的市场机会,采取维持策略可使企业有较大的回旋余地。当这种市场机会发展到一定时机,即已进入成长期,企业可迅速进入市场。对中小企业来说,维持策略虽不能获得很高的市场占有率,但仍可获得可观的利润,且可避免风险。

小案例

养生堂市场机会分析

养生堂公司刚刚涉足果汁行业,推出农夫果园产品系列,广告语是我们熟知的"三种水果在里边""喝前摇一摇",这极大吸引了年轻消费者的注意力和好奇心,但娃哈哈公司马上推出了新产品高钙果C,广告语是"三种水果怎么够""我有四种水果还加了钙",它的针对性是非常明显的。娃哈哈高钙果C的研制与上市似乎并不是出于市场真正需求的考虑,而是出于竞争的需要。娃哈哈公司和养生堂公司在饮用水市场竞争多年,一直难分高下,现在又延续到了果汁市场。所以高钙果C是娃哈哈的战术产品,目的明确,就是要压制对手,进而在战略上赢得时间,打垮对手。

焦点问题:试分析养生堂公司与娃哈哈公司分别是如何抓住市场机会的。

三、环境威胁与市场机会的分析评价

在营销活动的过程中,当某一环境发生变化,往往既是威胁,又是机会,这就需要将两者结合起来进行分析,得出机会-威胁综合分析矩阵图,如图2-3所示。

机会水平	低威胁	高威胁
高	理想业务	冒险业务
低	成熟业务	困难业务

图2-3 机会-威胁综合分析矩阵图

根据机会-威胁综合分析矩阵图可以归纳出四种不同类型的业务,可分别采取不同的对策:

1. 理想业务

对理想业务即高机会和低威胁的业务,应看到机会难得,甚至转瞬即逝,必须抓住机遇,迅速采取行动,否则就可能丧失战机。

2. 冒险业务

对冒险业务即高机会和高威胁的业务,面对高利润与高风险,企业既不能盲目冒进,也不应迟疑不决、坐失良机,应全面分析自身的优势与劣势,扬长避短,创造条件,争取突破性的发展。

3. 成熟业务

对成熟业务即低机会和低威胁的业务,机会与威胁处于较低水平,可作为企业的常规业务,用以维持企业的正常运转,并为开展理想业务和冒险业务准备必要的条件。

4.困难业务

对困难业务即低机会和高威胁的业务,要么是努力改变环境,走出困境或减轻威胁;要么立即转移,摆脱无法扭转的困境。

四、SWOT分析法

对市场营销环境进行分析的方法很多,SWOT分析法是常用的一种。SWOT分析法可以帮助营销策划者综合考虑企业的优势、劣势、机会和威胁,使环境分析不再是一堆杂乱无章的事实与数据,便于确认企业内部条件与外部环境相适应的状态。

SWOT是四个英文单词第一个字母的缩写,其中,S(Strengths)表示企业优势,W(Weaknesses)表示企业劣势,O(Opportunities)表示环境机会,T(Threats)表示环境威胁。SWOT分析模型见表2-2。

表 2-2　　　　　　　　　SWOT分析模型

SWOT	优势(S)	劣势(W)
机会(O)	SO战略 发挥优势,利用机会	WO战略 利用机会,克服劣势
威胁(T)	ST战略 利用优势,避免风险	WT战略 使劣势最小,避免风险

SWOT分析法的意义可以概括为"扬长避短、趋利避害、丢掉包袱、加速发展",为企业的营销决策提供了一个十分有价值的逻辑分析框架,使企业认识到自身的优势、劣势,让企业了解外部环境中蕴藏的机会和暗藏的威胁。

企业营销战略的质量取决于企业的优势和劣势,以及企业适应环境机会与环境威胁的程度。因此,SWOT分析有助于营销策划者提高营销策划的质量。如果企业已经制定好了企业战略,那么其中SWOT分析和战略选择对营销策划者来说就是非常重要的参考;如果企业没有制定企业发展战略,营销策划者则需要自己进行分析。

(一)SWOT分析步骤

1.搜集信息

SWOT分析实质上是机会、威胁分析与优势、劣势分析的综合,信息的搜集也就是对外部环境资料和内部环境资料的搜集。它主要包括宏观环境信息的搜集、行业环境信息的搜集和微观环境信息的搜集。

2.信息的整理与分析

把搜集到的信息分别归类到宏观环境、行业环境和微观环境后,再分析信息的含义,看其是否表明企业面临着机会或者遭遇威胁,是否反映了企业的优势与劣势。

3.确定企业具体业务的态势

在资料搜集整理完毕后,再看企业某一项具体业务面临的环境是机会多于威胁还是威胁多于机会,企业在这项业务上是处于优势还是处于劣势,并在SWOT分析图中标出其市场地位。

表2-3只是列举了企业面临的部分SWOT因素,在实际的运用过程中,还需要我们根据具体情况确定其他的决定性因素。在制定战略时,企业往往试图将其战略建立在其

优势的基础上而消除劣势。一个企业可以从SWOT分析中识别必要的资源,并采取措施获得优势而减少劣势。

表2-3　　　　　　　　　　SWOT分析部分关键因素

因素	内容
潜在优势	核心技术、充足的资金、良好的顾客认知、高市场份额、高生产率、高产品(服务)质量、低生产成本、优良的研发机构、高创新纪录、良好的高级管理层、专有的技术、好的分销渠道、政策保护、良好的战略
潜在劣势	缺乏战略方向、过时的厂房、弱的信息系统、弱的控制系统、缺少资金、缺乏管理技能、内部权力斗争、弱的营销技能、缺乏原料供应、差的分销渠道、高成本结构、低产品质量、缺少创新技术
潜在机会	进入新的市场、相关活动的多元化经营、纵向一体化(前向或后向)、高增长预期、出口市场、竞争者力量弱、政府合同、取消管制
潜在威胁	新的低成本竞争者、技术上的替代者、增长缓慢、新出口的管制条例、外汇汇率、顾客/供应商的议价能力、不利的人口变动、经济衰退的打击、顾客需求变化

4. 拟定营销战略

企业某一项业务的市场位置确定后,就可以根据其具体情况制定相应的营销战略和策划方案,决定企业是否应加大对这项业务的投资、产品组合、促销组合等改进的具体问题。

(二)运用SWOT分析法应注意的问题

(1)要明确在SWOT分析法中,优势、劣势与机会、威胁的地位是不同的,外部环境因素是通过改变竞争双方的优劣势对比从而为研究对象产生一定机会或威胁的,这是SWOT分析法的基本结构。

(2)从内容上说,SWOT分析既要分析研究对象与其竞争对手现实的优势、劣势,还要探讨研究对象与其竞争对手各自的优势、劣势及其面临的机会、威胁发展变化的规律性,由此预测现实优势、劣势在未来可能发生的变化,从而分析战略目标的合理性,并制定战略措施。

(3)在战略管理中,SWOT分析不能是孤立的,应该对现状产生原因,特别是达到未来战略目标或阶段战略目标需满足的条件的分析相结合。

(4)应该确立对优势、劣势正确的态度。如果某一劣势成为达到战略目标的一个阻碍条件,就应该弥补这一劣势,而不是一味回避它。

总之,企业应运用SWOT分析法对市场营销环境进行综合分析,确定各项业务所处环境的具体态势,从而采取相应的对策,促进企业的发展。

小思考

请运用SWOT分析法对自身进行分析和评估,并据此为自己拟定一份人生发展规划。

任务三 分析消费者购买行为

——钓什么鱼，用什么饵

一、消费者市场购买行为分析

顾客需求是多样的，顾客的偏好也是多样的，企业营销的问题是找出解决顾客需求的产品和方法，并且这种产品和方法能够满足顾客的需求，这才是成功的营销。

（一）消费者市场的内涵

消费者市场是指所有为了个人或家庭消费而购买商品和服务的消费者所构成的市场，是组织市场及整个经济活动为之服务的最终市场，它是现代市场营销理论研究的主要对象。消费者市场主要具有下列特点：购买人数多，供应范围广；交易数量小，交易次数多；消费差异大，消费变化快；需求弹性大，购买流动快；消费者需求具有可诱导性，属非专家性购买。

（二）消费者购买行为模式

消费者购买行为是指为满足个人或家庭的生活需要，在一定购买动机驱使下，所进行的购买商品的活动过程。分析消费者购买行为模式是消费品生产企业和中间商研究消费者购买行为的规律，掌握了消费者购买行为规律，便于通过制定有针对性的营销组合策略满足消费者的需求。

微课
5W1H分析法

1. 由谁购买（Who）

这是关于购买组织的问题，即哪些人参与购买行为，包括倡议者、响应者、决策者和购买者。

2. 为何购买（Why）

这是关于消费者购买目的的问题，即购买动机，这受制于消费者心理、需要及其对需要的认识。

3. 购买什么（What）

这是关于消费者购买对象的问题，是便利品、选择品还是特殊品，它受制于具体的消费需求，是满足欲望的实质内容。

4. 何时购买（When）

这是关于消费者购买的时机的问题，即掌握消费者购买的时间规律，包括关键月、关键日、关键时以及消费者购买产品的淡季与旺季。

5. 何地购买（Where）

这是关于消费者购买地点的问题，消费者对购买地点的选择有其规律性，日常必需品习惯于就近购买，选择性较强的或贵重的商品到商业中心购买，某些特殊商品到有信誉的专业店购买等。

6. 如何购买（How）

这是关于消费者购买方式的问题，包括购买类型、消费支付的方式。

研究消费者购买行为的理论中最具有代表性的是消费者购买行为模式：刺激-反应模

45

式,如图 2-4 所示。尽管购买者的心理是复杂的、难以捉摸的,但这种种神秘的、不易被窥见的心理活动还是可以被反映出来而使人们认识,营销人员可以从影响购买者行为的诸多因素中得出普遍性的方面,而由此进一步探究购买者行为的形成过程,并在能够预料购买者的反应的情形下,自如地运用"市场营销刺激"。

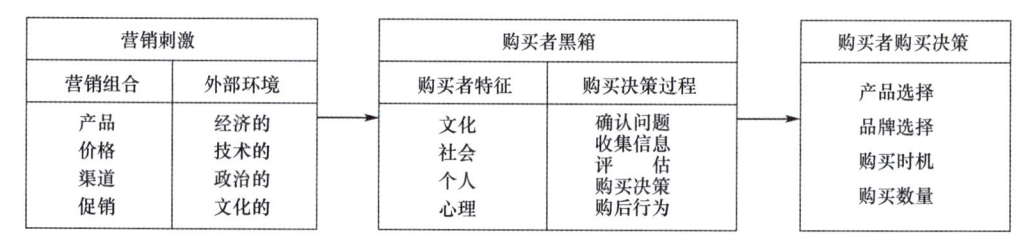

营销刺激		购买者黑箱		购买者购买决策
营销组合	外部环境	购买者特征	购买决策过程	产品选择
产品	经济的	文化	确认问题	品牌选择
价格	技术的	社会	收集信息	购买时机
渠道	政治的	个人	评估	购买数量
促销	文化的	心理	购买决策	
			购后行为	

图 2-4　消费者购买行为模式:刺激-反应模式

(三)消费者购买行为类型

消费者在购买产品时,会因产品价格、购买频率的不同,而产生不同的购买行为。根据购买者在购买过程中参与者的介入程度和品牌间的差异程度,可以将消费者的购买行为分为四种类型,见表 2-4。

表 2-4　　　　　　　　消费者购买行为类型

品牌差异＼介入程度	介入程度高	介入程度低
品牌差异大	复杂购买行为	寻求多样化购买行为
品牌差异小	化解不协调购买行为	习惯性购买行为

1.习惯性购买行为

习惯性购买行为是指消费者认为各品牌之间没有什么显著的差异、并且低度介入的购买行为。对于价格低廉、购买经济、品牌差异小的产品,如食盐、糖等,通常消费者不需要花时间进行选择,而是凭多次购买和多次使用形成的习惯去选择某一品牌。

针对消费者习惯性的购买行为采取的营销策略:利用价格策略与促销策略作为某品牌产品试用的诱因,是一种非常有效的方法。就广告来讲,运用低介入度的电视广告比印刷品广告更为有效。通过增加产品特色,把低介入度产品转化为高介入度的产品,也是一个比较好的策略。

2.寻求多样化购买行为

寻求多样化购买行为是指品牌差异大,可供选择的品种多且价格较低的商品,消费者在购买时并不愿花太多时间选择品牌或专注于某一产品,而是经常变换品种的购买行为。如购买饼干、点心等食品时,人们往往为了寻求多种口味而变换品牌。

针对消费者寻求多样化的购买行为采取的营销策略:产品摆满货架,降低价格,提供优惠、赠券、免费样品,制作提醒式广告和宣传使用新产品的广告,会有很好的效果。

3.化解不协调购买行为

化解不协调购买行为是指品牌差异小,消费者介入程度高的购买行为。此类产品价值高、不经常购买,但是消费者看不出或不认为某一价格范围内的不同品牌有什么差别,无须在不同品牌间精心比较和选择,购买过程迅速,但购买之后会因为使用过程发现产品的缺陷或听到其他同类产品的优点而产生后悔心理或心理不平衡,如手机、服装、家具等。

针对消费者化解不协调购买行为采取的营销策略:营销者应通过售后信息沟通工作来增强消费者的信念,使之产生或增强满意感。

4.复杂购买行为

复杂购买行为是指品牌差异程度大、消费者介入程度高的购买行为。当消费者购买一件贵重的、不常购买的、有风险且又非常有意义的产品时,由于产品品牌差异大,而消费者又对产品缺乏了解,因而需要一个学习过程,广泛了解产品性能、特点,从而对产品产生某种看法,最后决定购买。

针对消费者复杂购买行为采取的营销策略:一是要突出品牌重要属性方面的声望;二是要利用印刷媒体和较长的广告描述产品的优点;三是谋求中间商销售人员和购买者熟人的支持。

(四)影响消费者购买行为的因素

消费者购买行为的形成是错综复杂的,其购买行为的产生是受到其内在因素和外部环境因素的相互促进和交互影响的,企业营销人员可以通过对影响消费者行为的内在因素和外部环境因素的研究来进一步掌握消费者行为的规律。

小案例

老鞋匠的智慧

一次,一个老鞋匠正在和几个老人闲聊,走过来一名穿戴入时的妇女,送来一只皮鞋问老鞋匠:"师傅,你看这鞋能修吗?"

老鞋匠看了一眼,说:"您看我有活正忙着呢,您如果着急,里边还有几个修鞋的。"

妇女的确不愿意等,就朝里走去了。

有人便不解地问老鞋匠:"为什么有活来了,你却给支走了呢?"

老鞋匠笑着说:"你看那只鞋做工精细、皮质又好,少说得上千元,如果修不好,弄坏了咱可赔不起。不是我夸口,我不敢接的话,别人也绝对不敢接,最后啊,她一准儿回来。"果然,那妇女不大会儿工夫就又回来了。老鞋匠把鞋拿到手里左瞧右看:"您这鞋得认真仔细地修,很费时间的,您明天来取吧。"妇女虽然不太情愿,但也只好应允。

等她走后,老鞋匠三下五除二,一会儿就把鞋给修好了。

又有人问:"你修得这么快,为什么非让人家明天来取?"老鞋匠笑了:"看着你把鞋修好,顶多收三五块钱,等到明天,那么贵的鞋至少收十元。"

第二天,妇女取鞋时,看见鞋修得很好,高兴地给了20元走了。

焦点问题:老鞋匠的智慧体现在哪里?

1.心理因素

消费者的心理因素主要包括动机、感知、信念、态度以及学习等,要了解消费者购买行为的起因,就必须研究这些心理因素。按照心理学的一般观点,人的行为是由动机支配的,而动机是由需要引起的。所谓需要,是人在生活中感到有某种缺乏而力求满足的一种内心状态,消费者购买行为的产生总是与人的某种需要相联系的。

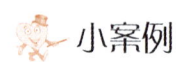

> **小案例**　　　　**送茶叶的小故事**

在××茶店开业之前,张三一直喜欢喝20块钱一斤的茶叶。××茶店开业后,张三每次去买茶叶,老板都送他半两好茶。张三将好茶攒着待客。一天闲来无事,张三决定泡壶好茶,谁知竟喝上瘾了。喝完免费的好茶,张三便不愿再喝20块钱一斤的茶叶了。不管他买多贵的茶叶,老板总送他半两更好的。半年下来,张三花在茶叶上的钱几乎是原来的十倍。

焦点问题:茶店老板抓住了张三的何种心理?

(1)需求层次理论

人们生理上和心理上的需要是广泛的,因人所处的具体条件而各异。美国心理学家马斯洛把人们多种多样的需要,按其重要性和发生的先后顺序大体分为五个层次:

①生理需要,指与个人生存直接相联系的需要,它涉及最基本生活资料的满足如对衣、食、住的需求。生理的需要是人类最低层次的需要,也是最基本、最原始的需要。

②安全需要,指避免生理和心理方面受到伤害而要求得到保护和照顾的需要。安全的需要是比生理的需要较高一级的需要,它包括安全操作、劳动保护、环境安定、财产保护、职业保障等的需要。

③社交的需要,指在社会生活中,希望能被各个群体承认、接纳和重视,包括归属感、爱情和友谊等方面的需要。当这种需要强烈时,人们就会致力于与他人培养感情,并建立各种社会关系。

④尊重的需要,指通过自己的才华与成就获得他人的尊重。一般来说,尊重的需要是与人们接受教育程度和社会地位密切联系的,人们接受的教育程度和社会地位越高,尊重的需要就越强烈。与前三个层次的需要(基本的需要)不同,尊重的需要是人类高层次的发展需要。

⑤自我实现的需要,指希望个人自我潜能和才华得到极大的发挥,要求自己成为有能力达到的最优秀的人。马斯洛指出,如果一个人要从根本上愉快的话,音乐家必须搞音乐,画家必须画画,诗人必须写诗,这样才能发挥他的最大潜能,从而完全实现自我。

需要的五个层次是按由低到高的顺序排列的。一般来说,当低层次的需要基本满足后,就会出现较高层次的需要,人们就是在不断的追求中,出现新的需要,产生新的行为动机。

(2)消费者购买动机分析

消费者购买动机是指消费者为了满足自己一定的需要而引起购买行为的愿望和意念。消费者的购买动机是在需要的基础上产生的。消费者购买动机多种多样,从营销角度进行划分主要有以下五种:

①求实心理动机。以注重商品的实际价值为主要特征的购买动机。注重内在质量、实际效用,不太注意商品的外观和品牌(如工薪阶层、老年顾客等消费者的购买动机)。

②求廉心理动机。以追求廉价商品为主要特征的购买动机。注重商品的价格,对包装、花色、款式不太注意。

③求名心理动机。以追求高档品牌商品为主要特征的购买动机。注重品牌、产地和产品在社会的形象。购买此类产品的消费者基于两种心理,一是信赖名牌的质量;二是为了炫耀自己的财富。

④求新心理动机。以追求时尚和新潮为主要特征的购买动机。注重商品款式、格调和社会潮流,对商品的实用价值和价格不甚计较(如刚工作的年轻人和年轻的白领阶层)。

⑤求美心理动机。以注重商品的欣赏价值或艺术价值为主要特征的购买动机。注重商品本身的造型、色彩和艺术性(如社会素养较高和收入高的阶层等消费者的购买动机)。

马斯洛的需要层次理论和消费者购买动机的特点对于企业营销具有重要的指导意义。有针对性地开展营销活动,可避免营销工作的盲目性。

小案例

好奇是人类的天性

美国有家食品公司,生产的水果罐头曾一度无人问津。为摆脱困境,老板遂思得一巧计:在罐头上印上谜语,并注明打开罐头吃完东西,谜底就在罐底。这一新奇招数果然使得消费者争相购买其水果罐头,产品顿时从滞销变为畅销,打开了市场。

日本三越百货商店开张时,生怕不能引起人们的注意,于是三越百货特意雇了20名美女,让她们穿着艳光四射的古代和服,头发也梳成了古代妇女的发型,脸上敷着胭脂,打扮得花枝招展,成群结队地在街上走。人们看了觉得非常稀奇,围观的人越聚越多。此时,她们就走进三越百货商店,一会儿就见不到影子。随观的人们涌进店里后,看到店里的商品琳琅满目,纷纷停下购买,因而开张的第一天,三越百货商店就赚了大钱,并给人们留下了深刻的印象,从此生意一直红火。

焦点问题:怎样抓住消费者的好奇心促进企业商品的销售?

2.个人因素

个人因素主要受年龄与性别、职业与文化程度、经济状况、个性和自我形象、生活方式等因素的影响。

(1)年龄与性别

不同年龄阶段的消费者有不同的需求和偏好,人们在衣、食、住、行各方面的消费需要,都随年龄的变化而变化。不同性别的消费者,消费需求也会有很大的差别。

(2)职业与文化程度

不同职业的消费者,对于商品的爱好和需求往往是不同的。消费者的文化水平和文化素质的差别也会导致其需求和兴趣有很大的差别。

(3)经济状况

消费者的经济状况包括消费者的可支配收入、储蓄与个人资产、举债能力和对消费与储蓄的态度。经济状况的好坏直接决定了消费者的购买力的大小,消费者通常会在可支配收入的范围内考虑以最合理的方式安排支出,以便更有效地满足自己的需求。一般来说,收入较低的消费者往往比收入较高的消费者更关注产品价格的高低。

(4)个性和自我形象

消费者在选择商品、购买商品的过程中还要受到其个性特征、兴趣爱好的影响。个性是指个体带有倾向性的、比较稳定的、本质的心理特征的总和,包括消费者的兴趣、爱好、个人气质、性格和能力等。从消费者行为的角度,个性可理解为消费者适应其生活环境的独特行为方式。按消费者不同的个性特征,可以把消费者分成六种类型:理智型、冲动型、经济型、习惯型、情感型和不定型。消费者的"自我形象"是指消费者心目中想把自己塑造成什么人,或者企图使别人把自己看成什么人。在实际选购商品时,消费者通常认为某种商品与自己的"形象"一致时就决定购买;与自己的"形象"不相称时就拒绝购买,营销者应该努力开发符合目标市场"自我形象"的品牌形象。

(5)生活方式

生活方式是个人行为、兴趣、思想等方面所表现出来的生活模式。有些消费者虽然同属于一个社会阶层,来自同一文化层次,具有相似的个性特征,但由于有不同的生活方式,他们的活动、兴趣和见解也会各不相同。所以,营销人员应尽力使自己的产品与消费者的生活方式联系起来,并加强产品对消费者生活方式的影响,使消费者的生活方式更加文明、更加健康。

3.文化因素

文化是一个社会精神财富的结晶,它是决定人们需要的基本因素之一。文化是人类从生活实践中积累起来的价值观、道德、理想和其他有意义的象征的综合体。文化的差异会引起行为上的差异,表现在婚丧、服饰、饮食起居、建筑风格、节日、礼仪等物质和精神生活方面也是各有特点,而这一切也必然反映在不同的消费者行为上。

从市场营销学的角度来看,一个人的消费行为不仅受社会文化的影响,还受到亚文化群的影响。一国的人民常常属于同一文化群,但这些属于同一文化群的人们又可以根据不同的民族、籍贯、地区、种族、宗教、年龄、性别、职业和社会阶层等标准分为若干不同的更小的文化群,即所谓的亚文化群。亚文化主要表现为:

(1)民族亚文化

各个民族在宗教信仰、节日、崇尚爱好、图腾禁忌和生活习惯等方面,都有其独特之处,并对消费行为产生深刻影响。

(2)宗教亚文化

不同宗教有不同的文化倾向和戒律,影响人们认识事物的方式、对客观生活的态度、行为准则和价值观,从而影响消费行为。每种宗教都有其主要流行地区和鲜明的特点。

(3)种族亚文化

不同的种族有不同的生活习惯和文化传统,他们之间同样存在着需求和购买行为的差异。

(4)地理亚文化

不同的地区有不同的风俗习惯和爱好,使消费行为带有明显的地方色彩。

每个亚文化群都有着自己独特的价值观和风俗习惯,且也有一些与整个社会的基本文化相一致的特点。企业通过研究社会文化对人们生活的影响,能够进一步了解不同文化群的消费者的购买行为,便于确定目标市场,制定生产和营销策略。对于进入国际市场的产品,这种分析研究更为重要。

4.社会因素

(1)相关群体

相关群体是指对个人的态度、偏好和行为有直接或间接影响的人群。相关群体可分为三类:

①关系密切的相关群体,如家庭、亲朋好友、邻居和同事、同学等。

②关系一般的相关群体,如个人所参加的各种社会团体等。
③没有直接联系,但影响力很大的群体,如社会名流、影视明星、体育明星等。
相关群体影响消费者的购买行为,一般表现为以下四个方面:
①向消费者展示新的消费行为和生活方式。
②引起消费者的仿效欲望,从而影响消费者对某种事物或商品的态度。
③促使消费者的行为趋于某种"一致性",因而影响消费者对某种商品花色品种等的选择。
④相关群体中的"意见领袖"有时有难以估计的示范作用。

相关群体会影响消费者的产品选择,不过这种影响要视产品的类别而定,所以企业必须十分重视相关群体对消费者行为的影响力,在制定生产和营销策略时,要选择同目标市场关系最密切、传递信息最快的相关群体,了解其爱好,做好产品销售工作。

小案例

克莱斯勒的群体影响

美国克莱斯勒公司利用观念领导者推出 LH 系列汽车"协和""勇敢的道奇""鹰眼",公司营销人员在周末将这些品牌的汽车供给 25 个城市的 6000 名社区及企业的领导者试用。在随后的调查中,98% 的试用者认为这些牌子的汽车比较合适自己使用,并将向他们的朋友推荐这些品牌的汽车。美国克莱斯勒公司第一年就卖出了当年生产的所有这些品牌的汽车,实现了这些产品当年的"零库存"。

焦点问题:相关群体中的参与群体对消费者的购买行为产生什么影响?

(2)家庭环境

家庭是社会最基本的组织细胞,也是最典型的消费单位。在消费者的购买行为中,家庭影响是至关重要的,这是因为:首先,家庭作为一个相关群体,强有力地影响着消费者的态度、信仰和行为。其次,家庭成员,尤其是父母,为其他家庭成员充当着购买代理人的角色。最后,家庭本身就是一个消费单位,许多商品和服务是以家庭为购买单位的。在研究家庭对消费者购买行为的影响时,企业应该注意这样几个问题:

①家庭规模小型化。家庭规模小型化是一个发展趋势,家庭成员平均人数越来越少。家庭规模不同,家庭消费结构就有很大差别,消费活动也会有一定的差异。

②家庭生命周期。它指家庭从建立到结束全过程所经历的时间。与家庭生命周期变化相对应的是家庭需求的变化,处于不同阶段的家庭,由于家庭收入水平不同、家庭的人口负担各异,因而家庭的购买行为是不一样的(表 2-5)。

表 2-5　　　　　　　　　　　家庭不同发展阶段的购买行为

家庭不同发展阶段	购买行为
单身阶段	几乎没有经济负担,新观念的带头人,追求自我表现 购买:一般的厨房用品和家具、新潮服装、休闲用品、度假
新婚阶段:年轻、无子女	经济状况较好、购买力强 购买:家用电器、汽车、耐用家具、度假
满巢阶段Ⅰ:年幼子女不到 6 岁	家庭用品采购的高峰期,更注重产品实用价值,对广告宣传敏感,购买大包装商品 购买:婴儿食品、玩具、学习用品、日常用品

(续表)

家庭不同发展阶段	购买行为
满巢阶段Ⅱ：年长的夫妇和尚未独立的子女同住，户主仍在工作	经济状况较好，对耐用品及日常用品购买力强 购买：学习用品、教育、生活必需品、医疗保健、旅游用品、度假
空巢阶段：年长的夫妇，无子女同住，户主仍在工作	经济状况良好且有储蓄，对旅游、娱乐、自我教育感兴趣 购买：旅游用品、奢侈品、度假
鳏寡阶段：退休	收入减少，经济状况一般，对身体健康更加关注 购买：有助于健康、睡眠和消化的医用护理保健品、家庭劳务、度假

③家庭决策分工。在不同的决策场合，家庭成员均可扮演五种不同的角色：首先是提议者，促使家庭中其他成员对商品发生购买兴趣的人；然后是影响者，提供商品信息和购买建议，影响挑选商品的人；第三是决策者，有权单独或与家庭中其他成员共同做出购买决策的人；第四是购买者，亲自到商店从事购买活动的人；最后是使用者，即使用所购买的商品或服务的人。在以上五种角色中，营销人员最关心决策者是谁。

(3)社会阶层

社会阶层指一个社会按照其社会准则将其成员划分成的不同层次。各个国家社会阶层划分的标准不一样，但大多是根据职业、收入来源、受教育程度、居住区域等标准进行划分。社会阶层是影响消费者购买行为的重要因素之一。由于不同社会阶层中人们的经济状况、价值观念和兴趣爱好不尽相同，他们对商品的品牌、外观、质量、售后服务等也都有各自不同的偏好。

小思考

试分析一下影响自身购买行为的因素。

(五)消费者购买决策过程

消费者的购买决策过程可以分成以下五个阶段(图2-5)，这五个阶段环环相扣，循序渐进。研究消费者决策过程，目的是使营销者针对购买行为的不同阶段采取相应的促销措施。

确认需要 → 寻求信息 → 方案评估 → 购买决策 → 购后评价

图2-5 消费者购买决策过程的主要步骤

1.确认需要

消费者进入市场后的第一步就是确认自身需要解决的问题，即存在的需求。当消费者意识到对某种商品有需要时，购买过程就开始了。这种需要可以是消费者内在的生理活动引起的，也可以是受到外界的某种刺激引起的，或者是内外两方面因素共同作用的结果。既然消费者的购买行为是从认识需要开始的，企业营销人员就要想方设法不失时机地采取某种方法唤起和满足消费者的需要。

2.寻求信息

一个确认了需要的消费者,通常情况下会主动搜集与满足需要有关的各种信息,以便进行评价工作,这种搜集信息的积极性因其需要程度的不同有高有低。消费者需要搜集的信息取决于其购买情况的复杂程度,在这一阶段,营销者既要千方百计做好商品的广告宣传,吸引消费者的注意,又要努力搞好商品陈列和说明,使消费者迅速获得对企业有利的信息。消费者的信息来源主要有以下四类:

(1)个人来源,指从家庭、亲朋好友、邻居及其他熟人处获得的信息。
(2)商业来源,指商业广告、售货员介绍、商品陈列展览、商品包装、商品说明书等。
(3)大众来源,指大众媒体、消费者评比组织的评价、官方的材料信息等。
(4)经验来源,指直接使用该产品得到的经验。

3.方案评估

消费者得到了一定的相关信息后,有必要对得到的信息进行分析、评估和选择,权衡利弊后才能做出购买决定。评估的内容主要包括产品性能、品牌信念和效用要求三个方面。这一阶段是消费者购买的前奏,对实施购买起决定作用,营销者应尽可能为消费者提供条件,帮助消费者了解商品属性,做出购买决定。

4.购买决策

消费者对商品信息进行分析、评估和选择后,便产生了购买意图。消费者会做出三种决策:各方面满意,做出立即购买的决定;某些方面不满意,做出延期购买的决定;对产品大多数属性不满意,做出不购买的决定。购买决定主要包括:购买何种产品、何种品牌、何种款式、何时购买、何处购买、以什么价格、什么方式付款等。市场营销者一方面要向消费者提供更多更详尽的信息,以便消除消费者的疑虑;另一方面要通过提供各种销售服务,方便消费者选购,促进消费者做出购买本企业产品的决策。

5.购后评价

消费者购买商品以后,往往要评价已购商品,确认满意程度,并为以后类似购买行为积累经验。消费者对产品满意与否直接决定着以后的行为,如果感到满意,会重复购买或带动他人购买该品牌;如果感到不满意,则会尽量减少或消除不平衡感。因此,企业应该十分重视消费者购买后的行为,因为消费者购买后对产品的评价,具有巨大的反作用,关系到这个产品的市场命运。同时,营销者对其产品的广告宣传应实事求是、符合实际,以便使购买者感到满意;甚至对产品性能的宣传也可以留有余地,以增加购后满意度。

二、组织市场购买行为分析

(一)组织市场认知

1.组织市场内涵

组织市场是指购买商品或服务以用于生产性消费,以及转卖、出租,或用于其他非生活性消费的企业或社会团体。组织市场包括生产者市场、中间商市场、非营利组织市场和政府采购市场。与消费者市场相比,组织市场具有购买人数少,购买数量大;引申需求,缺乏弹性;供购关系密切,属专家性购买;多数人影响;直接购买;互惠贸易;用租赁代替购买;市场区域集中等特点。

2.组织市场的购买类型

（1）直接重购

直接重购指企业采购部门按常规继续向原有的供应商购买产品，是一种最简单的购买方式。现在直接重购大部分采用自动化再订购系统，减少采购时间，降低采购成本。直接重购要求供应商与企业保持良好的关系，提供优秀服务，保质、保量、准时供应产品，在有条件的情况下，及时向企业提供新产品，以保证供应商在企业采购中的市场份额。

（2）修正重购

修正重购是指企业采购部门由于某些原因适当修改采购产品规格、价格等其他交易条件的购买行为。它是一种较为复杂的购买行为，其目的是寻找价格低、服务好、交易条件优惠的产品。这对现有供应商造成威胁，给新供应商提供市场机会。

（3）新购

新购指企业第一次购买某种产业用品或服务，它是最复杂的购买类型。参与购买决策的人最多，做出购买决策复杂，因此供货企业要派出富有经验的营销人员，向新购企业提供尽可能多的资料和信息，帮助顾客解决疑难问题，努力争取订单。

（二）影响组织市场购买行为的因素

组织市场购买者在做购买决策时，会受到一系列因素的影响，主要包括环境因素、组织因素、人际因素和个人因素。

1.环境因素

环境因素是指企业所面临的宏观环境因素，包括政治法律、经济、社会文化、自然、科技等因素。它是影响组织市场购买行为的主要因素。

2.组织因素

组织因素是指企业内部因素，包括企业经营目标、战略、组织、规章制度、企业文化等，这些因素从组织内部的利益、营运和发展战略等方面影响组织市场购买者的购买决策。

3.人际因素

人际因素是指企业内部的人事关系。由于产业用品采购活动比较复杂，为了购买到物美价廉的原材料，一些大中型企业设立了采购中心。采购中心包括使用者、影响者、采购者、决策者和信息控制者五种购买成员，他们在企业中的职务、地位、态度、利益和相互关系决定了购买成员之间的人际关系，其中决策者是决定购买与否的关键人物。供应商要充分了解各成员在采购决策中的角色、地位以及彼此之间的关系，以利于交易的达成。

4.个人因素

个人因素是指企业购买决策者的年龄、性别、职务、受教育水平、个性特点、偏好及风险意识等因素对购买行为的影响，是影响产业购买行为的重要因素。

小思考

请分析影响组织市场购买行为的因素和消费者市场购买行为的因素有何不同。

（三）购买决策过程

组织市场的购买决策过程一般包括八个阶段，当然，不同类型的购买活动所需要的购买阶段并不完全相同，其所经历的购买阶段见表2-6。由此表可见，新购方式必须经过所有八个购买阶段，而修正重购和直接重购可能只需要经过其中的部分购买阶段。

表 2-6　　　　　　　　　　组织市场的购买决策过程

购买阶段	购买类型		
	新购	修正重购	直接重购
认识需要	需要	可能需要	不需要
确认需要	需要	可能需要	不需要
说明需要	需要	需要	需要
物色供应商	需要	可能需要	不需要
征求供应建议书	需要	可能需要	不需要
选择供应商	需要	可能需要	不需要
签订合约	需要	可能需要	不需要
绩效评估	需要	需要	需要

1. 认识需要

认识需要是指企业认识到需要购买某种产品来满足自己新的需要。它是组织市场购买决策过程的起点。认识需要是由内在刺激和外在刺激共同引起的。内在刺激是由于企业开发新产品、改进老产品等因素引起的。外在刺激是指企业采购人员通过广告、展销会、卖方推销员介绍、网上查询等途径为获取更有价值产品而产生的需要。

2. 确认需要

确认需要就是确定所需要品种的特征和数量。标准品种可以由采购人员独立决定，对于复杂品种，则需由采购人员和使用者、工程师等人员共同研究确定。

3. 说明需要

说明需要是指企业通过价值分析确定所需产品的品种、性能特征、数量和服务，做出详细的技术说明。价值分析是指有组织、有步骤地分析一种产品、一个系统或一种服务的价值为其获得最优价值的经营管理技术。

4. 物色供应商

物色供应商是指采购人员根据产品技术说明书通过各种途径寻找最佳供应商。采购人员可以通过供应商名录或其他资料查询供应商，也可以向其他企业了解供应商的信誉。

5. 征求供应商建议书

企业采购部门对初步选出的供应商提出要求，征求它们的信息和建议，请供应商企业尽快寄来样品、说明书和报价单等有关资料。如果是采购复杂、价值高的商品，则要求提交更详细的书面建议。

6. 选择供应商

选择供应商是指企业对供应商的建议书进行分析评价，确定企业的供应商。分析评价内容包括供应商产品质量、价格、及时交货能力、性能、产量、技术、服务和信息等属性，这些属性的权重随着购买类型的不同而有所改变。企业在这个阶段要极力争取业绩卓著的供应商成为自己价值链上的伙伴，现在精明的采购者一般都同时选择几位供应商，第一位是使其供应量占企业所需原料的 60%，第二位是占 30%，其他是 10%，形成一个供应商自动竞争的环境。

7. 签订合约

签订合约是指企业根据所购产品技术说明书、价格、需要量、付货时间、退货条件、担保书等要求与供应商签订最后订单。现在大多数企业都采取"一揽子合同",也叫"无库存采购计划"。"无库存采购计划"是指企业与供应商建立长期供货关系,采购经理能在任何需要产品的时候通知供应商按原条件供货,"无库存采购计划"使供应商成为制造商的原材料仓库,降低了流通成本,增加了企业经济效益。

8. 绩效评估

绩效评估是指对各供应商的绩效进行评估。采购部门搜集企业使用者对供应商产品的使用意见,检查和评估各个供应商履行合同的情况。这种绩效评估成为企业是否继续购买某个供应商产品的主要依据。

小案例

同仁堂绝妙的采购法

河北省安国市的庙会是全国有名的药材集散市场。每年冬、春两季,各地药农云集于此。北京同仁堂的药材采购员在采购中使用了一连串的技巧,所购的药材往往比较便宜。他们一到安国市,并不急于透露自己需要采购什么,而是先注意搜集有关信息。他们开始只是少量购进一点比较短缺的药材,以"套出"一些"信息"。例如,本来需要购进500千克黄连,他们开始却只购进50千克上等货,而且故意付高价。"价高招商客",外地的药商药农闻讯,便纷纷将黄连运到安国市。这时同仁堂的采购员却不问津黄连。而是对市场上其他滞销但又必须购买的药材大量买进。等其他生意做得差不多时,再突然返回来采购黄连,而此时黄连由于大量涌进市场,已形成滞销之势。各地来的药商为了避免徒劳往返,多耗运输费用,或者怕卖不出去亏本,都愿意低价出售。经过这一涨一落,同仁堂就大量收购市场上各种滞销的药材。药商们吃了亏,影响到第二年药农的积极性,自然就会减少产量。同仁堂的采购员们又能够预测到明年的情况。这样一来,这些减产的药材第二年又会因大幅度减产而价格暴涨,而这时同仁堂的库存早已备足。

焦点问题:同仁堂为何能以比较便宜的价格买到药材?

任务四　分析市场竞争

——不怕不识货,就怕货比货

小案例

三家宾馆的竞争

有两家宾馆,一家在火车站广场南,一家在火车站广场北。它们都在站口设有接待处,南面的一家打出的标语是"宾至如归";北面的一家挂出的条幅是"旅客之家"。两家宾馆竞争了十年,也没有分出个高低强弱来。

后来,一家新的宾馆在火车站广场西面拔地而起。开业第一天,挂出巨型横幅"吃饭免费"。这一横幅顿时使南北两家宾馆客源大减。为了摆脱被动局面,它们开始研究对策,最后一致决定联合状告新宾馆。因为这是地地道道的不正当竞争。经过两个月的激烈辩论,南北两家宾馆胜诉。

就在它们举杯相庆时,一幅新的标语从西面宾馆的大楼上飘了下来,上面印着一排大字:躺在床上听到火车声,免费住宿!

两家宾馆深感问题的严重性。火车站周围宾馆的最大弱点就是噪声,十几年来,两家宾馆对此讳莫如深。现在这家宾馆打出宁静这张牌,等于揭开了它们的伤疤,点到了它们的死穴。南北两家宾馆重新聚首,共商对策,最后达成协议,联合用低价与西面抗衡。于是"十元住宿"的横幅挂在了两家宾馆的门口。

不过,你现在要找到这两家"十元住宿"的宾馆已经不可能,因为北面的宾馆已经改成游戏厅、录像厅和大排档,南面的一家变成了超市。只有西面的宾馆还存在,并且依旧在楼上挂着印有免费内容的条幅:

进入大厅一分钟无人接待,住宿免费!

早晨在后山上听不到鸟叫声,住宿免费!

卧具上发现头发,住宿免费!

在餐厅,你点的低价菜没有了,只得吃高价菜,住宿免费!

焦点问题:西面的宾馆在竞争中取胜的原因是什么?

一、竞争对手分析

(一)竞争对手识别

对于一个企业来说,广义的竞争者是来自于多方面的。企业与自己的顾客、供应商之间,都存在着某种意义上的竞争关系。狭义地讲,竞争者是那些与本企业提供的产品或服务相类似、并且所服务的目标顾客也相似的其他企业。从消费需求的角度可以将竞争者划分为以下四类:

1. 愿望竞争者

愿望竞争者指提供不同的产品以满足不同需求的竞争者。例如,消费者要选择一种万元消费品,他所面临的选择就可能有电脑、电视机、摄像机、出国旅游等,这时电脑、电视机、摄像机以及出国旅游之间就存在着竞争关系,成为愿望竞争者。

2. 平行竞争者

平行竞争者指提供不同的产品以满足相同需求的竞争者。如面包车、轿车、摩托车、自行车都是交通工具,在满足需求方面是相同的,它们就是平行竞争者。

3. 产品竞争者

产品竞争者指生产同类但规格、型号、款式不同的产品的竞争者。如自行车中的山地车与城市车,男式车与女式车,就构成产品竞争者。

4. 品牌竞争者

品牌竞争者指生产相同规格、型号、款式的产品,但品牌不同的竞争者。以电视机为例,索尼、长虹、夏普等众多产品之间就互为品牌竞争者。

(二)竞争对手评估

各个竞争者是否能够成功有效地实施其策略并完成其目标,需视其资源和能力而定。为此,企业必须正确地评估每一个竞争对手的优势与劣势。

1.搜集信息

对竞争者过去几年重要业务资料的搜集是极其困难的,但如果能得到以下几个方面的任何资料,就有助于企业对每个竞争者的优劣势做出较准确的估计。这些资料主要包括:销售额、市场占有率、利润率、投资收益、现金流量、新的投资、生产能力的利用情况、成本情况、综合管理能力等。企业也可以通过第二手资料、企业家个人经历或顾客、中间商、供应商等渠道来调查竞争对手。

2.分析评价

根据所得资料综合分析竞争者的优势与劣势,见表2-7。

表2-7　　　　　　　　　　竞争者优势与劣势

竞争者	顾客知晓度	产品质量	市场份额	技术服务	企业形象
A	优	优	差	差	良
B	良	良	优	良	优
C	中	差	良	中	中

表2-7中,优劣分四个等级,即优、良、中、差。根据四个等级评价ABC三个竞争对手的优劣势。从表中可以看出:竞争者A产品质量好,顾客知名度高,并有较好的企业形象;竞争者B各项属性均属优良;竞争者C的大多数属性都不好或一般,所以,根据调查分析结果,该企业可在市场份额和技术服务方面进攻竞争者A,而要与竞争者B抗衡,需付出极大的努力。

3.优胜基准

优胜基准是指找出竞争者在管理和营销方面的最好做法作为基准,然后加以模仿、组合和改进,力争超过竞争者。

确定优胜基准的步骤:

(1)确定优胜基准项目。
(2)核实关键绩效的变量。
(3)确定最佳级别的竞争者。
(4)衡量最佳级别竞争者的绩效。
(5)衡量企业绩效。
(6)制订缩小差距的方案。
(7)执行和监测结果。

(三)判断竞争者的反应类型

由于竞争者都有一定的经营哲学,单凭其对竞争者的优劣评估还远不足以解释其可能采取的行动和对企业举动做出的反应,企业还必须了解某一竞争对手的反应类型,以便预见其可能做出的反应或准备采取的行动。常见的竞争者反应类型有四种:从容型竞争者、选择型竞争者、凶狠型竞争者、随机型竞争者,其比较见表2-8。

表 2-8　　　　　　　　　　　常见的竞争者反应类型

反应类型	说明	应对策略	举例
从容型竞争者	对其他企业的某一攻击行动采取漫不经心的态度，可能是源于对其顾客的忠诚的深信不疑，也可能伺机行动，还可能缺乏反击能力等	一定要弄清楚这类竞争者从容不迫的原因	米勒公司20世纪70年代后期引进立达啤酒，而行业领袖安达斯布希公司不予理睬，使其日益壮大，最终占领了60%的市场份额
选择型竞争者	对某一些方面的进攻做出反应，而对其他方面的进攻则无反应或反应不强烈	了解主要竞争者会对哪些攻击做出反应，为企业选择最有效的攻击策略提供依据	海尔电器对竞争对手的价格战一般不做强烈反应，而是强调它的服务与技术上的优势
凶狠型竞争者	对向其所拥有的领域发动的任何进攻都会做出迅速而强烈的反应，这类竞争者多属于实力强大的企业	根据企业自身的条件，有针对性地予以还击	宝洁公司一旦遇到挑战就立即发动猛烈的全面反击
随机型竞争者	对某一些攻击行为的反应不可预知，它可能采取反击行动，也可能不采取反击行动	企业将很难预见竞争者将会如何行事，自身将如何做出反应	—

二、制定企业竞争战略

企业在分析了竞争对手后，还需要根据自身的目标、资源和环境，以及在目标市场上的地位来制定有效的竞争战略，以取得竞争优势。

(一)市场竞争基本战略

1.成本领先竞争战略

成本领先竞争战略是指企业不断降低产品生产和运营成本，使产品总成本低于同行业的竞争者，并以较低价格取得竞争优势，争取最大的市场份额。实施成本领先竞争战略的企业必须做到以下四点：

(1)提高管理水平

企业在采购成本、生产成本、资金占用、人力成本和营销成本等方面都能精打细算，厉行节约，从而达到低成本运作。

(2)实施规模经营

一般来说，单位产品成本与生产经营规模的扩大呈现按比例下降趋势。如麦当劳每年的广告投入近两亿美元，但由于分店开得多，实现全球连锁化，分摊到每个分店的广告费用不到一千美元。

(3)提高市场占有率

市场容量大，销售增长率高，成本也随之降低。格兰仕微波炉数年之内就成为全球最大的微波炉制造商，其主要竞争战略就是低价进入市场，低价开拓市场。

(4)提高技术水平

对产品采用先进技术，进行技术改造，大大提高生产效率，从而达到低价竞争的优势。

2.差异化竞争战略

差异化竞争战略是指企业发挥自身差别优势，创造出个性突出的产品或服务，比同行业竞争者能更有效地满足目标顾客的需求。实行差异化战略必须具备：

(1)独特性

企业比竞争者拥有独特的、明显的有利条件。无论是产品特色、营销战略、服务水平、技术水平都是竞争者暂时不具备的,从而使企业在竞争中能暂时独占鳌头。但当竞争者奋起直追,也拥有某方面的独特性后,差异化即会减弱。

(2)创新能力

企业在硬技术和软技术开发上具有很强的创新能力。硬技术的创新使企业产品不断推陈出新,以技术领先,保证企业的差异化;软技术的开发和运用,保证企业高效营运,也是竞争者难以模仿和比拟的,如麦德龙公司、沃尔玛公司的管理系统,就各具特色,使同行业竞争者难以与其抗衡。

(3)营销能力

企业的营销战略、策略和方法手段别具一格。与竞争者相比,有独到的创意,对市场的适应能力和应变能力都很强,也是保持企业差异化的重要方面。

3.集中化竞争战略

集中化竞争战略是指企业将目标市场锁定在某一个或几个较小的细分市场,实行专业化经营,走小而精、小而专的道路。实行集中化竞争战略的关键在于企业拥有的产品或技术能满足某一特定目标市场必备的需求,企业在这一特定细分市场上有能力占领极大市场占有率,成为小市场中的小巨人,在充分挖掘特定目标市场需求后,有能力拓展。但是,集中化竞争战略风险也比较大,一旦市场发生变化,对企业的威胁也很大。

(二)企业的市场竞争定位与市场营销策略

按照企业在所属行业中的竞争地位不同,可以把企业分为四类:市场领先者、市场挑战者、市场跟随者和市场补缺者。不同的竞争地位是制定市场营销战略的基础。

1.市场领先者的策略

市场领先者是指其产品在行业同类产品的市场上市场占有率最高的企业。一般而言,在绝大多数行业中都有一个被公认的市场领先者。领先者企业的行为在行业市场中有举足轻重的作用,处于主导地位。

小案例

部分市场领先者

汽车市场的通用汽车公司,电脑软件市场的微软公司,软饮料市场的可口可乐公司,快餐市场的麦当劳公司等均是美国各行业的市场领先者。

焦点问题:你还能列举出其他行业的市场领先者吗？

市场领先者的地位是在市场竞争中自然形成的。市场领先者通常选择的策略有以下几种：

(1)扩大市场需求量

处于市场主导地位的领先企业,其营销战略首先是扩大总市场,即增加总体产品需求数量。通常有三条途径：

①发现新的用户。通过发现新用户来扩大市场需求量,其产品必须具有能够吸引新

的使用者,增加购买者数量的竞争潜力。

②开辟产品的新用途。通过开辟产品的新用途扩大市场需求量。领先者企业往往最有能力根据市场需求动态,为自己的产品寻找和开辟新的用途。美国杜邦公司不断开辟尼龙产品的新用途就是一个公认的成功的范例。

③增加用户的使用量。通过说服产品使用者增加使用量也是扩大市场需求量的有效途径。说服产品的使用者增加使用量的办法有许多,但最常用的有:促使消费者在更多的场合使用该产品;增加使用产品的频率;增加每次消费的使用量。

(2)保持现有市场份额

领先者企业必须防备竞争对手的进攻和挑战,保护企业现有的市场阵地。最佳的战略方案是不断创新,以壮大自己的实力。还应抓住竞争对手的弱点主动出击。当市场领先者不准备或不具备条件组织或发起进攻时,至少也应使用防御力量,坚守重要的市场阵地。防御战略是市场领先者在某些事关企业领导地位的重大机会或威胁中采取的最佳战略决策。通常可以选择采用六种防御战略:

①阵地防御。市场领先者在其现有的市场周围建造一些牢固的防卫工事。以各种有效战略、战术防止竞争对手侵入自己的市场阵地。这是一种静态的、被动的防御,阵地防御是最基本的防御形式。

②侧翼防御。市场领先者建立一些作为防御的辅助性基地,用以保卫自己较弱的侧翼,防止竞争对手乘虚而入。

③先发制人防御。在竞争对手尚未动作之前,先主动攻击,并挫败竞争对手,在竞争中掌握主动地位。具体做法是当某一竞争者的市场占有率达到对本企业可能形成威胁的某一危险高度时,就主动出击,对其发动攻击,必要时还需采取连续不断的正面攻击。

④反攻防御。面对竞争对手发动的降价或促销攻势,主动反攻入侵者的主要市场阵地。可实行正面回击战略,也可以向进攻者实行"侧翼包抄"或"钳形攻势",以切断进攻者的后路。

⑤运动防御。市场领先者把自己的势力范围扩展到新的领域中去,而这些新扩展的领域可能成为未来防御和进攻的中心。市场扩展可通过市场扩大化、市场多元化两种方式实现。

⑥收缩防御。市场领先者逐步放弃某些对企业不重要的、疲软的市场,把力量集中用于主要的、能获取较高收益的市场。

小案例

联合利华为何减少品牌数

联合利华在"小即是美"的发展理念指导下,将其全球推广的品牌数目从1 600多个减少到400个左右,精简后的品牌的销售量年增长率为6%～8%。目前,这些重点发展品牌产品的营业额占集团总营业额的90%,巩固了联合利华在目标市场的竞争优势,提高了企业的竞争力。

焦点问题:联合利华采取的是何种竞争策略？有何优点？

（3）提高市场占有率

市场领先者通过提高企业的市场占有率来增加收益，保持自身成长和市场主导地位。企业在确定自己是否以提高市场占有率为主要努力方向时应考虑：一是是否引发反垄断行为；二是经营成本是否提高；三是采取的营销策略是否准确。需要注意提高市场占有率不一定能给企业增加利润。

2. 市场挑战者的策略

市场挑战者是指那些相对于市场领先者来说在行业中处于第二、第三和以后位次的企业。如美国汽车市场的福特公司、软饮料市场的百事可乐公司等企业，处于次要地位的企业如果选择"挑战"战略，向市场领先者进行挑战，首先必须确定自己的战略目标和挑战对象，然后选择适当的进攻策略。

（1）确定战略目标和挑战对象

大多数市场挑战者的战略目标是提高市场占有率，进而提高投资收益率和利润率。市场挑战者在明确战略目标时，必须确定谁是主要竞争对手。一般说来，市场挑战者可以选择的攻击目标类型有：

①攻击市场领先者。这是一种既有风险又具潜在价值的战略。一旦成功，挑战者企业的市场地位将会发生根本性的改变，因此颇具吸引力。企业采用这一战略时，应十分谨慎，周密策划以提高成功的可能性。

②攻击与自身实力相当的企业。抓住有利时机，向那些势均力敌的企业发动进攻，把竞争对手的顾客吸引过来，夺取它们的市场份额，壮大自己的市场。这种战略风险小，若几番出师大捷或胜多败少的话，可以对市场领先者造成威胁，甚至有可能改变企业的市场地位。

③攻击实力较弱的企业。当某些中、小企业出现经营困难时，可以通过兼并、收购等方式，夺取这些企业的市场份额，以壮大自身的实力和扩大市场占有率。

（2）选择进攻策略

在确定了进攻对手后，就应该考虑选择进攻策略，一般来说有五种进攻策略：

①正面进攻。市场挑战者集中优势兵力向竞争对手的主要市场阵地发动正面进攻，即进攻竞争对手的强项而不是它的弱点。采用此战略需要进攻者必须在提供的产品（或服务）、广告、价格等主要方面大大超过竞争对手，才有可能成功，否则采取这种进攻战略必定失败。为了确保正面进攻的成功，进攻者需要有超过竞争对手的实力优势。

②侧翼进攻。市场挑战者集中优势力量攻击竞争对手的弱点。此战略进攻者可采取"声东击西"的做法，佯攻正面，实际攻击侧面或背面，使竞争对手措手不及。具体可采取两种策略：第一，地理性侧翼进攻。即在某一地理范围内针对竞争者力量薄弱的地区市场发动进攻。第二，细分性侧翼进攻。即寻找还未被领先者企业覆盖的商品和服务的细分市场迅速填空补缺。

③围堵进攻。市场挑战者开展全方位、大规模的进攻策略。市场挑战者必须拥有优于竞争对手的资源，能向市场提供比竞争对手更多的质量更优、价格更廉的产品，并确信围堵计划的完成足以能成功时，可采用围堵进攻策略。例如，日本精工公司对美国手表市场的进攻就是采用围堵进攻战略成功的范例。

④迂回进攻。市场挑战者完全避开竞争对手现有的市场阵地而迂回进攻。具体做法有三种：实行产品多元化经营，发展某些与现有产品具有不同关联度的产品；实行市场多元化经营，把现有产品打入新市场；发展新技术产品、取代技术落后的产品。

⑤游击进攻。以小型的、间断性的进攻干扰对方，使竞争对手的士气衰落，不断削弱其力量。向较大竞争对手市场的某些角落发动游击式的促销或价格攻势，逐渐削弱对手的实力。游击进攻战略的特点是不能依仗个别战役的结果决出战局的最终胜负。

3.市场跟随者的策略

市场跟随者是指在产品、技术、价格、渠道和促销等大多数营销策略上模仿或跟随市场领先者的企业，但并不挑战其权威的一种策略。市场跟随者的目标是保持现有的市场份额，随着市场的发展稳定获利。在资本密集的同质性产品的行业中（如钢铁、原油和化工行业），市场跟随者策略是大多数企业的选择。

市场跟随者一般可选择以下三种跟随策略：

（1）紧密跟随

紧密跟随指在各个细分市场和产品、价格、广告等营销组合战略方面模仿市场领先者，不进行任何创新。由于它们是利用市场领先者的投资和营销组合策略去开拓市场，自己跟在后面分一杯羹，故被看作是依赖市场领先者而生存的寄生者。有些紧密跟随者甚至发展成为"伪造者"，专门制造赝品。国内外许多著名公司都受到赝品的困扰，应寻找行之有效的打击办法。

（2）距离跟随

这种追随者是在目标市场、产品创新、价格水平和分销渠道等主要方面追随领导者，但是在包装、广告等方面与领先者保持一定差异的公司。如果模仿者不对领先者发起挑战，领先者一般不会介意。

（3）选择跟随

选择跟随指在某些方面紧跟市场领先者，在某些方面又自行其是的企业。它们先接受领先者的产品、服务和营销战略，然后有选择地进行改进，避免与领先者正面交锋，并选择其他市场销售产品。这种跟随者通过改进并在别的市场壮大实力后有可能成长为挑战者。

4.市场补缺者的策略

所谓市场补缺者，就是指寻找对自己有利的市场空缺，精心服务于这些空缺市场，避开占主导地位的企业，通过发展独有的专业化经营来生存与发展的企业。一个理想的市场空缺应具备以下条件：

（1）有足够的市场潜力和购买力。
（2）利润有增长的潜力。
（3）对主要竞争者不具有吸引力。
（4）企业具有占据该空缺所必需的资源和能力。
（5）企业已有的信誉足以对抗竞争者。

在竞争日益激化的行业中，越来越多的规模较小的企业都力图避开大企业的市场，它们专心地关注市场上被大企业忽略或不屑一顾的某些细小部分，在市场上通过专业化经营来获取最大限度的收益,在大企业间的夹缝中求得生存和发展。这种有利的市场位置在西方被称之为"Niche",即补缺基点。市场补缺不仅是小企业常常选择的战略,而且对某些大企业中的相对独立的部门也有意义,在现实的营销活动中,大企业中的这些部门也常常在努力寻找对自身来说既安全又有利润的补缺基点。

市场补缺者采用的主要战略是实施专业化市场营销。企业往往从自己的优势出发,根据不同的分类进行专业化营销,市场补缺者的专业化营销见表2-9。

表2-9　　　　　　　　　　市场补缺者的专业化营销

补缺专长	说明
最终用户专家	公司专门为某一类型的最终使用顾客服务
纵向专家	公司专攻于生产-分销价格链上的一些纵向层次
顾客规模专家	公司集中力量向小型、中型、大型的顾客进行销售
特定顾客专家	公司把销售对象限定在一个或少数几个顾客
地理区域专家	公司把销售只集中在某个地方、地区或世界的某一个区域
产品或产品线专家	公司只拥有一种产品线或只生产一种产品
产品特色专家	公司专攻于生产某一类型的产品或产品特色
定制专家	公司为单个客户定制产品
质量-价格专家	公司选择在低端或高端的市场经营
服务专家	公司提供一种或多种其竞争对手无法提供的服务
渠道专家	公司专门只对一种分销渠道服务

小思考

针对市场补缺者策略,你认为补缺的关键是什么?能举例说明吗?

知识巩固

1.名词解释

市场营销环境　宏观营销环境　微观营销环境　SWOT分析法　消费者市场　消费者购买行为　组织市场　成本领先竞争战略　差异化竞争战略　集中化竞争战略　市场领先者　市场挑战者　市场跟随者　市场补缺者

2.简答题

(1)宏观营销环境包括哪些内容?

(2)微观营销环境包括哪些内容?

(3)选一个你熟悉的企业,分析影响该企业的环境因素。

(4)企业应对环境威胁和市场机会的对策有哪些?

(5)简要说明SWOT分析的步骤。

(6)消费者购买行为类型有哪些?

(7)影响消费者购买行为的因素有哪些?

(8)简要说明消费者购买决策过程。

(9) 组织市场购买类型有哪些？
(10) 影响组织市场购买行为的因素有哪些？
(11) 从市场中选择一个你熟悉的企业，分析其竞争对手。
(12) 市场竞争者有几种类型？列举你熟悉的企业并判断其属于哪一类。

项目案例

江崎糖业公司成功进入日本泡泡糖市场

日本泡泡糖市场每年的销售额约为740亿日元，其中大部分被"劳特"公司所垄断，可以说江山唯"劳特"独坐，其他企业要想挤进这个市场非常不容易。但日本的江崎糖业公司对此却另有想法，公司派出专门的市场调查人员，成立了一个市场开发理论班子，发现了"劳特"的一些弱点：第一，以成年人为对象的泡泡糖市场正在扩大，而"劳特"公司却仍旧把重点放在儿童泡泡糖市场上；第二，"劳特"公司的产品主要是果味型泡泡糖，而现在消费者的需求已经多样化；第三，"劳特"公司的产品多年来一直生产单调的条板状泡泡糖，缺乏新型式样；第四，"劳特"公司的产品价格是110日元，消费者购买时，需要另外掏出10日元的硬币，或者需要找出较多的零钱，往往使消费者和商家感到不便。

江崎糖业公司经过市场调查和分析，决定以成年人泡泡糖市场为目标市场，并制定了相应的市场营销策略。不久便推出功能型的泡泡糖：司机泡泡糖，使用了浓度薄荷和天然牛黄，以强烈的刺激消除司机的困倦；交际泡泡糖，可以清洁口腔，去除口腔中的异味；体育用泡泡糖，内含多种维生素，有益于消除疲劳；轻松型泡泡糖，通过添加叶绿素，可以改变人的不良情绪，并根据消费者的消费习惯，精心设计了包装和造型，价格分为50日元和100日元两种，避免了找零的麻烦。

这种功能型泡泡糖投放市场后，在日本市场上获得成功，江崎糖业公司不仅成功地挤进日本的泡泡糖市场，而且还占领了近25%的市场份额。

问题：

1. 江崎糖业公司在日本泡泡糖市场的竞争中处于什么地位？处于该地位的竞争者一般将采取何种竞争策略？
2. 江崎糖业公司采取的是哪种营销策略？
3. 江崎糖业公司获得成功的原因是什么？

实训项目

企业营销环境分析

【实训目的】

通过实训，实现理论知识向实践技能的转化，使学生能够运用所学知识为某企业进行营销环境分析。

【实训内容】

以某一企业为背景，分析其宏观、微观营销环境，消费者状况及竞争者状况，并撰写分析报告。

【实训步骤】

(1)以 6~8 个人为单位组成一个团队。

(2)由团队成员共同讨论确定选题。

(3)通过文献调查、深度访谈、企业实习等方式,了解该企业的企业状况、宏观环境、微观环境、消费者状况、竞争者状况等。

(4)根据调查分析的材料,撰写企业营销环境分析报告。

(5)各团队派代表展示其成果。

(6)考核实训成果,评定实训成绩。

【实训要求】

(1)考虑到课堂时间有限,项目实施可采取"课外+课内"的方式进行,即团队组成、分工、讨论和方案形成在课外完成,成果展示安排在课内。

(2)可以根据具体情况选择一个部分,如就企业竞争者状况进行分析,并写出分析报告。

(3)每组提交的方案中,必须详细说明团队的分工情况,以及每个成员的完成情况。

(4)每个团队方案展示时间为 10 分钟左右,老师和学生提问时间为 5 分钟左右。

【实训考核】

(1)成果评价指标体系

表 2-10　　　　　　　　　　　成果评价指标体系

一级指标	分值	二级指标	分值	评分标准					得分
工作态度	30	工作计划性	10	5(不及格)	6(及格)	7(中)	8(良)	10(优)	
		工作主动性	10	5	6	7	8	10	
		工作责任感	10	5	6	7	8	10	
方案质量	70	内容充实性	20	10	12	14	16	20	
		内容严整性	20	10	12	14	16	20	
		PPT 课件生动性	20	10	12	14	16	20	
		表述逻辑性	10	5	6	7	8	10	
总评分									

评分说明:

①对各队成绩评定采取自评、同行评价和老师评价三者相结合的方式,三者各占 10%、20% 和 70% 的分值。

②评分时可根据实际情况选择两个等级之间的分数,如 8.5 分、9 分和 9.5 分等。

③同行评分以组为单位,由本小组成员讨论确定对其他组的各项评分及总评分。

(2)团队信息

队名:

成员:

说明:本表上交时,每队队长须在每个成员名字后标注分数,以考核该成员参与项目的情况。

(3)评分表

表 2-11　　　　　　　　　　　　　　　　评分表

评价主体	工作计划性得分（10%）	工作主动性得分（10%）	工作责任感得分（10%）	内容充实性得分（20%）	内容严整性得分（20%）	PPT课件生动性得分（20%）	表述逻辑性得分（10%）	总评分（100%）
自评								
教师评								
本队对其他队的评分								
第1队								
第2队								
第3队								
第4队								
第5队								
第6队								
第7队								
第8队								
第9队								
第10队								

项目三　市场调研

——打开市场玄妙之门的"钥匙"

知识目标

- 了解市场调研的含义、特点、类型及一般流程。
- 理解界定调研项目的重要性。
- 掌握市场调研的主要方法。
- 熟悉调研问卷和调研方案的基本格式和设计要求。

能力目标

- 能够根据某具体企业面临的实际问题确定市场调研的主题。
- 能够根据具体的调研目标设计调研任务和确定调研对象。
- 能够根据具体调研项目的要求,选择合适的调研方法并展开调研。
- 能够根据具体调研项目的要求,撰写完整的市场调研方案。

职业素养目标

- 坚持实事求是的原则,在从事营销活动时注重调研,积极探索社会主义市场经济规律。
- 培养脚踏实地的"工匠精神",在从事营销活动时不弄虚作假,不哗众取宠。
- 秉持谦虚谨慎的职业精神,"知之为知之,不知为不知",勇于探索,敢于创新。

情境引入

元气森林的产品定位

作为互联网经济孕育出的年轻快消品牌,元气森林成为近年来备受关注的饮料品牌之一。成立于 2016 年的元气森林凭借着"0 糖 0 卡 0 脂"的概念击中当下年轻人的消费痛点。2020 年,元气森林的销售额接近 30 亿元。仅仅用了 5 年左右的时间,元气森林就在一片红海的饮料市场硬生生挤出了一条路,成为近年来国产饮料界的一匹黑马。

《2018—2024年中国饮料零售行业发展趋势及投资前景分析报告》显示,消费者对于吃糖过多会增加糖尿病、脂肪肝、心脏病、肥胖等疾病发生概率的常识已深入人心,对于高含糖量、高热量饮料的偏好度持续走低,健康化、个性化、功能化是未来饮料市场的主流需求。"健康中国"合理膳食专项行动也明确指出,鼓励消费者减少蔗糖摄入量,倡导食品生产经营者使用食品安全标准允许使用的天然甜味物质和甜味剂取代蔗糖。正是在这样的背景下,元气森林的无糖气泡水产品在消费者洞察的基础上创新研发,以"0糖、0脂肪、0卡路里"的产品理念,以及好味道、好成分、高颜值,满足了消费者对无糖、甜味、自我表达的需求。

元气森林定位非常精准,即无糖,无糖气泡水、无糖酸奶、无糖奶茶及无糖功能饮料。根据相关调查显示,元气森林的目标消费用户主要年龄分布在18～35岁,女性占比为74.7%,男性占比为25.3%。元气森林的产品定位偏向于对卡路里和糖分有要求的人群。

元气森林所选择的突破点颇为巧妙:当传统饮料企业还在将年轻人的消费场景锁定在痛快畅饮、欢乐热闹的时候,元气森林集中力量切入健康饮品单点突破,给自己打下一片江山。

试问:元气森林是如何开展营销调研助力营销的?对相关企业有何启示?

从以上案例可以看出,在现代市场竞争激烈的今天,企业开展营销活动必须建立在对各种市场信息认真仔细地分析与评价的基础上。没有全面、及时、深刻、透彻的市场调研活动,企业很难制定出正确的营销战略和策略,也就无法适应不断变化的竞争激烈的动态市场。因此,市场调研是认识市场和分析市场的前提,是企业参与激烈竞争的重要手段,是企业营销活动中必不可少的重要组成部分。

任务一　确定市场调研项目

——明确目标,突出重点

面对日益激烈的竞争,企业只有通过市场调研充分掌握市场信息,才能做出正确的经营决策,立于不败之地。市场调研是各项营销活动的先行环节,并贯穿于企业整个市场营销管理过程之中。美国市场营销学权威菲利普·科特勒曾经说过:真正的市场营销人员所采取的第一个步骤,就是进行市场调研。

一、市场调研的含义

所谓市场调研,是指企业运用科学的方法和手段,根据企业的营销环境及其发展趋势和特定的营销问题,对有关市场信息进行系统的搜集、整理、分析和判断,为市场预测和企业营销决策提供依据和参考的整体活动。内容从识别市场机会和问题、制定营销决策,到评估营销活动的效果,涉及企业市场营销活动的各个方面。

二、市场调研的功能

市场调研作为营销手段对于企业来说已成为一种武器,有效的市场调研会使企业获益匪浅,其功能主要体现在以下四点:

(1)通过市场调研,企业可以发现一些新的需求,从而有利于企业发现市场机会,开拓新市场。

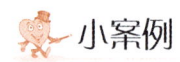

小案例

小米进军电动汽车市场

2021年3月30日,小米集团发布公告,宣布拟成立一家全资子公司,负责智能电动汽车业务。首期投资为100亿元人民币,预计未来10年投资100亿美元。至此,小米造车计划尘埃落定。

从2021年1月15日集团董事会提议研究电动汽车发展前景开始,到小米宣布造车,小米共进行了85场业内拜访沟通,与200多位汽车行业资深人士进行深度交流,召开了4次管理层内部讨论会及2次正式的董事会。发布会前小米官微做了调查,有20 000余人参与,92%的人表示,愿意买小米的车。在进行了极为严谨详尽的调研与论证后,做出了这个小米史上最重大的决定——进军电动汽车市场。

通过密集而详尽的调研,小米认为:

(1)电动汽车市场潜力巨大,蕴藏着大量的市场机会,是手机市场的10倍(10万亿元人民币级)。

(2)尽管电动汽车市场竞争激烈,但渗透率和市场集中度低,增长的潜力很大。

(3)电动汽车是智能生活的重要组成部分,可以完善全场景智能生活,让用户享受无所不在的智能生活。

(4)电动汽车时代,造车难度大大降低,电动汽车更接近电子产业。

(5)小米的产品经验、业务模式及技术可以复用,智能手机业务全球第三,智能家居全球第一。

(6)小米的优势包括且不限于:硬件+软件融合;互联网商业模式;品牌、用户优势;销售网络优势;技术能力可复用;现金储备1 080亿元;资源优势;等等。

(7)小米具有雄厚的人力资源储备和良好的生态系统。其研发人员超过10 000人;有基于硬件的内容和社区的、闭环的、良好的生态系统。

(8)已储备了电动汽车领域的相关技术,有一定的技术优势。早在2014年,小米就参与了蔚来汽车的创立,随后投资了小鹏、智行者科技、北醒光子等汽车领域相关公司。在技术方面,小米从2015年起陆续申请了汽车相关专利,2020年专利申请数量为134件,技术布局已久。

尽管面对着种种巨大的压力和质疑,小米最终还是认为电动汽车是一个不可错过的风口,最终决定进军电动汽车市场。

焦点问题:小米公司的做法对相关企业有何启示?

(2)通过市场调研可以发现企业现有产品的不足及经营中的缺点,有利于企业及时加以纠正。

(3)通过市场调研可以及时掌握竞争对手的动态,掌握企业在市场上所占份额的大小,并针对竞争对手的策略,对自己的工作进行调整和改进。

小案例

拼多多为什么没有购物车?

用过拼多多的用户都知道,拼多多商品界面下方只有"单独购买"和"发起拼单"两栏,没有其他电商平台的"加入购物车"选项。不仅如此,在选择购买后,还不会跳转到"确认订单"界面,而是直接进入到支付页面。

购物车应该是所有电商平台的标配,从日常所接触到的传统电商平台,如淘宝、京东来看,购物车不但是一个必须功能,而且存在感极强——消费者很难适应一个没有购物车的APP。而从下沉市场起家的拼多多,却没有购物车功能,为什么?通过调研发现拼多多不设置购物车的主要原因如下:

(1)弱化用户"挑选比对"场景,缩短消费决策时长。最开始的电商网站都是有购物车的,其想法就是让用户在网站上购买更多东西,而购物车的存在能达到这一目的。但购物车也有很大的问题,就是导致用户决策时间变长。很多用户会把想买的东西放进购物车,但可能长时间都不会下单,导致电商网站库存增加。所以,拼多多的逻辑很明了,它不设置购物车的很大一个原因,就是减少用户决策的时间,快速促成购买行为。大部分用户来拼多多买东西,更在意的是商品价格,所以拼多多在一定程度上弱化"挑选比对"的场景,而通过各类限时促销方式强化价格优势,催促用户尽量即时决策,进入拼购。因此,购物车并不适合出现在拼购场景之中,而这一切背后,是拼多多对用户群体需求的精准洞察。

(2)在品牌的"拼团"特色下,购物车多此一举。拼多多不设置购物车的另一个重要原因在于:购物车功能和拼团玩法冲突。众所周知,拼多多走的是"薄利多销"路线,它最大的特色就是拼团。用户拼团购买的价格比单独购买低不少,用户为了享受更低的价格,愿意将链接分享出去,来提高自己的拼团成功率,靠着拼团这个玩法,拼多多以惊人的速度在微信生态内获取了海量用户。如果拼多多加入"购物车"环节,相当于在消费者购买决策路径中增加了一个冷静期,这将会降低拼团低价所带来的消费刺激,从而导致拼团率下降。所以,拼多多不太需要购物车功能,有了购物车反而多此一举。

(3)洞察用户习惯,降低购买难度,优化购物体验。值得一提的是,拼多多不增加购物车功能,也和拼多多的用户属性有关。众所周知,拼多多是典型的"农村包围城市"战略,它早期的主力用户有很多是之前没接触过主流电商的中老年用户,这是淘宝、京东长久以来所忽视的人群。他们普遍年龄较大,没有网购习惯,也不太喜欢学习和接受新鲜事物,可能连最基本的APP操作也不熟悉。那么,针对这一类型的用户,优化购买体验极为重要,而优化购买体验,就要从简化流程开始,去掉理解成本高的步骤。在产品链路设计上,尽量简单,因为链路每增加一个环节都有可能给用户带来困扰,从而导致用户流失。无论是直截了当的页面设计,还是没有购物车的产品结构,足够简单才能足够快,周转率高起来之后成交量才会提升,这也是拼多多区别于淘宝、京东的明显特点。

(4)用"收藏"功能,巧妙代替"购物车"功能。虽然没有购物车功能,但拼多多和淘宝、京东一样,都有"收藏"功能。实际上,仔细研究会发现,拼多多的"收藏"功能,和淘宝、京东的"收藏"功能有所不同。淘宝、京东的收藏页面,只用作商品展示,用户可以将喜欢的商品收藏起来,但收藏页面仅供大家浏览,并不能进行购买结算。但从实际使用场景看,很少有用户会真正使用"收藏"功能,大部分用户收藏商品的方式就是将商品添加进购物车。也就是说,"购物车"和"收藏"在产品功能上是重合的。正因为如此,在很多人眼里,淘宝、京东的收藏是一个"鸡肋"功能,所以,很多人认为,淘宝、京东应该将"购物车"和"收藏"合并,在这一点上,拼多多可以说是优化了电商APP的功能设置。拼多多的收藏页面,不仅可以用作展示,还可以直接购买。拼多多看似没有购物车,实际上已经把购物车的功能整合到"收藏"功能里了。

焦点问题:拼多多不设置购物车的做法对相关电商开展营销有何启示?

(4)通过市场调研还可以了解整个经济环境对企业发展的影响,了解国家相关政策法规的变化,预测未来市场可能发生的变化,从而抓住新的发展机会,并对可能发生的不利情况采取应变措施,从而规避损失,提高企业的经济效益。

小案例

社区团购调研

社区团购未来可以成为一个主流的零售形态吗?某机构在2021年春节期间发起了社区团购调研活动,对全国1 000名消费者就社区团购平台的使用情况进行统计分析。希望从消费者的真实感受出发,对社区团购的前景做出判断。

首先,从渗透率来看,近六成的消费者在社区团购平台上有过购物行为。同时,用户使用社区团购的频率逐步提高,多数消费者养成了通过社区团购平台购物的习惯。调研数据显示,有70%的用户每周至少会使用一次社区团购,16.57%的用户每天在社区团购平台购物。

其次,传统观念认为,商品价格低、客单价不高是社区团购的主要特点,但调研数据得出了不同结论。数据显示,目前社区团购的客单价集中在21～50元,占比达到了33.7%。同时,有23.2%的消费者单次购物金额超过了50元。

最后,在消费者体验方面,多数消费者对社区团购表示满意。调研中,近六成用户明确表示会继续使用社区团购,近两成用户将社区团购作为目前的主要购物渠道,28%的用户认为社区团购将成为主要购物渠道。

调研结论:社区团购正在形成气候,逐渐成为消费者的主流购物方式之一。就未来发展来看,社区团购仍拥有较大的增长空间,快速布局空白区域是提高市场份额、获得销量增长的重要方式之一。

焦点问题:社区团购的未来发展趋势对相关企业有何启示?

进入21世纪后,由于经济全球化及知识经济的发展,企业的营销空间迅速扩大、顾客需求的变化加快,企业间的竞争也日益激烈,开展市场调研也能为企业各项经营决策提供科学的依据,种种原因使得市场调研在企业营销中的地位越来越高。

三、市场调研项目

(一)宏观市场环境调研

宏观市场环境调研主要包括以下几个方面的内容:

1.政治环境调研

政治环境调研,主要是了解影响和制约市场的国内外政治形势以及国家管理市场的有关方针政策。调研项目主要包括以下四种:

(1)国家制度和政策。
(2)国家或地区之间的政治关系。
(3)政治和社会动乱。
(4)国有化政策。

2.经济环境调研

经济环境调研项目主要包括以下四种:

(1)国家经济状况。
(2)价格和通货膨胀率。
(3)市场容量调查。
(4)国家贸易状况。

3.法律环境调研

法律环境调研,主要是了解对企业营销活动产生重要影响的有关法律。如《中华人民共和国商标法》《中华人民共和国专利法》《中华人民共和国广告法》《中华人民共和国环境保护法》等多种经济法规和条例,以及企业开拓国际市场时所必须了解的有关对外贸易方面的法律和制度等。

4.社会文化环境调研

社会文化环境在很大程度上决定着人们的价值观念和购买行为,它影响着消费者购买产品的时间、地点、种类、方式和动机。企业经营活动必须适应所涉及国家(或地区)的文化和习惯,才能为当地消费者所接受。调研项目主要包括以下五种:

(1)教育程度和文化水平。
(2)民族分布。
(3)宗教信仰。
(4)风俗习惯。
(5)思维方式和审美观。

5.科技环境调研

涉及科技环境的调研项目主要有以下三种:

(1)新技术、新材料、新产品、新能源。
(2)国内外科技总的发展水平和趋势。
(3)本企业所涉及的技术领域的发展情况(如专业渗透范围、产品技术质量检验指标和技术标准等)。

6.地理环境调研

与地理环境有关的调研项目主要包括地区条件、气候条件、季节因素、使用条件等。

(二)微观市场环境调研

微观市场环境调研主要从市场需求和市场供给两个方面进行:

1.市场需求调研

市场需求调研可从消费者人口状况调研、社会购买力及其影响因素调研和消费者购买动机和行为调研这三方面入手。

(1)消费者人口状况调研:总人口;人口地理分布情况;家庭总数和家庭平均人口数;民族构成;年龄构成;性别差异;职业构成;受教育程度。

(2)社会购买力及其影响因素调研:居民货币收入;居民非商品性支出;结余购买力;流动购买力。

(3)消费者购买动机和行为调研:需求和欲望;消费理念;购买动机;购买者认知过程;购买行为特点。

消费者购买行为是消费者购买动机在实际购买过程中的具体表现。消费者购买行为调研,就是对消费者购买模式和习惯的调研,即通常所讲的"3W1H"调查,了解消费者在何时购买(When)、何处购买(Where)、由谁购买(Who)和如何购买(How)等情况。

2.市场供给调研

市场供给调研可从商品供给来源及其影响因素调研、商品供应能力调研和商品供应范围调研这三方面入手。

(1)商品供给来源及其影响因素调研:生产量;结余库存;商品价格水平;商品销售前景预期。

(2)商品供应能力调研:现有商品生产规模;企业现有生产经营设施状况;企业资金和盈利状况;企业现有员工的整体素质。

(3)商品供应范围调研:销售市场区域的变化;市场占有率的变化。

(三)市场营销活动调研

市场营销活动调研主要包括以下几个方面的内容:

1.竞争对手状况调研

(1)竞争对手的生产经营规模和资金状况。

(2)竞争对手生产经营商品的品种、质量、价格、服务方式及在消费者中的声誉和形象。

(3)竞争对手技术水平和新产品开发经营情况。

(4)竞争对手的销售渠道、宣传手段和广告策略。

(5)现有竞争程度(市场占有率、市场覆盖面等)、范围和方式。

(6)潜在竞争对手状况。

2.商品和包装调研

(1)商品的性能。

(2)商品的规格、型号、式样、颜色和口味等。

(3)商品制作材料。

(4)商品包装调研项目(表3-1)。

表 3-1　　　　　　　　　　商品包装调研项目

包装种类		调研项目
销售包装	消费品包装	①包装与市场环境是否协调 ②消费者喜欢什么样的包装外形 ③包装应该传递哪些信息 ④竞争产品需要何种包装样式和包装规格
	工业品包装	①包装是否易于储存、拆封 ②包装是否便于识别商品 ③包装是否经济,是否便于退回、回收和重新利用
运输包装		①包装是否能适应运输途中不同地点的搬运方式 ②包装是否能够保证防热、防潮、防盗以及适应各种不利的气候条件 ③运输的时间长短和包装费用

3.价格调研

(1)国家对商品价格调控的具体规定。
(2)企业商品的定价是否合理,如何定价才能使企业增加利润。
(3)消费者对价格的接受程度。
(4)商品需求和供给的价格弹性、影响因素。

4.销售渠道调研

(1)企业现有销售渠道能否满足销售商品的需要?
(2)企业是否有通畅的销售渠道?如果不通畅,阻塞的原因是什么?
(3)销售渠道中各个环节的商品库存是否合理?能否满足随时供应市场的需要?有无积压和脱销现象?
(4)销售渠道中的每一个环节对商品销售提供哪些支持?能否为销售提供技术服务或开展推销活动?
(5)市场上是否存在经销某种或某类商品的权威性机构?如果存在,它们促销的商品目前在市场上所占的份额是多少?
(6)市场上经营本商品的主要中间商对经销本商品有何要求?

5.促销调研

(1)曾经举行过的促销活动。
(2)促销活动的次数是否合理。
(3)单个促销占总体销量的增长情况。
(4)不同的促销策略对产品销量和利润的提升情况。
(5)实现销售利润目标最理想的折扣水平。
(6)产品展示对促销效果的提升。
(7)一年之中有效的其他关键时间段。
(8)促销活动持续期的长短对促销活动的影响。
(9)促销活动需要的人数。
(10)历史促销活动的价值。

四、市场调研的一般流程

市场调研是一项涉及面广、操作复杂的科学研究活动,在长期的实践中形成了一套严格的调研流程,以保证市场调研的质量和效率。

不同类型的市场调研,虽然内容不同,但从流程来看,都包括以下阶段:调研准备阶段、调研设计阶段、资料搜集阶段和分析与总结阶段。一般来说,市场调研活动由以下几个步骤构成,如图3-1所示。

图3-1 市场调研的一般步骤

(一)调研准备阶段

1. 确定调研项目

调研项目是指某项调研要解决的核心性、关键性问题,它是市场调研所要解决的具体问题,说明为什么要做此项调研,通过此项调研要解决哪些问题,通过调研要达到什么目标等。

2. 明确调研内容

在市场调研中,确定调研内容是一个重要的环节。调研内容的确定,界定了问卷设计或访问提纲的范围,为问卷设计或访问提纲的编写提供了依据。在列出所有调研内容之后,调研设计者还必须检查各个调研内容与调研项目是否相符,并进行反复讨论与推敲,保留有用内容,删除多余内容。

(二)调研设计阶段

根据调研的目的和调研对象的性质,在进行实际调研之前,对调研工作总任务的各个方面和各个阶段进行通盘的考虑和安排,提出相应的调研实施方案,制定出合理的工作程序,保证调研工作的顺利进行。主要有以下内容:

(1)设计调研项目。调研工具设计的调研项目要能够取得调研对象的属性、特点、类别、状态、规模、水平等资料,包括定性分析资料与定量分析资料。

(2)设计调研工具。调研工具即调研指标的媒介,如调研提纲、调研表、调研卡片、调研问卷等。

(3)确定调研的时间和空间。调研时间是指调研的开始时间及持续时间。调研空间是指调研实施的地区。在选择调研时间和空间时要考虑到调研的需要、资料的搜集还有经济性。

(4)确定调研的对象和方法。调研对象是指确定样本对象类型及样本对象的数量。调研方法既包括组织调研的方式和搜集资料的方法,也包括整理和分析市场资料的方法。

(5)落实调研人员、经费和工作安排。

(6)组建调研队伍。

(三)资料搜集阶段

市场调研所需的资料,可分为原始资料和现有资料两大类。原始资料是指需要通过实地调研才能取得的第一手资料。现有资料是指政府机关、企事业单位或个人现有的第二手资料。

(四)分析与总结阶段

1.资料整理与分析

(1)资料的检查、核实和订正。

(2)资料的分类整理。

(3)资料的分析。

2.撰写调研报告

市场调研报告是对市场调研工作的书面总结,建立在对客观数据分析的基础之上,是调研的最终成果。市场调研报告应客观、实事求是,不能有任何虚假成分和主观臆断。

调研报告的内容主要包括:题目、摘要、序言、正文(调研基本情况的说明,对市场情况的分析,有关图表和数据的分析和解释,调研的结论和建议)和附录。

任务二　选择市场调研方法

——工欲善其事,必先利其器

市场调研是一个搜集、整理、加工和处理信息的系统工程,而其所采用的调研方法是否得当,将会直接影响调研结果的质量,成为调研成败的关键。一般来说,市场调研的方式可分为两种:第一手资料调研和第二手资料调研。第一手资料是指调研人员针对当前的调研问题,采取观察、实验、访谈、问卷调查等方法直接从目标顾客那里搜集到的原始信息;第二手资料是指他人出于其他目的而早先搜集起来的信息。第一手资料调研与第二手资料调研对比见表3-2。

微课
选择调研方法

表3-2　　　　　　　　第一手资料调研与第二手资料调研对比

调研方法	第一手资料调研	第二手资料调研
优点	针对性强,时效性强	易获得,快捷,节省时间,调研成本较低
缺点	调研成本高,时间长,对调研人员要求较高	针对性和时效性较差,资料的真实性和可靠性有待进一步评估

一、第二手资料的来源

第二手资料包括企业内部资料和企业外部资料。企业内部资料是企业内部的各种记录、财务报表、销售数据及技术资料等。这些资料可由企业内部的各相关部门提供。

而企业外部资料的来源主要有以下五种途径：

(1)政府部门的定期出版物。如各种统计年鉴、统计报告、调查报告等。

(2)行业协会的报告和定期出版物。如行业景气指数、行业发展报告等。

(3)各类专业刊物和报纸。

(4)商业资料。如市场调研公司、咨询公司、高校及其他学术机构的研究报告,一般需要有偿获取。

(5)因特网。可以通过搜索引擎,也可以直接登录专业网站等搜集相关资料。

二、第一手资料的来源

搜集第一手资料的途径通常有询问法、观察法、实验法和网络调研法等,第一手资料调研法如图 3-2 所示。

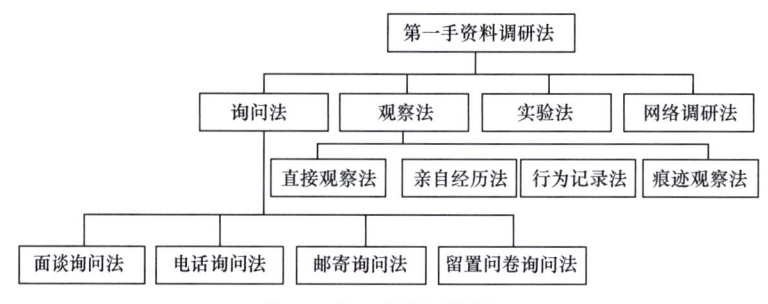

图 3-2 第一手资料调研法

(一)询问法

询问法就是调研人员采用访谈询问的方式同调研对象接触,通过提问和回答,掌握第一手信息的一种方法。它是市场调研中最普遍、最基本的调研方法,具体可分为面谈询问法、电话询问法、邮寄询问法和留置问卷询问法等。

1.面谈询问法

面谈询问法是指调研人员同调研对象直接面谈,当面听取意见和建议,询问有关问题而获取信息资料的一种方法。其具体形式多种多样,既可以是个别访谈,也可以是开座谈会等形式。面谈询问法的优缺点见表 3-3。

表 3-3　　　　　　　　面谈询问法的优缺点

优　点	缺　点
①信息沟通直接	①调研成本较高、时间较长
②问题回答和问卷回收率高	②对调研人员素质要求较高
③信息的真实性和准确性较高	③可靠性受调研者主观因素的影响
④形式灵活多样	④易遭调研对象的拒绝,无法完成

2.电话询问法

电话询问法是指调研人员根据拟调研的事项,借助电话向调研对象询问,从而获取有关信息资料的一种方法。电话询问法可获得迅速、及时的信息,因此常用于需要快速获取信息的调研事项。电话询问法的优缺点见表 3-4。

表 3-4　　　　　　　　　　　　电话询问法的优缺点

优　点	缺　点
①迅速、及时，时效性较强 ②节省调研费用和时间 ③调研人员容易得到其他调研法不易得到的与调研对象的合作 ④易于控制实施的质量	①受到时间的限制 ②对问题不能进行深入的讨论分析 ③调研对象的覆盖面有限 ④样本的代表性问题

3. 邮寄询问法

邮寄询问法是指通过邮寄的方式将调研问卷寄给调研对象，由调研对象根据要求填写后再寄回来的一种调研方法。邮寄询问法是一种标准化的调研方法，而且调研范围较广，在实践中经常被调研者所采用。表 3-5 归纳了邮寄询问法的优缺点。

表 3-5　　　　　　　　　　　　邮寄询问法的优缺点

优　点	缺　点
①调研成本较低 ②可扩大调研范围 ③调研对象有充分的答卷时间 ④可让调研对象以匿名的方式回答一些个人隐私问题	①调研问卷回收率较低，时间较长 ②对调研对象要求较高 ③无法判断调研对象的回答的可靠程度 ④对调研内容要求较高，其必须能引起调研对象的兴趣

4. 留置问卷询问法

留置问卷询问法是由调研人员将已经准备好的问卷或调查表当面交给调研对象，并说明回答问题的要求，留给调研对象自行填写，再由调研人员按约定的时间上门回收的一种方法。它是介于面谈询问法和邮寄询问法之间的一种折中询问法，它吸收了面谈询问法和邮寄询问法的优点，克服了二者的某些缺点。表 3-6 是对四种询问法的比较与评价。

表 3-6　　　　　　　　　　　　四种询问法的比较与评价

询问方法	面谈询问法	电话询问法	邮寄询问法	留置问卷询问法
调研范围	较窄	较窄	广	较广
调研对象	可控可选	可控可选	一般	可控可选
影响回答的因素	可以了解、控制和判断	无法了解、控制和判断	难以了解、控制和判断	可以了解、控制和判断
回收率	高	较高	较低	较高
回答质量	较高	高	较低	较高
回答速度	可快可慢	最快	慢	较慢
平均调研费用	最高	低	较低	一般

为了实现一定的市场调研目的，达到调研的要求，在实际调研中有时是以一种方法为主，并辅以其他方法，扬长避短，可取得更好的效果。

小思考

要开一家新的超市，在其店址的选择过程中，应该采用哪种调研方法来获取相关信息？

(二) 观察法

观察法是指调研人员通过直接到调研现场观察和记录调研对象的言行举止从而获得第一手资料的方法。调研人员也可借助于照相机、摄影机、录音机或直接用笔录的方式,身临其境地进行观察记录,从而获得重要的信息资料。其主要有以下四个特点:

(1) 观察法所观察的内容是经过周密考虑的,是观察者根据某种需要,有目的、有计划地搜集市场资料、研究市场问题的过程。

(2) 观察法要求对观察对象进行系统、全面的观察。

(3) 观察法要求观察人员在充分利用自己的感觉器官的同时,还要尽量运用科学的观察工具。

(4) 观察法的观察结果是当时正在发生的、处于自然状态下的市场现象。

观察法具体可分为直接观察法、亲身经历法、行为记录法和痕迹观察法等。

1. 直接观察法

直接观察法指调研人员到现场直接观察调研对象的行为。

2. 亲身经历法

亲身经历法指调研人员以当事人的身份身临其境体验和观察,以了解真实情况。

3. 行为记录法

行为记录法指利用各种仪器设备(照相机、摄像机、录音机等)对调研对象的行为进行记录,以从中获取市场信息资料。

4. 痕迹观察法

此法是指调研人员通过一定的途径,观察调研对象的活动痕迹,搜集相关信息。

表 3-7 总结了观察法的优缺点,以便于调研人员灵活应用。

表 3-7　　　　　　　　　　　观察法的优缺点

优　点	缺　点
① 观察结果比较真实,可以直接获取具体生动的材料 ② 对调研对象要求较低,因此适用性较强 ③ 所获取的资料可靠性高、简便易行、灵活性强 ④ 能观察到一些无法言表的材料	① 只能观察到表面,无法了解调研对象的内在动机 ② 调研成本较高,观察活动受时间和空间的限制 ③ 调研对象的行为或环境无法加以控制 ④ 无法进行大面积调研

小案例

观察与产品创新

东芝公司为了将家电产品销售给日本的消费者,曾用观察法观察市场的变化并进行了成功的营销。新产品设计者在观察中发现,越来越多的日本家庭主妇加入就业大军的队伍,洗衣服不得不在早上或晚上进行,这样噪声便成为一个问题。为此东芝公司设计出一种低噪声的洗衣机推向市场。在开发这种低噪声产品时,设计人员还在观察中发现,当时的衣服已不像以前那样脏了,许多日本人的洗衣观念也转变了。以前是衣服脏了才洗,而后来变成了衣服穿过了就要洗。由于洗得勤,衣服有时难以晾干。因此他们在观察中意识到家庭主妇生活风格的转变,推出了烘干机,后来又发现大多数消费者的生活空间有限,继而发明了洗衣、烘干二合一的洗衣机。产品销量直线上升,在家电市场上迅速站稳了脚跟。

焦点问题:东芝公司的做法对相关企业开展营销活动带来哪些启发?

(三)实验法

实验法是指在约定的条件下,通过实验对比,对调研对象的某些因素之间的因果关系及其发展变化过程加以实验观察和分析,以获取调研资料的方法。实验法既是一种实践过程,又是一种认知过程,还是将实践与认知统一起来的调查研究过程。这种方法是目前消费品经营企业普遍采用的一种调研方法,应用范围很广,一般来说,改变商品品质、更换商品包装、调整商品价格、推出新产品、变动广告内容或商品陈列等,都可采用实验法测试其效果。其主要特点有:

1. 实验结果具有可比性

可以通过将实验结果资料与实验对象资料进行比较,找出事物之间的因果关系。

2. 实验事件具有可控性

调研人员可以有意识地使调研对象在相同条件下重复出现,进行实验对比,从而得到可靠的资料。

3. 实验条件具有相同性

对所选择的调研对象进行实验时,实验条件应该做到基本相同,以保障实验法的成功和实验结果推广应用的有效性。表3-8是实验法的优缺点。

表3-8　　　　　　　　　　实验法的优缺点

优　点	缺　点
①可以有效地观察、分析、检验变量之间的因果关系。这是其他调研方法不可能获得的 ②方法比较科学,实验结果比较可靠和客观 ③所获取的资料可靠性高、简便	①市场上的可变因素难以掌握,会影响对实验效果的评价 ②所需时间较长、费用较高 ③有一定的时效性局限 ④实验结果容易出现误差,实施、管理较为困难

小案例

产品包装的测试

某果汁生产企业要测量包装的效果,选择了净含量同样为600 mL的产品,包装分为纸盒和塑料瓶两种,在某一地区同时上市销售,实验期为3个月。结果纸盒包装的销售了5 000件,塑料瓶包装的销售了3 000件。纸盒包装的果汁比塑料瓶包装的果汁多销售2 000件。实验结果表明,纸盒包装的果汁受到更多消费者的青睐。

焦点问题:该企业的做法对相关企业开展营销调研活动带来哪些启发?

(四)网络调研法

进入数字化信息时代,伴随着信息传播媒体的变革,互联网为企业进行市场调研提供了强有力的工具。网络市场调研的出现,使传统市场调研发生了巨大的变革。因为互联网本身就是一个巨大的信息资源库,能够为调研提供大量有用的资料。

网络调研法又称网上市场调研,指的是通过网络进行系统的、有计划的、有组织的搜集、整理、分析和研究相关的市场信息以及利用各种网站的搜索引擎寻找相关信息的一种调研方法。其主要特点有以下四个:

(1)网络市场调研组织简单,费用低廉。
(2)网络市场调研结果的客观性强。
(3)便于对搜集信息的质量实施系统检验和控制。
(4)不受时空限制,调研周期大大缩短。

网络调研法的优缺点见表3-9。

表3-9　　　　网络调研法的优缺点

优　点	缺　点
①便利、快捷,可大大缩短调研时间,提高调研效率 ②调研成本较低 ③交互性较好,能实现多样化的问卷设计 ④问卷回收率较高	①调研范围受限制 ②受网络的安全性影响较大 ③调研质量难以控制 ④难以精确把握对问卷理解的偏差

网络调研法与传统市场调研法的比较见表3-10。

表3-10　　　　网络调研法与传统市场调研法的比较

方法	网络调研法	传统市场调研法
调研费用	较低,主要是设计费和数据处理费	较高,要支付诸多费用,如问卷设计、印刷、发放、回收费用,聘请和培训访问员费用等
调研范围	全国乃至全世界,样本数量庞大	受成本所限,调研地区和样本均有限制
调研速度	很快,只需搭建平台,数据库可自动生成,几天就可得出有意义的结论	较慢,至少需要2个月至6个月才能得出结论
调研时效性	全天候进行	不同的调研对象可进行访问的时间不同
调研对象的便利性	非常便利,调研对象可自行决定时间和地点回答问卷	不方便,要穿越空间障碍,到达访问地点
调研结果可信程度	相对真实可信	一般可信程度较高
实用性	适合长期的大样本调研,也适合要迅速得出结论的情况	适合面对面的深度访谈

小案例

智能手机品牌忠诚度调查

为全面了解智能手机行业的现状,某机构通过网络调查发布了《2020年第一季度智能手机行业数据研究报告》,多维度分析了当前智能手机行业的市场格局。在此重点探讨智能手机品牌忠诚度专题。

一、iPhone 手机品牌忠诚度

2020年第一季度,iPhone 用户忠诚度为 53.3%,较 2019 年第四季度下滑 3.3%,较 2019 年第一季度下滑 10.5%,iPhone 换机用户选择华为手机的比例在过去 4 个季度持续提升,2020 年第一季度达 26.5%。

二、安卓手机品牌忠诚度

2020年第一季度,在四大品牌安卓手机中,华为用户忠诚度最高,52.4% 华为手机用户换机仍选择华为。vivo 用户忠诚度排第二,36.1% vivo 手机用户换机仍选择 vivo,小米用户忠诚度排第三,29.3% 小米手机用户换机仍选择小米。

(1)华为手机

过去 4 个季度,华为手机用户忠诚度持续提升,2020 年第一季度,华为手机用户忠诚度为 52.4%,较 2019 年第一季度增长 10.0%。同时,华为换机用户选择 iPhone 的比例持续减少,由 2019 年第一季度的 22.2% 降至 2020 年第一季度的 14.7%。

(2)vivo 手机

2019年第二季度至今,vivo 手机用户忠诚度持续上升,2020 年第一季度忠诚度达 36.1%。此外,vivo 换机用户选择华为手机的比例较 2019 年第四季度增长 1.8 个百分点。

(3)小米手机

2020年第一季度,小米手机用户忠诚度为 29.3%,小米手机用户换机选择华为手机的比例过去 4 个季度持续上升,2020 年第一季度比例达 28.4%。

(4)OPPO 手机

2020年第一季度,OPPO 手机用户忠诚度达 27.0%,较 2019 年第四季度增长 0.2 个百分点。2020 年第一季度,OPPO 手机换机用户选择华为的比例达 31.0%,较 2019 年第四季度也增长了 2.4 个百分点,高于选择 OPPO 手机的用户比例。除选择华为手机比例增长外,OPPO 手机换机用户选择 vivo 手机的比例较 2019 年第四季度也增长了 1.6 个百分点。

(注:其他品牌手机未列入研究范围。)(资料来源:钛媒体)

焦点问题:这份调查报告对相关厂商开展营销有何指导意义?

由于上述每种调研方法都存在各自的优缺点,所以进行营销调研时,必须综合研究问题本质,认真分析,选择最恰当的方法。

任务三　设计市场调研问卷

——搜集市场信息的第一"利器"

市场调研问卷是市场调研中最常用到的一种重要工具,它是调研者根据调研目的和要求,按照一定的理论假设设计出来的,由一系列问题(调研项目)及备选答案组成。其功能主要是全面记录和反映调研对象回答的事实,提供较为真实的情报,以达到调研的目的。市场调研问卷设计是市场调研的重要环节,直接关系到调研的成败。

一、调研问卷的结构

一份完整的调研问卷一般包括问卷标题、问卷说明、调研对象基本情况、调研主题内容、编码、作业证明的记载等,调研问卷的结构如图3-3所示。

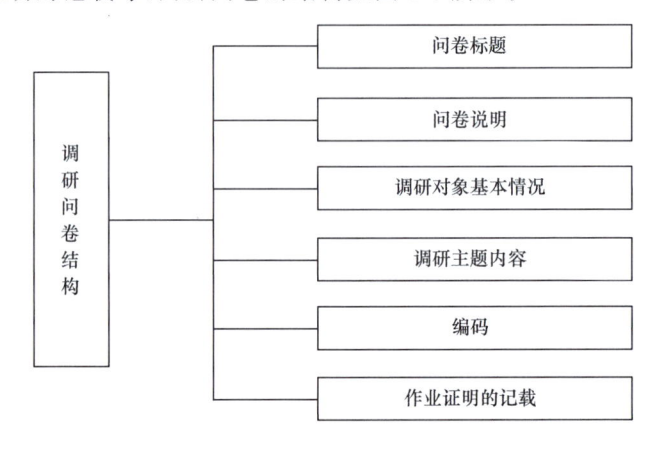

图3-3 调研问卷的结构

1.问卷标题

概括地说明调研主题,使调研对象对所要回答的问题有个大概的了解。标题设计应简明、扼要、准确、醒目、突出,易于引起调研对象的兴趣。

2.问卷说明

一般放在标题之后,它旨在向调研对象说明调研的目的和意义,有些说明还包括填问卷须知、交问卷的时间、地点及其他说明事项。问卷说明的形式可采取比较简洁、开门见山的方式,也可进行一定的宣传,引起重视。它是调研人员与调研对象沟通的桥梁,因此,设计好问卷说明是问卷调研取得成功的保证之一。

3.调研对象基本情况

应依据调研目的而定,通常要求简明扼要地列出调研对象的主要特征,如电话号码、年龄、性别、受教育程度、职业、收入水平、所在地区等。

4.调研主题内容

调研主题内容是调研人员所要了解的基本内容,也是整个调研问卷的核心,它主要是以提问的方式提供给调研对象。这部分内容设计的好坏直接影响着调研结果的准确与否。

5.编码

编码是将问卷中的调研项目数字化的过程,以便于分类整理,方便计算机处理与分析,有利于项目管理。通常是在每一个调研项目的最左边,按照一定的要求顺序编号。

6.作业证明的记载

问卷最后附上调研人员的姓名、访问日期、时间和地点等。如有必要,还可附上调研对象的姓名、单位或家庭住址、电话等,以便于审核和进一步跟踪调研。

二、调研问卷设计的要求

一份设计良好的问卷,一般应具备以下四个条件:

(1)能准确反映调研目的,问题具体,重点突出。即将调研目的以询问的方式具体化、重点化地列举在问卷上。

(2)问卷的语言措辞要选择得当,促使调研对象愿意合作并提供准确信息,从而协助达成调研目的。

(3)问卷问题的设计要明确、规范。比如,问题是否准确;提问是否清晰明确、便于回答;调研对象是否能够对问题做出明确的回答等。

(4)便于事后的整理、统计和分析。如今电脑技术普遍运用,设计的问题必须是容易录入的,问卷的形式应有利于电脑录入和后期的数据分析。

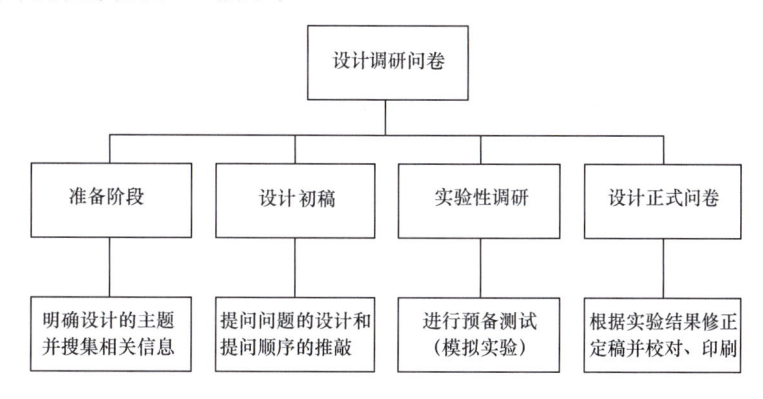

三、调研问卷设计的程序

调研问卷设计的程序包括准备阶段、设计初稿、实验性调研、设计正式问卷四个步骤,调研问卷设计的程序如图 3-4 所示。

图 3-4 调研问卷设计的程序

(一)准备阶段

调研问卷设计的准备阶段是整个问卷设计的基础,是问卷调研能否成功的前提条件。问卷主题必须根据调研目的进行设计。在搜集相关信息时,应围绕着主题和调研目标来进行,或者查阅现有的资料,了解一下他人在这方面做过什么研究,可以帮助调研人员确定调研主题和目标,也有助于问卷内容的确定。

(二)设计初稿

(1)对调研主题进行了认真透彻的分析后,着手设计概念界定清晰、简明扼要、准确无误、浅显易懂、有利于调研人员与调研对象之间沟通的问题。应避免提出某种诱导性及调研对象不了解或难以回答的问题;问题的数量不宜过多或过于分散;回答问题所占用时间最好不要超过半个小时,否则容易令人生厌,影响调研质量。

(2)决定问题的形式。按设计形式一般可分为两种:开放式问题和封闭式问题。开放式问题是指调研对象可自由回答的、没有任何限制的问题。封闭式问题是指在问题后面已经给出了几种可能的答案,由调研对象从中选出最合适的一个或多个答案。封闭式问题答案的设计要简洁、明了、完整。开放式问题与封闭式问题的比较见表 3-11。一般情况下,调研问卷多以封闭式问题为主,适当辅以开放式问题。

表 3-11　　　　　　　　　开放式问题与封闭式问题的比较

开放式问题	封闭式问题
探索性意外结果（优点）	受限制，了解信息有限（缺点）
创造性回答深入（优点）	回答标准化、便于统计（优点）
适用于小样本（优点）	适用于大样本（优点）
回答时具有针对性（优点）	容易混答、不答（缺点）
容易混入无关信息（缺点）	回答具体、可信度较高（优点）
非标准化，难以量化比较（缺点）	易于统计分析对比（优点）
回答麻烦、容易被拒绝（缺点）	易回答、回收率较高（优点）

（3）按照思维逻辑，排列问题的顺序。通常第一个问题必须有趣且容易答复，一般是按照先易后难、先熟悉后生疏、先封闭式后开放式、先一般性后敏感性问题的顺序，专业性强的具体细致的问题、私人问题以及容易引起对方困扰的问题应尽量放在后面。

（4）考虑设计问题的语言是否自然、温和、有礼貌和趣味性。

（5）仔细审查设计的各个问题，消除不适之处。

（三）实验性调研

为保证问卷的科学合理，应该在小范围内测试一下，一般样本量不要过多，20个左右就够了。通过实验性调研获取以下信息：

（1）问卷格式和内容是否合适，并做进一步的改进。

（2）调研方式是否正确，并做进一步的改进。

（3）调研成本的确定，为成本控制做参考。

（4）对未来资料整理统计的有效性进行预测。

通过实验性调研，来检验问卷设计中的缺漏和不足之处，经过进一步改进，并同时与相关人员讨论进行再修改后，方可最终定稿。

（四）设计正式问卷

将测试过程中发现的问题进行逐项汇总、分析研究，对问卷初稿进行必要的修改和补充，使其渐趋准确、合理、完善，设计出正式的调研问卷。

小链接

康乐氏问卷设计流程图如图3-5所示。

1. 规定要搜集的信息
2. 规定调研访问的类型
3. 确定每个问题的内容
4. 确定问题的类型
5. 选择问题的措辞

选择问题的措辞包括以下几个方面：

（1）避免多重含义的问题。

（2）问题要容易回答。

（3）问题要简洁清楚。

①用浅显易懂的词语，尽量少用专业术语。

②问句中的关键词应该只有单一的意思,不要用程度副词等不明确的词语。
③避免引导性的、偏激的词语。
④有没有隐含的假设。
6.确定问题的顺序
确定问卷问题的顺序时要考虑三个方面:
(1)基本信息应安排在最前面,分类信息居中,鉴别性信息放在最后。
(2)先易后难,第一个问题要有趣而且简单,如果一开始就把被访者难住,他很可能拒访。
(3)总括性问题应先于特定性问题,要先问一般性问题,再问细节问题。
7.确定问卷的格式和排版
宗旨是要使问卷方便答题、记录。
(1)把问卷分成若干部分,并分别标上编号。
(2)同一个问题,应排在同一页,避免翻页对照的麻烦和漏题的现象。
(3)跳转题借助箭头或图形标出。
(4)对访问员的提示和对调研对象的提示都要用特殊字体醒目地印出来。
(5)字体的大小、空间的多少、选项的排列等都要一一考虑周全。
(6)调研问卷用纸尽量精良;超过一定的页数,应把它们装订成小册,配上封皮和封底,而不应仅仅用订书钉订在一起。
8.问卷的复制或印刷
9.测试问卷
(1)预访问的目的是检查所有的设计考虑是否合理、周全。

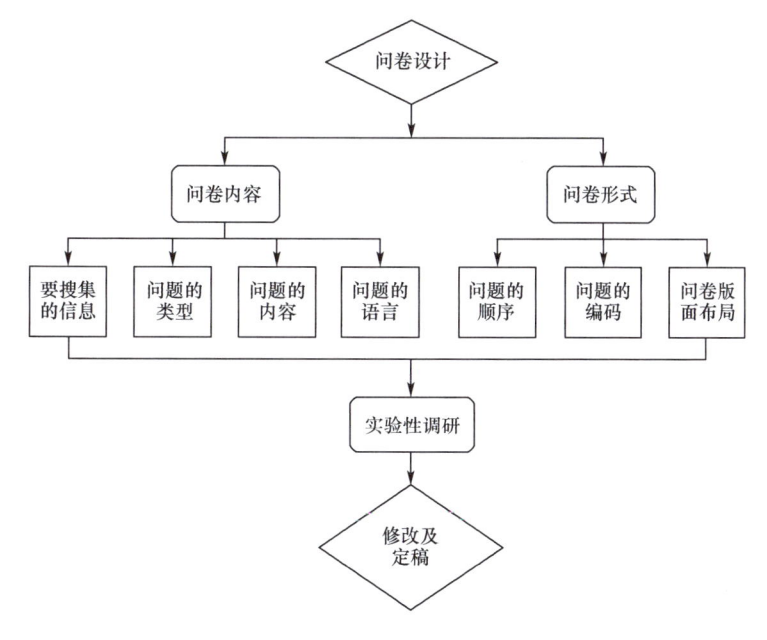

图 3-5 康乐氏问卷设计流程图

(2)预访问的对象必须是符合正式调研设计要求的合格调研对象。

四、调研问卷示例

示例1：
在校大学生饮料消费问卷调查
——以广州科技职业技术大学为例

尊敬的同学：

您好！

为了更好地了解在校大学生的饮料消费的相关信息，配合在校期间的专业课学习，我们特意组织了本次调查，希望能得到您的支持与理解。本调查采用不记名方式，对您的回答予以保密，仅作为在校学习的参考资料。

对您的帮助与支持表示衷心感谢！

广州科技职业技术学院工商企业管理专业

1. 您的性别？
   A. 男　　　　　　B. 女
2. 您平时喝饮料吗？
   A. 经常喝　　　　B. 偶尔喝　　　　C. 从来不喝
3. 您平均每个月的生活费大约在哪个区间？
   A. 800元及以下　　B. 801~1 000元　　C. 1 001~1 200元　　D. 1 201元及以上
4. 您一个星期用于购买饮料的支出是多少？
   A. 0~10元　　　　B. 11~20元　　　　C. 21~30元　　　　D. 31元及以上
5. 您通常购买什么饮料比较多？
   A. 碳酸饮料　　　B. 茶饮料　　　　C. 果汁饮料　　　D. 乳质饮料
   E. 功能型饮料　　F. 其他
6. 您通常在什么地方购买饮料？
   A. 大型超市　　　B. 小型超市　　　C. 便利店　　　　D. 其他
7. 您喜欢什么包装类型的饮料？
   A. 瓶装　　　　　B. 罐装　　　　　C. 纸装　　　　　D. 其他
8. 您平时经常购买的饮品容量是多少？
   A. 250 mL　　　　B. 500 mL　　　　C. 1 L　　　　　　D. 1.5 L
9. 您购买饮料更注重什么因素？
   A. 包装　　　　　B. 颜色　　　　　C. 口味　　　　　D. 价格
   E. 其他
10. 您购买饮料的价钱通常在哪个区间？
    A. 3元以下　　　B. 3~5元　　　　C. 5元以上
11. 您希望饮料的含糖量是多少？
    A. 三分之二　　　B. 三分之一　　　C. 无糖　　　　　D. 其他
12. 您通常买哪个牌子的饮料？
    A. 统一　　　　　B. 娃哈哈　　　　C. 康师傅　　　　D. 其他
13. 您喜欢哪种颜色的饮料？
    A. 白色　　　　　B. 粉红色　　　　C. 紫色　　　　　D. 蓝色
    E. 其他

14.您最喜欢哪一种类型的饮料？
A.添加果肉的　　　B.添加牛奶的　　　C.添加咖啡的　　　D.其他
15.如果新产品上市，你会因为哪些因素购买？（多选）
A.广告因素　　　B.觉得新鲜　　　C.周围人的影响　　　D.被包装吸引
E.其他
16.哪些因素会最大程度影响您购买饮料的选择(排序题)_____（多选）
A.营养是否丰富　　　B.色素是否太多　　　C.果汁的浓度大小
D.果汁的口感如何(比如有果肉)　　　E.价格是否合理
F.广告宣传的力度大小　　　G.包装是否精美
H.用料是否丰富
17.通常您认识一种饮料的途径是什么(多选)？
A.促销　　　B.朋友推荐　　　C.广告宣传　　　D.报纸杂志
E.自己尝试　　　F.其他
18.您喜欢哪种类型的产品推广方式(多选)？
A.广告宣传　　　B.门店促销　　　C.报纸杂志报道　　　D.免费品尝
E.其他
19.饮料代言人会不会影响您的购买意愿？
A.会　　　B.不会　　　C.无所谓
感谢您的配合，祝您天天保持好心情！

示例2：

尊敬的各位同学：

您好，我们是来自于广州科技职业技术大学经济与管理学院工商企业管理专业的研究小组，非常感谢您抽出宝贵的4～5分钟时间来阅读和回答本问卷！这是一份用于学术研究的问卷，旨在了解大学生在线学习情况。请您按照自己的真实想法完成这项调查问卷，您的回答对我们的研究非常重要！本卷采取匿名的方式填写，所有信息仅作为在校学习的参考资料，不涉及任何其他项目，对您的回答予以保密，绝对不对外公开。

对您的支持与配合表示由衷的感谢！

广州科技职业技术大学 工商企业管理专业研究小组

1.您的性别：
男(　　)　　　女(　　)
2.您所在的年级：
大一(　　)　　　大二(　　)　　　大三(　　)　　　大四(　　)
3.专业学科类别：
文科(　　)　　　理工科(　　)　　　艺术(　　)　　　语言(　　)
体育(　　)　　　其他(　　)
4.疫情期间您的居住地：
城镇(　　)　　　乡村(　　)
5.您目前线上学习的课程数量：
1～4门(　　)　　　5～7门(　　)　　　8门以上(　　)

6.您主要用什么设备进行线上学习:
手机(　　)　　　电脑(　　)　　　平板(　　)　　　手机＋电脑(　　)
手机＋平板(　　)　　电脑＋平板(　　)　　手机＋电脑＋平板(　　)
不具备上网课的条件(　　)

7.您的任课老师大多数采用的线上教学方式是:
直播(　　)　　　录播(　　)　　　慕课(　　)　　　直播＋录播(　　)
直播＋慕课(　　)　　录播＋慕课(　　)　　其他(　　)

8.开展线上教学,您用的平台主要有哪些?(多选题)
钉钉(　　)　　　腾讯课堂(　　)　　　学习通(　　)　　　腾讯会议(　　)
雨课堂(　　)　　中国大学MOOC(　　)　　ZOOM会议(　　)
微信(QQ)(　　)　　THEOL在线教育综合平台(　　)　　其他(　　)

9.您最喜欢使用哪个线上平台上课?
钉钉(　　)　　　腾讯课堂(　　)　　　学习通(　　)　　　腾讯会议(　　)
雨课堂(　　)　　中国大学MOOC(　　)　　ZOOM会议(　　)
微信(QQ)(　　)　　THEOL在线教育综合平台(　　)　　其他(　　)

10.您主要参与线上学习活动的哪些方面?
课前预习(　　)　　参与教学直播/录播(　　)　　参与线上讨论互动(　　)
完成课后作业(　　)　　其他(　　)

11.您是否适应线上教学?
完全适应(　　)　　　一般适应(　　)　　　不适应(　　)　　　完全不适应(　　)

12.您是否能够及时完成老师布置的作业并提交给老师?
全部能做到(　　)　　　　　　　基本能做到(　　)
偶尔能做到(　　)　　　　　　　完全不能做到(　　)
老师不布置课后作业(　　)

13.线上学习时,您是否做笔记?
自觉做笔记(　　)　　老师要求发笔记照片或者开学检查时,才会做笔记(　　)
老师要求发笔记照片或者考学检查时,也只是偶尔做笔记(　　)
从不做笔记(　　)

14.与在校学习相比,您认为线上学习的效果如何?
在校学习更好一些(　　)　　　　　线上学习更好一些(　　)
两者之间差不多(　　)　　　　　　两者之间无法比较(　　)

15.开展在线学习后,您的学习质量:
明显提升(　　)　　　　　　　　有所提升(　　)
不确定(　　)　　　　　　　　　有所下降(　　)
下降明显(　　)

16.开展在线学习后,您为学习投入的时间和精力:
明显增加(　　)　　　　　　　　有所增加(　　)
不确定(　　)　　　　　　　　　略有减少(　　)

明显减少（   ）

17.在线学习时，您是否能够全程认真参与？

完全能够（   ）   基本能够（   ）   偶尔能够（   ）   完全不能（   ）

18.您在网络课堂中的参与活跃度如何？

非常活跃，积极发言（   ）   一般活跃，偶尔发言（   ）

不活跃，主要是观看课程（   ）   从不发言（   ）

19.与线下实体课堂相比，您认为线上学习的优点有哪些？（多选题）

教学方式新颖，多样化（   ）   可以自由时间，随时随地学习（   ）

学习资源更丰富，可以听到更多名师课堂（   ）

课程内容可以回放，更有理由复习和记笔记（   ）

无优势（   ）   其他（   ）

20.与线下实体课堂相比，您认为线上学习的缺点有哪些？（多选题）

网络和平台不太稳定（   ）   无法自主投入学习（   ）

缺乏师生互动（   ）   不适用实践操作性课程（   ）

学习平台切换频繁，使用不便（   ） 缺乏学习氛围，学习无法集中（   ）

长期使用电子设备，不利于身体健康（   ） 其他（   ）

21.您对疫情期间线上学习的质量是否满意？

非常满意（   ）   比较满意（   ）   一般（   ）   不满意（   ）

非常不满意（   ）

22.您认为老师线上教学存在哪些问题？（多选题）

教学内容不精（   ）   老师"一言堂"，缺乏互动性（   ）

老师过度依赖慕课（   ）   课后作业过多，无法即使检查纠正（   ）

老师讲课缺乏热情和激情（   ）   不存在问题（   ）

其他（   ）

23.线上学习期间讲师是否留有答疑时间？

大多数老师每节课都有（   ）   大多数老师经常有（   ）

大多数老师偶尔有（   ）   从没有过（   ）

24.疫情结束后，您更希望老师运用哪种教学方式？

线下课堂（   ）   线上课堂（   ）

线上线下相结合（   ）   无所谓（   ）

25.课程结束后，您是否主动搜索学校课程外的其他网络教学资源？

是（   ）   否（   ）

26.您认为疫情结束后回学校上课，老师应当如何对待线上教学讲过的内容？

全部重讲（   ）   部分内容进行补充强调（   ）   直接将新课（   ）

27.您对线上教学有什么建议？_____

28.您对返校后如何做好教学衔接有何建议？_____

再次感谢您的支持与配合，谢谢！

任务四　制订市场调研方案

——运筹帷幄，决胜千里

市场调研方案又称调研计划，是执行调研活动全过程的一套整体框架。而市场调研方案设计是对调研工作各方面和全部过程的统筹安排，包括了整个调研工作过程的全部内容。市场调研方案设计是否科学、合理、可行，是整个调研成败的关键。

一、市场调研方案设计流程

市场调研方案设计流程如图3-6所示。

```
1.明确调研目的 → 2.确定调研对象和调研项目 → 3.选择调研方法
                                                    ↓
6.确定调研人员和调研经费预算 ← 5.确定调研时间和进度 ← 4.制订抽样计划
```

图3-6　市场调研方案设计流程

（一）明确调研目的

明确调研目的是调研方案设计的首要问题，只有确定了调研目的，才能确定调研的范围、内容和方法。市场调研的任务就是为营销决策提供信息，调研人员必须牢记调研是为营销服务的，任何偏离主题的调研都不可能成为有效的调研。因此，在设计调研方案时，必须根据调研的任务和背景，明确调研的目的。

（二）确定调研对象和调研项目

确定调研对象就是根据调研目的、任务确定调研的范围以及所要调研的总体。明确了调研目的之后，就要确定调研对象，调研对象是影响调研效果的根本性因素。可靠有效的市场调研必须建立在正确的调研对象基础上。因此，市场调研必须选准调研对象。

调研项目是指对调研对象所要调研的主要内容。确定调研项目就是明确需要向调研对象了解的信息。调研项目是整个调研的核心，决定着调研是否有效。调研方案就是围绕着调研项目而设计和展开的。在确定调研项目时，除了要考虑调研目的和调研对象的特点外，还应注意以下几个问题：

(1) 调研项目应与调研主题密切相关，并且能获得准确信息。
(2) 调研项目的含义要明确、肯定，必要时可附以调研项目解释。
(3) 各调研项目间要尽量相互关联，便于参照。

（三）选择调研方法

调研方法是指取得资料和信息的方法，包括在什么地点、找什么人、用什么方法进行调研等。调研方法的选择，主要应从调研的实际情况出发，以有利于搜集到符合需要的原始资料为原则。具体调研方法的选择要依据调研目的、性质和调研经费预算而定。

（四）制订抽样计划

在调研中，必须认真地与将要调研的对象进行接触，从而制订有效的抽样计划。抽样计划就是根据调研目的确定抽样单位、样本数量以及抽样方法。抽样单位即向什么人调研问题;样本数量即对多少人进行调研;抽样方法即采取随机抽样还是非随机抽样技术。其中样本数量的确定是关键,直接影响到结果的精确度。样本数量过小不具代表性,样本数量过大又会造成经济上的浪费。因此,样本数量的确定要受调研经费、允许误差、调研项目的性质等因素的影响。

(五)确定调研时间和进度

调研时间是指调研资料所属的时间。如果所要调研的是时期现象,就要明确规定资料所反映的是调研对象从何时起到何时止的资料。如果所要调研的是时点现象,就要明确规定统一的标准调研时点。

调研进度是指调研从开始到结束各个阶段的起止时间安排,目的是确保调研工作及时开展、按时完成。为了提高调研资料的时效性,在可能的情况下,调研进度应适当加快。

(六)确定调研人员和调研经费预算

确定调研人员主要是确定参加调研的人员的条件和数量,包括对调研人员的必要培训。在调研中,调研人员作为信息的采集者,直接影响到调研的质量,所以调研人员的选择、培训和管理,也是实施有效调研的关键。对调研人员的培训越细致,要求越高,调研实施就会越顺利,调研效率和质量也就越高。

调研经费预算是对整个调研过程产生的费用的总体预算。调研经费必须按预算统筹安排,合理、节约使用,追求经济效益,并严格控制不得超出预算。

二、调研方案示例

2021年广东省居民消费变化的调查

一、调查方式

本次活动采用网络问卷调查方式进行,全面了解我省居民消费的变化。

二、调查对象

面向全省消费者。

三、实施步骤

本次调查从3月中下旬到4月上旬分三个阶段实施。

第一阶段:准备阶段。制订项目具体实施方案,设计调查问卷及调查执行表。

第二阶段:实施阶段。通过官网、微信等方式发放网络调查问卷。

第三阶段:分析阶段。分析调查问卷数据,撰写分析调查报告。

专项调查实施基本情况见表3-12,问卷调查样本年龄分布情况见表3-13,问卷调查样本性别分布情况见表3-14,问卷调查样本地区分布情况见表3-15。

表3-12　　　　　　　　　　专项调查实施基本情况

项目	问卷调查
调查问卷及体察表设计	由广东省消委会组织制定
调查范围	广东省内
调查人员类别构成	广东省内消费者
实施过程	在官方网站和官方微信等渠道发布线上调查问卷,在调查期内回收问卷并做相关审核,确保问卷样本真实有效
获取有效样本量	5 053份

表 3-13　　　　　　　　　　　问卷调查样本年龄分布情况

被调查者年龄	有效样本量	占比
20 岁以下	901	18%
20～29 岁	2 438	48%
30～39 岁	1 323	26%
40～49 岁	274	6%
50 岁及以上	117	2%
合计	5 053	100%

表 3-14　　　　　　　　　　　问卷调查样本性别分布情况

被调查者性别	有效样本量	占比
男性	3 190	63%
女性	1 863	37%
合计	5 053	100%

表 3-15　　　　　　　　　　　问卷调查样本地区分布情况

被调查者所在区域	有效样本量	占比
珠三角地区	3 405	67%
粤东地区	918	18%
粤西地区	425	8%
粤北地区	305	7%
合计	5 053	100%

(案例来源:广东省消委会)

知识巩固

1.名词解释

市场调研　第一手资料　第二手资料　面谈询问法　观察法　实验法　调研问卷　市场调研方案

2.简答题

(1)市场调研有哪些功能?

(2)市场调研的项目有哪些?

(3)市场调研的一般流程是怎样的?

(4)在现实生活中,有哪些常见的市场调研方法?试举例加以说明。

(5)市场调研问卷的主要内容有哪些?

(6)市场调研问卷设计的程序是怎样的?

(7)市场调研方案设计的过程是怎样的?

(8)市场调研方案的主要内容有哪些?

项目案例

在校大学生倦怠感调查方案
——以广州科技职业技术学院为例

一、调查主题

在校大学生倦怠感调查

二、调查目的

对当代大学生的心理状况有一个正确认识和了解,找出造成大学生学习倦怠的深层原因,并从中寻找出解决之道,为相关机构和学校提供意见和建议。

三、调查背景

倦怠(Burnout)一词源于美国,是指在工作中,个体面对长期的情绪和人际关系紧张而产生的一种反应。研究表明,倦怠是在许多职业中都存在的一种普遍现象,严重影响个体的身心健康和工作表现,并由此影响到个体所在组织的绩效。倦怠不光出现在工作群体中,在学生群体中也存在。

学习倦怠指人在学习过程中,由于长期面对学习环境紧张、学习生活单调、学习压力大、学习成绩长期得不到提高,而产生的厌烦、倦怠反应。

了解大学校园到底有多大一个群体产生了学习倦怠,学习倦怠对当代大学生造成的影响到底有多大,如何减少它的影响是这次调查的主要目的。近年来我国高等教育事业的发展重点已从规模扩张转移到了质量的提升上来,质量是高等学校的生命线。学习倦怠是衡量大学生积极和消极学习心理的一个重要的综合指标,了解当前大学生在这个问题上的现状,对高校深化教学改革、提高教学质量具有重要的现实意义。

四、调查对象

广州科技职业技术学院的在校学生。

五、调查时间

2021年3月24日到2021年4月27日。

六、调查内容

以问卷调查的形式对在校大学生倦怠感进行调查研究,了解大学生倦怠感出现的原因和影响,提出有效解决大学生倦怠情绪的方案,并提供给心理专家、学校以及相关部门作为参考。

七、调查流程

调查分为三个阶段:前期准备、中期调查和后期分析。

1.前期准备

(1)问卷设计

①在调查主题、目的确定的基础上,从书籍和网络上搜集到与倦怠感相关的资料,将着眼点放在造成学生产生倦怠感的原因、学生产生倦怠感的具体表现、学生产生倦怠感后对学习生活造成的影响三个方面,以此为框架设计调查问卷的问题。从专业差异性和年级差异性出发,调查本校三个学院的大一和大二学生产生倦怠感的原因、表现和影响。因

此,我们将本校的八个学院先进行排序,再随机抽取其中一个学院,然后按等距抽样确定其余两个学院。问卷总数450份,其中三个学院各150份,每学院中两个年级各75份。

②确定被调查的学院大一、大二两个年级的课程安排。

③制作、打印问卷500份。

(2)访谈准备

①根据主题和问卷,拟定访谈问题。访谈的内容主要包括：大学生倦怠感的由来,这一现象的显著表现,这一问题上大学生心理咨询中心有哪些专业的建议以及大学生们对这一问题的个人认识。在做问卷调查时随机抽取15位被调查者,邀请他们参与中期的访谈交流。与心理咨询机构取得联系,向咨询人员介绍这次调查的主题和内容,邀请他们参与中期的访谈交流。

②向心理咨询机构(或者其他调查机构)收集有关这个主题的权威报道和数据、文献资料和调研成果,作为后期分析的参考。

(3)人员安排

根据年级安排问卷发放和回收工作,×××和×××负责三个学院的大一学生,×××和×××负责三个学院的大二学生;访谈联系工作上,×××和×××负责联系大学生心理咨询中心;数据处理工作由六人共同完成。

2.中期调查

(1)问卷调查

在早自习时间对三个学院有课程安排的大一和大二学生进行问卷调查,并邀请15位被调查者参加中期的访谈。调查结束后将问卷回收和整理,对450份问卷编号,并按学院、年级分类,为后期数据处理做准备。

(2)访谈

在后期问卷数据分析的同时,针对整理出来的数据,完善访谈内容。邀请3位心理咨询人员和15位调查者参加访谈。

3.后期分析

(1)数据分析

①对问卷进行复查审核,确保每份要进行数据录入分析的调查问卷都真实有效。

②将已经编好号的问卷进行数据录入,应用SPSS软件进行数据处理,得出三份分别关于学院、年级以及学院和年级综合的统计图表(学院表、年级表、总表)。此外,对问卷中关于倦怠感表现的第8题到第16题进行量化分析,独立成表。对学院表和年级表进行比较,并分析学院间和年级间的差异,从总表中分析原因和影响,从量化表中分析表现,从而提出设想和预测。

(2)报告撰写

①整理访谈内容,完善结论。

②将分析结果和资料分类汇总,再与大学生心理咨询中心进行交流,征询专家的意见。

③撰写调研报告。

八、调查方法

本次问卷调查采用类型抽样法,并以访谈法作为补充。

九、数据分析方案

应用 SPSS 软件,对问卷结果进行数据分析,特别对问卷中的第 8 题到第 16 题做出量化分析,绘制统计图表。

参照 Maslach 的量表,设计大学生学习倦怠调查量表。

十、调查预算

表 3-16　　　　　　　　调查预算

项目	单价×数量	总计(元)
制作问卷	500×0.2	100
礼品	30×2+24×5	180
其他(资料影印等)	100×1	100
合计	—	380

十一、调查时间

表 3-17　　　　　　　　调查时间

前期准备(资料收集、问卷设计)	3.24～4.7
问卷调查	4.9～4.11
问卷处理	4.12～4.14
数据分析	4.14～4.20
访谈	4.17～4.18
报告	4.21～4.27

附录:

在校大学生倦怠感调查问卷

亲爱的同学:

你好!我们是管理学院工商企业管理×××班的学生,我们正在进行一项关于在校大学生倦怠感的调查。对你所提供的信息,我们会严格保密,同时,你所提供的答案对我们的研究有很大的意义,希望得到你的支持!谢谢!

你的:年级_____　性别_____　学院和专业 _____

(以下问题除特别注明外,均为单项选择。)

1.你一周的课时为多少?(　　)

A.15 以下　　　　B.15～20　　　　C.21～25　　　　D.26～30

E.31～35　　　　F.35 以上

2.你觉得自己的性格是(　　)

A.十分外向　　　B.较为外向　　　C.较为内向　　　D.十分内向

3.你的学习成绩在班级里属于那种水平?(　　)
　　A.优秀　　　　　　B.中等偏上　　　　C.中等　　　　　　D.中等偏下
　　E.较差

4.你是否有明确的短期目标?(　　)
　　A.有　　　　　　　B.没有

5.你更喜欢和那种人比较?(　　)
　　A.比自己优秀的人　B.跟自己差不多的人
　　C.比自己差的人　　D.不喜欢跟其他人比较

6.你在一天中的什么时候最容易倦怠?(　　)　原因是_____
　　A.早晨　　　　　　B.中午　　　　　　C.下午　　　　　　D.晚上

7.怎样的环境让你更容易产生倦怠的感觉?(　　)
　　A.完全放松　　　　B.盲目杂乱　　　　C.紧张有序　　　　D.高度紧张

8.你是否经常感到疲劳?(　　)
　　A.每天　　　　　　B.经常　　　　　　C.偶尔　　　　　　D.极少
　　E.从不

9.你是否出现过失眠的现象?(　　)
　　A.每天　　　　　　B.经常　　　　　　C.偶尔　　　　　　D.极少
　　E.从不

10.你是否感觉自己对学习力不从心?(　　)
　　A.每天　　　　　　B.经常　　　　　　C.偶尔　　　　　　D.极少
　　E.从不

11.对于在学习中出现的问题,你是否都无法有效的解决?(　　)
　　A.每天　　　　　　B.经常　　　　　　C.偶尔　　　　　　D.极少
　　E.从不

12.你是否有意减少与周围人的联系?(　　)
　　A.每天　　　　　　B.经常　　　　　　C.偶尔　　　　　　D.极少
　　E.从不

13.对于在学习上比自己优秀的人,你的看法是(　　)
　　A.为他感到高兴　　B.没感觉　　　　　C.羡慕　　　　　　D.认为他不如自己

14.你是否很在意别人对你的评价?(　　)
　　A.非常在意　　　　B.经常在意　　　　C.偶尔会在意　　　D.极少在意
　　E.从不在意

15.你觉得自己在学习上的情况怎样?(　　)
　　A.一直稳步前进　　B.有所进步　　　　C.时进时退　　　　D.停滞不前
　　E.一直在退步

16.在学习上遇到困难,你有克服的决心吗?(　　)
　　A.很坚定的决心　　B.较强的决心　　　C.决心一般　　　　D.很少有决心

E.没有决心
17.当你倦怠的时候,你会采用哪种方式来缓解?(可多选)(　　)
A.散步　　　　　B.听音乐　　　　　C.运动　　　　　D.睡觉
E.看书　　　　　F.不采取任何措施　G.其他_____
18.当你采用以上方式时,是否达到了缓解的效果?(　　)
A.完全缓解　　　B.基本缓解　　　　C.没什么作用　　D.反而加重了倦怠感
19.你在倦怠的情况下通常会有以下哪些表现?(可多选)(　　)
A.心烦气躁　　　B.悲观低落　　　　C.什么事都不想干
D.仍然可以保持好的心情　　　　　　E.其他_____
20.当你出现厌烦、倦怠的情绪时,你希望学校可以提供哪些途径让你放松?
_____

谢谢你的配合,祝你生活愉快!

问题:

1.一份完整的调查方案应该包括哪些内容?

2.对于本调研方案的设计,您认为是否合理?如果有不合理的地方,请提出修改意见。

3.调查问卷的基本结构应该有哪些?设计调查问卷应该注意哪些问题?

4.对于本案例中的调查问卷,您认为是否合理?如果有不合理的地方,请指出需要改进的内容。

实训项目

市场调研方案设计

【实训目的】

通过实训,提高学生的专业素质和实践动手能力,实现理论知识向实践技能的转化,使学生能够运用所学知识为具体项目设计调研方案,并培养学生对调研方案进行可行性分析研究的能力及团队合作精神。

【实训内容】

以某一企业为背景,结合其具体市场,为该市场设计一个切实可行的调研方案。

【实训步骤】

(1)以6~8个人为单位组成一个团队。

(2)由团队成员共同讨论确定选题。

(3)通过文献调查、深度访谈、企业实习等方式,了解该企业的产品特性、市场环境、企业状况和调研需求等。

(4)根据企业市场现状,确定调研项目,并围绕调研项目设计一个切实可行的调研方案。

(5)各团队派代表展示其成果。

(6)考核实训成果,评定实训成绩。

【实训要求】

(1)考虑到课堂时间有限,项目实施可采取"课外+课内"的方式进行,即团队组成、分工、讨论和方案形成在课外完成,成果展示安排在课内。

(2)每组提交的方案中,必须详细说明团队的分工情况,以及每个成员的完成情况。

(3)每个团队方案展示时间为10分钟左右,老师和学生提问时间为5分钟左右。

【实训考核】

(1)成果评价指标体系

表 3-18　　　　　　　　　　成果评价指标体系

一级指标	分值	二级指标	分值	评分标准					得分
工作态度	30	工作计划性	10	5(不及格)	6(及格)	7(中)	8(良)	10(优)	
		工作主动性	10	5	6	7	8	10	
		工作责任感	10	5	6	7	8	10	
方案质量	70	内容充实性	20	10	12	14	16	20	
		内容严整性	20	10	12	14	16	20	
		PPT课件生动性	20	10	12	14	16	20	
		表述逻辑性	10	5	6	7	8	10	
				总评分					

评分说明:

①对各队成绩评定采取自评、同行评价和老师评价三者相结合的方式,三者各占10%、20%和70%的分值。

②评分时可根据实际情况选择两个等级之间的分数,如8.5分,9分和9.5分等。

③同行评分以组为单位,由本小组成员讨论确定对其他组的各项评分及总评分。

(2)团队信息

队名:

成员:

说明:本表上交时,每队队长须在每个成员名字后标注分数,以考核该成员参与项目的情况。

(3)评分表

表 3-19　　　　　　　　　　评分表

评价主体	工作计划性得分(10%)	工作主动性得分(10%)	工作责任感得分(10%)	内容充实性得分(20%)	内容严整性得分(20%)	PPT课件生动性得分(20%)	表述逻辑性得分(10%)	总评分(100%)
自评								
教师评								
本队对其他队的评分								
第1队								

（续表）

评价主体	工作计划性得分（10%）	工作主动性得分（10%）	工作责任感得分（10%）	内容充实性得分（20%）	内容严整性得分（20%）	PPT课件生动性得分（20%）	表述逻辑性得分（10%）	总评分（100%）
第2队								
第3队								
第4队								
第5队								
第6队								
第7队								
第8队								
第9队								
第10队								

项目四 目标市场选择与市场定位

——弱水三千,吾只取一瓢饮

知识目标

- 理解市场细分的概念、客观基础、原则、标准和方法。
- 掌握选择目标市场考虑的基本要素和目标市场选择、进入的战略与策略。
- 掌握市场定位的含义、方式及策略。

能力目标

- 能够运用市场细分的有关知识,对某产品的市场进行细分。
- 能够运用目标市场选择的有关知识,策划某新产品进入目标市场的战略与策略。
- 能够列举在市场定位方面做得比较好的企业、品牌或产品,并总结其定位成功之处。

职业素养目标

- 培养务实笃行、行稳致远的职业精神,在从事营销活动时准确定位:既要认清主客观条件,不能好高骛远;又要志存高远,树立远大的理想。
- 树立正确的市场竞争意识,在从事营销活动时不采用不正当竞争行为。
- 树立良好的职业道德,在从事营销活动时必须以合法手段满足顾客合理的需求。

情境引入

儿童家电盯紧家庭细分需求

儿童家电是传统家电市场中的一个细分领域。随着生活品质的提升,人们越发注重儿童,特别是婴幼儿生活的细节。精细养娃,有效提升了包括母婴家电在内的儿童家电市场的热度。根据京东家电2020年10月发布的数据显示,母婴家电消费者占比已达到34%,撑起家电消费约三分之一的天下。同时,母婴人群为了家电提供的新型母婴功能,平均至少愿意多支付100元。

由于确实满足了母婴家庭的细分需求，在儿童家电中，母婴家电成为最早"出圈"并被消费者认可的一类产品。《电器》杂志的家电消费调查结果显示，受访者购买过的母婴家电中，前五位的分别为吸奶器、婴儿理发器、温奶器、辅食机、电炖锅。除理发器外，均为母婴喂养系列家电。

当前在具有母婴元素的大小家电领域，传统家电品牌比如苏泊尔、海尔、美的等企业都推出了此类产品。不过，据相关机构统计，目前国内母婴家电市场远未达到饱和状态，多数家电产品的市场渗透率甚至不足0.5%，只有温奶器的市场渗透率较高，为2.62%，其他产品像儿童空调、婴儿洗衣机、婴儿净水器、干衣机、空气净化器等产品的市场渗透率均不足0.5%。

有专家表示，母婴家电解决了不少生育和育儿过程中的痛点，有效提升了母婴健康水平。但同时也强调，当前母婴家电还存在诸多问题，选购不当不仅达不到预期的健康防护效果，甚至有可能对母婴群体的身心健康造成巨大损害。"不少儿童家电就是换了一个卡通外壳，换个名称，就要比普通产品贵不少，其实并没有实质性的创新。"也有消费者这样质疑。

试问： 母婴家电和儿童家电市场只是一个宣传的噱头吗？为什么？

今天已经有越来越多的企业意识到它们几乎不可能去满足市场中所有消费者的需要。任何一种产品或服务的市场都包含着难以计数的消费者，点多面广，而且需求和购买行为也存在着很大的差异性。因此面对日益激烈的市场竞争，企业必须确定自己能够提供有效服务并能获取最大利润的目标市场，而不是试图在整个市场上进行竞争。

目标市场营销包括三个方面的主要内容：市场细分（Segmenting）、目标市场选择（Targeting）、市场定位（Positioning），所以又被称为STP战略（图4-1）。

市场细分	目标市场选择	市场定位
1.确定市场细分标准 2.细分市场 3.勾勒细分市场特征	4.评估不同细分市场吸引力 5.分析目标市场选择的因素 6.选择目标市场	7.针对目标市场制定营销组合策略

图4-1 目标市场营销的步骤

任务一 掌握市场细分的方法

——其实你不懂我的心

一、市场细分的内涵

所谓市场细分，即从满足消费者个性化需求出发，根据消费者需求和购买行为的差异性，将整体市场细分为两个或更多具有类似需求的消费者群（子市场），从而确定企业目标市场的一系列活动。

例如,服装市场根据消费者年龄可分为儿童服装市场、青年服装市场、中年服装市场、老年服装市场等;根据性别可分为男性服装市场、女性服装市场;根据职业和个性可分为职业装服装市场、休闲装服装市场和运动装服装市场。

应该注意的是市场细分不是通过现有的产品分类来细分市场,而是按照消费者需求爱好的差别,求大同存小异来划分市场。市场细分是识别具有不同需求和欲望的购买者或用户群并加以分类的活动过程,目的在于帮助企业从中选择服务对象和目标市场。

市场细分是 20 世纪 50 年代中期美国市场营销学家温德尔·斯密(Wendell R. Smith)在总结西方企业市场营销实践经验的基础上提出的。它不单纯是一个抽象的理论,而是具有很强的实践性。从总体上看,不同的市场条件和环境,从根本上决定企业的营销战略。

二、市场细分理论和实践的发展

市场细分理论和实践的发展主要经历了以下几个阶段:

(一)大量营销阶段(Mass Marketing)

早在 19 世纪末 20 世纪初,即资本主义工业革命阶段,整个社会经济发展的重心和特点是强调速度和规模,市场是以卖方为主导。在卖方市场条件下,企业市场营销的基本方式是大量营销,即大批量生产品种规格单一的产品,并且通过广泛、普遍的分销渠道销售产品。在这样的市场环境下,大量营销的方式使企业降低了产品的生产成本和销售价格,获得了丰厚的利润。因此,企业自然没有必要研究市场需求,市场细分战略也不可能产生。

(二)产品差异化营销阶段(Product Different Marketing)

在 20 世纪 30 年代,发生了震撼世界的资本主义经济危机,西方企业面临产品严重过剩的情况,市场迫使企业转变经营观念,营销方式开始从大量营销向产品差异化营销转变,即向市场推出许多与竞争者产品不同的,具有不同质量、外观、性能的产品。产品差异化营销与大量营销相比是一种进步,但是由于企业仅仅考虑自己现有的设计、技术能力,而忽视对顾客需求的研究,缺乏明确的目标市场,因此产品试销的成功率依然很低。由此可见,在产品差异化营销阶段,企业仍然没有重视研究市场需求,市场细分也就仍无产生的基础和条件。

(三)目标营销阶段(Target Marketing)

20 世纪 50 年代以后,在科学技术革命的推动下,社会生产力水平大幅度提高,产品日新月异,生产与消费的矛盾日益尖锐,以产品差异化为中心的营销方式远远不能解决企业所面临的市场问题。于是,市场迫使企业再次转变经营观念和经营方式,由产品差异化营销转向以市场需求为导向的目标营销,即企业在研究市场和细分市场的基础上,结合自身的资源与优势,选择其中最有吸引力和最能有效地为之提供产品和服务的细分市场作为目标市场,设计与目标市场需求特点相匹配的营销组合。于是,市场细分战略应运而生。

市场细分理论的产生,使传统营销观念发生了根本的变革,在理论和实践中都产生了极大影响,被西方理论家称为"市场营销革命"。

市场细分理论产生之后经过了一个不断完善的过程。最初,人们认为把市场划分得越细,越能适应顾客需求,从而通过增强企业产品的竞争力来提高利润率。但是,20世纪70年代以来,由于能源危机和整个经济的不景气,使不同阶层的消费者可支配收入出现不同程度的下降,人们在购买商品时,更多地注重价值、价格和效用的比较。显然,过度细分市场必然导致企业营销成本上升而减少总收益。于是,西方企业界又出现了一种"市场合同化"的理论,主张从成本和收益的比较出发,对市场进行适度的细分,这是对过度细分的反思和矫正,它赋予了市场细分理论新的内涵,不仅使其不断地发展和完善,而且也使其更加成熟,对企业市场营销具有更强的可操作性。

小链接

欧莱雅的市场细分

首先,公司从产品的使用对象出发进行市场细分,主要分成普通消费者用化妆品、专业使用的化妆品,其中,专业使用的化妆品主要是指美容院等专业经营场所使用的产品。

其次,公司对化妆品的品种进行细分,如彩妆、护肤等,再对每一品种按照化妆部位、颜色等再进一步细分,如按照不同部位将彩妆分为口红、眼影、睫毛膏等。就口红而言,进一步按照颜色细分为粉红、大红等,此外,还按照口红性质差异将其分为保湿型、明亮型、滋润型等。如此步步细分,仅口红就达到150多种,而且基本保持每1~2个月就向市场推出新的款式,从而将化妆品的品种细分推向极限。

三、市场细分的客观基础

将整个市场划分为若干个子市场的客观基础:消费者需求的差异性、消费者需求的相似性、企业资源的有限性。

微课
市场细分的关键问题

(一)消费者需求的差异性

在市场上,不同的消费者有着不同的年龄、职业、收入状况和个性,因而其在消费需求与购买行为上存在一定程度的差异。这种消费需求的差异性使得企业可以将具有相似需求的消费者划归为同一群体,从而制定相应的营销组合策略来满足目标市场消费者的需要。

(二)消费者需求的相似性

虽然在各个细分市场之间,存在消费者消费需求的差异,但在各个细分市场的内部,消费者又都具有相似的购买行为和购买习惯,因而表现出消费需求的相似性。根据这种相似性可以将不同的消费者划分成若干相类似的消费者群体,从而构成了相对独立又比较稳定的某一细分子市场。

例如,年轻人由于职业、收入状况、个性等存在差异,对服装有不同的需求,有的人习惯穿职业装、有的人喜好休闲装、有的人爱穿运动装。但同一类顾客如白领阶层,工作时都习惯穿职业装,对职业装的需求有相似之处,都要求体现身份、适合正式场合。

(三)企业资源的有限性

任何企业的资源和经营能力是有限的,不可能为市场提供所有满足消费者需求的产品或服务。因此企业在制定营销策略时,必须首先确定将那些最有吸引力,并有能力为之提供最有效服务的市场作为目标市场,以提高营销效率。

四、市场细分的作用

1.有利于企业分析、发掘新的市场机会,形成新的富有吸引力的目标市场

市场细分是企业市场营销战略的重要组成部分,通过市场细分可以发现市场空白,拓展企业生存与发展的空间。因此市场细分是企业非常有效的竞争手段,对于企业市场营销活动的成败有着至关重要的作用。

2.有利于企业集中使用资源,增强企业市场竞争能力

对于资源有限的小企业来说,只有通过市场细分,增加市场调查、研究、分析的针对性,选择有利可图的细分市场,才能集中使用资源,进入一个或少数几个细分市场,做到扬长避短、有的放矢地开展市场营销活动。

3.有利于企业制定和调整市场营销组合策略,实现企业市场营销战略目标

在未细分的整体市场上,企业一般只会泛泛采取一种市场营销组合策略。由于整体市场上的消费者需求差异性较大,使企业市场营销活动往往难以取得满意的效果。而且整体市场需求变化较快、较复杂,企业难以及时掌控,致使企业的市场营销活动缺乏时效性。而市场细分后,细分市场的消费者需求基本相似,企业能密切注意某个细分市场消费者需求的变化,并迅速地制定和调整市场营销组合策略,以实现企业市场营销战略目标。

五、市场细分的标准和方法

(一)市场细分的标准

1.消费者市场细分的标准

消费者市场细分标准可归纳为四大主要因素:地理环境因素、人口因素、消费心理因素和消费行为因素。这些因素有些相对稳定,多数则处于动态变化中。

(1)地理环境因素

以地理环境因素为标准细分市场就是按消费者所在的不同地理位置将市场加以划分,是大多数企业所采取的主要标准之一。这是因为这一因素相对其他因素表现得较为稳定,也较容易分析。地理环境主要包括区域、地形、城镇大小、交通条件等。由于受地理环境、气候条件、社会风俗等因素的影响,同一地区内的消费者需求具有一定的相似性,不同地区的消费需求则具有明显的差异,如"东甜西咸,南辣北酸"就大体反映了我国各地区饮食习惯的差异性。

按照国家、地区、南方北方、城市农村、沿海内地、热带寒带等标准来细分市场是必需的,但是,地理环境是一种静态因素,处在同一地理位置的消费者仍然会存在很大的差异。因此,企业还必须采取其他因素进一步细分市场。

(2)人口因素

人口因素是市场细分惯用的和最主要的标准,通常指与人口有关的各种统计变量。它与消费需求以及许多产品的销售有着密切联系,而且容易被辨认和衡量。主要包括:年龄、婚姻、职业、性别、收入、教育程度、家庭生命周期、国籍、民族、宗教、社会阶层等。按人口因素标准细分市场见表4-1。

表 4-1　　　　　　　　　　按人口因素标准细分市场

因　素	主要变量	营销要点
性　别	男女构成	了解男女构成及消费需求特点
年　龄	婴儿、儿童、少年、青年、中年、老年	掌握年龄结构、比重及各年龄阶段的消费特征
收　入	高收入者、中高收入者和低收入者	掌握不同收入层次的消费特征和购买行为
家庭生命周期	单身阶段、备婚阶段、新婚阶段、育儿阶段、空巢阶段、鳏寡阶段	研究各家庭所处阶段，以及不同阶段消费需求的特征和数量
职　业	工人、农民、军人、学生、干部、教育工作者、文艺工作者等	了解不同职业的消费需求差异性
文化程度	文盲、小学、中学、大学等	了解不同文化层次人群的购买种类、行为习惯及结构
民　族	汉族、满族、回族、蒙古族等	了解不同民族的文化、宗教、风俗及不同的消费习惯

（3）消费心理因素

按照上述几种标准划分的处于同一群体中的消费者对同类产品的需求仍会显示出差异性，原因之一是心理因素发挥作用。心理因素十分复杂，主要包括个性、购买动机、价值观念、生活格调、追求的利益等变量。

这样企业就可以把具有类似的个性、爱好、兴趣和价值取向的消费者集合成群，有针对性地制定营销策略。

（4）消费行为因素

消费行为因素包括消费者进入市场的程度、使用频率、偏好程度等变量。按消费者进入市场的程度，通常可以划分为常规消费者、初次消费者和潜在消费者。一般而言，财力雄厚、市场占有率较高的企业，特别注重吸引潜在购买者，争取通过营销战略，把潜在消费者变为初次消费者，进而再变为常规消费者。而一些中、小企业，特别是无力开展大规模促销活动的企业，主要吸引常规消费者。在常规消费者中，不同消费者对产品的使用频率也很悬殊，可以进一步细分为"大量使用用户"和"少量使用用户"。

消费者对产品的偏好程度是指消费者对某品牌的喜爱程度，据此可以把消费者市场划分为四个群体：绝对品牌忠诚者、多种品牌忠诚者、变换型忠诚者和非品牌忠诚者。在绝对品牌忠诚者占很高比重的市场上，其他品牌难以进入；在变换型忠诚者占比重较高的市场上，企业应努力分析消费者品牌忠诚转移的原因，以调整营销组合，加强品牌忠诚度；而对于那些非品牌忠诚者占较大比重的市场，企业应审查原来的品牌定位和目标市场的确立等是否准确，从而随市场环境和竞争环境变化重新定位和调整。

小思考

你认为下列产品主要应以哪些因素（只举一两个最主要的因素）作为其市场细分的根据？
1. 童鞋　　2. 牙膏　　3. 保健品　　4. 图书　　5. 彩电　　6. 冬装

2.产业市场细分的标准

细分消费者市场的标准,有些同样适用于产业市场,如地理因素、追求的利益、使用者状况等因素,但还需要使用一些其他的变量,如人口变量、经营变量、采购方法、情况因素、个性特征等。主要标准有以下几个:

(1)最终用户

在西方国家,企业通常用最终用户这个变量来细分产业市场。在产业市场上,不同的最终用户对同一种产业用品的市场营销组合往往有不同的要求。例如,电脑制造商采购产品时最重视的是产品质量和可用性,服务、价格也许并不是要考虑的最主要因素;飞机制造商所需要的轮胎必须达到的全部标准比农用拖拉机制造商所需轮胎必须达到的标准高得多;豪华汽车制造商比一般汽车制造商需要更优质的轮胎。因此,企业对不同的用户要相应地运用不同的市场营销组合,采取不同的市场营销措施,以投其所好、促进销售。

(2)用户规模

用户规模是细分产业市场的一个重要变量。在西方国家,许多公司通过不同的营销部门或人员来分别与大顾客和小顾客打交道。例如,美国一家办公室用品制造商按照顾客规模,将顾客分为两类顾客群:

① 大客户,如国际商用机器公司、标准石油公司等,这类顾客群由该公司的全国客户经理负责联系。

② 小客户,由外勤推销人员负责联系。

(3)用户的地理位置

用户的地理位置对于企业合理组织销售力量,选择适当的分销渠道以及有效地安排货物运输关系很大,而且不同地区的用户对生产资料的要求往往各有特点。因此,用户的地理位置也是细分市场的依据之一。

例如,阿里巴巴公司在电子商务服务中,专门开辟了一个服务于温州企业的专场。因为在开辟温州市场之前,阿里巴巴公司对温州的经济和国际贸易有比较全面的了解,认为在温州有大量的企业需要提供国际电子商务服务。

3.选择市场细分标准应注意的事项

(1)不同类型企业在市场细分时应采取不同的标准。如消费品市场主要根据地理环境、人口状况等因素作为细分标准,但不同的消费品市场所使用的度量也有差异。如手表市场按性别、收入等变量细分,彩电则按家庭人口、收入等细分。

(2)市场细分的标准是随社会生产和消费需求的变化而不断变化的。由于消费者价值观念、购买行为和动机不断变化,企业细分市场采用的标准也会随之变化。如轿车原来只需用"收入"指标来细分,而今天消费者购车除了考虑经济承担力外,还追求轿车的性格等内容。

(3)企业在进行市场细分时,应注意各种标准的有机组合。在选择细分标准时,可以采取单一标准,更多情况下则采用多项标准的组合,这样可使整个市场更细、更具体,企业也更易把握细分市场的特征。

市场细分是一项创造性的工作。由于消费者需求的特征和企业营销活动是多种多样的,市场细分标准的确定和选择不可能完全拘泥于书本知识。企业应在深刻理解市场细分原理的基础上,创造新的有效的标准。

(二)市场细分的方法

1.单一因素法

单一因素法即按某一个因素来细分市场。例如,服装市场通常根据消费者年龄分为儿童服装市场、青年服装市场、中年服装市场、老年服装市场等。

2.综合因素法

综合因素法即按多个因素综合考虑后来细分市场。例如,乳品市场按多个因素综合考虑后可分为大众市场和餐饮市场。

3.系列因素法

系列因素法即按一个因素细分后再按另一个因素进行二次细分、三次细分。例如,乳品市场按年龄分为婴儿市场、学生市场、青年人市场和中老年人市场等。中老年人市场又可进行二次细分为缺钙人群、缺铁人群、缺锌人群等。

六、市场细分的原则

企业在实施市场细分时,必须关注市场细分的实用性和有效性,遵循市场细分的一般原则。

(一)差异性原则

差异性原则是指市场细分后,各个细分市场消费者需求应具有差异性,而且细分市场对企业市场营销组合策略中任何要素的变化都能做出迅速、灵敏的差异性反应。如果各个细分市场消费者需求不具有差异性,也就是说如果各个细分市场对企业市场营销组合策略中任何要素的变化都做出相同或相似的反应,细分市场就是同质市场,就没有市场细分的必要。差异性原则在于确保企业产品开发和价格策略的针对性,向消费者提供差异化、个性化产品或服务。

(二)可衡量性原则

可衡量性原则是指细分市场必须是可以识别和可以衡量的,亦即细分市场不仅范围明确,并且对其容量大小也能做出大致判断。可衡量性原则,在于确保清晰地区分细分市场的消费者群。如果细分市场中消费者的年龄、性别、文化、职业、收入水平等都是可以衡量的,而要测量细分市场中有多少具有"依赖心理"的消费者,则相当困难。以此为依据细分市场,将会无法识别、衡量且难以描述,市场细分也就失去了操作的实际意义。

(三)可进入性原则

可进入性原则是指细分市场应该是企业市场营销活动能够到达的市场,即企业通过市场营销活动能够使产品进入并对消费者施加影响的市场。这主要表现在三个方面:首先,企业具有进入某个细分市场的资源条件和竞争实力。其次,企业有关产品的信息能够通过一定传播途径顺利地传递给细分市场的消费者。最后,企业在一定时期内能将产品通过一定的分销渠道送达细分市场。否则,细分市场的价值就不大。

(四)可赢利性原则

可赢利性原则是指细分市场消费者需求的容量和规模必须大到足以使企业实现其利润目标。进行市场细分时,企业必须考虑细分市场上消费者的数量、消费者购买产品的频率、消费者购买力,以及使企业获得预期利润的可能性。如果细分市场的规模与市场容量、获利空间都小,也就不值得进行市场细分。

因为如果细分过度,一是会增加细分变数,给细分带来困难;二是影响规模效益;三是增大费用和成本。这时就应实施"反细分化"策略,适当扩大产品的适销范围,降低成本和费用,提高经济效益。

（五）相对稳定性原则

相对稳定性原则是指细分市场的基本特征必须具有相对的稳定性。企业目标市场的变化必然带来市场营销策略的改变和营销成本的增加。如果目标市场变化过快、变动幅度过大,可能会给企业带来经营风险和损失。当然,细分市场的相对稳定性并不是指细分市场一定是一成不变的,随着企业市场营销环境的变化,企业也可以放弃现有的细分市场,选择新的富有吸引力的细分市场。只有这样,企业的市场营销活动才能适应变化的市场营销环境。

任务二　选择目标市场

——众里寻他千百度

一、目标市场应具备的基本条件

目标市场是企业决定作为自己服务对象的有关市场(顾客群)。目标市场可以是某个细分市场,若干细分市场的集合,也可以是整个市场。一般来说,每个企业的产品与服务不可能满足市场上的所有顾客。因此善于寻找最有吸引力,并能为之提供最有效服务的特定顾客,能够事半功倍。企业所选择的目标市场应具备如下基本条件：

(1)可识别性,即足以取得进入市场所必需的市场资料,了解各细分市场的特征和概况。

(2)可进入性,即企业资源足以有效地覆盖目标市场,进入后能有所作为。

(3)可赢利性,即目标市场的容量与购买力,企业是否有利可图,能否实现预期的经济效益。

(4)稳定性,即目标市场的主要特征,在一定时期内能够保持相对不变。

参照以上标准,进行比较评价,然后选择符合企业目标、资源和能力的目标市场。

小思考

一个大城市使馆区的小商场曾考虑要为法国消费者制订一个单独的营销组合计划,但这个小商场没有人员和资金来研究这个市场,并为这个市场制订单独的市场营销计划,这样对这个小商场来说,该地的法国消费者市场是属于不具备下列哪种市场细分的条件？

A.可识别性　　　B.可进入性　　　C.可赢利性　　　D.稳定性

二、评估目标市场的标准

评估目标市场的目的在于弄清这些细分市场是否具有值得公司进入的各种条件及其

难易程度。一般评估标准主要包括四项：

(1) 市场规模。

(2) 预期增长程度。

(3) 结构吸引力。所谓结构吸引力，就是不仅要考虑一个细分市场在规模和增长程度方面所具有的吸引力，还要考虑可能使细分市场失去利润吸引力的其他因素。

(4) 与公司目标和资源的一致性。

三、目标市场的选择

目标市场究竟如何选择？这里有五种可供参考的模式，即市场集中化战略、选择专业化战略、产品专业化战略、市场专业化战略、市场全面化战略。

(一) 市场集中化战略

这是一种最简单的目标市场模式。即企业只选取一个细分市场，只生产一类产品，供应某一单一的顾客群，进行集中营销。例如，某服装厂商只生产儿童服装。

选择市场集中化模式一般基于以下考虑：企业具备在该细分市场从事专业化经营或取胜的优势条件；企业资源有限，只能经营一个细分市场；该细分市场中没有竞争对手；准备以此为出发点，取得成功后向更多的细分市场扩展。

(二) 选择专业化战略

选择专业化战略是企业选取若干个具有良好的赢利潜力和结构吸引力，且符合企业的目标和资源的细分市场作为目标市场，其中每个细分市场与其他细分市场之间有较少关联。其优点是企业可以有效地分散经营风险，即使某个细分市场经营状况不佳，仍可在其他细分市场赢利。采用选择专业化战略的企业应具有较强的资源和营销实力。

(三) 产品专业化战略

产品专业化战略是企业集中生产一种产品，并向各类顾客销售这种产品。如饮水器厂只生产一个品种，同时向家庭、机关、学校、银行、餐厅、招待所等各类用户销售。产品专业化战略的优点是企业专注于某一种或某一类产品的生产，有利于形成和发挥生产和技术上的优势，在该领域树立品牌形象。其局限性是当该领域被一种全新的技术与产品所代替时，产品有被迅速淘汰的危险。

(四) 市场专业化战略

市场专业化战略是企业专门生产或经营满足某一顾客群体需要的各种产品。比如某工程机械公司专门向建筑业用户供应推土机、打桩机、起重机、水泥搅拌机等建筑工程中所需要的机械设备。市场专业化经营的产品类型众多，能有效地分散经营风险。但由于集中于某一类顾客，当这类顾客的需求下降时，企业也会遇到收益下降的风险。

(五) 市场全面化战略

市场全面化战略是企业生产多种产品去满足各种顾客群体的需要。一般来说，只有实力雄厚的大型企业选用这种模式才能收到良好效果。例如，美国IBM公司在全球计算机市场、丰田汽车公司在全球汽车市场等都采取市场全面化战略。

为便于大家理解，请参考图4-2目标市场的选择。图中M代表市场(Marketing)，P

代表产品（Product），阴影部分则代表企业所选择的目标市场。比如，M_1、M_2、M_3 可以分别代表青年市场、中年市场和老年市场，而 P_1、P_2、P_3 可以分别代表运动鞋、旅游鞋和皮鞋。

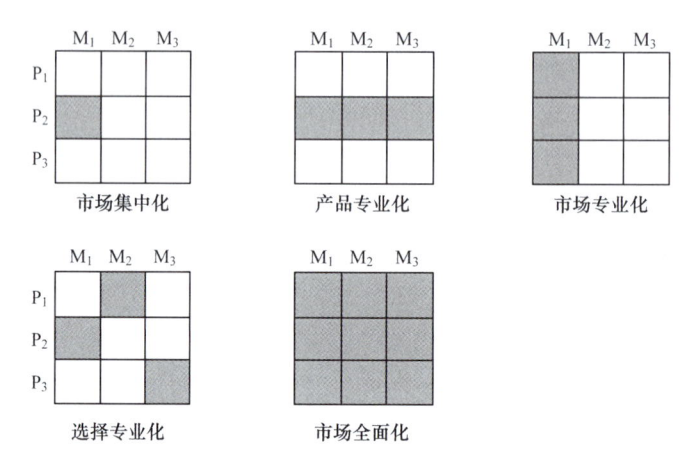

图 4-2　目标市场的选择

四、目标市场进入战略

企业一旦选择了自己的目标市场之后，应该如何进入？这里介绍三种基本目标市场营销战略。

（一）无差异性营销战略

实行无差异性营销战略的企业把整体市场看作一个大的目标市场，不进行细分，用一种产品、统一的市场营销组合来应对整体市场，如图 4-3 所示。例如，在 20 世纪 60 年代前，美国可口可乐公司一直奉行典型的无差异性营销战略，以单一的品种、标准的瓶装和统一的广告宣传内容，长期占领世界非酒类饮料市场。

图 4-3　无差异性营销战略

在大量生产、大量销售的产品导向时代，企业多数采用无差异性营销战略经营。实行无差异性战略的另一种思想是：企业经过市场调查之后，认为某些特定产品的消费者需求大致相同或存在较少的差异。比如，家庭中男女老少都用同一种食盐，有大致相同的需求，因此可以用大致相同的市场营销策略。

采用无差异性营销战略的最大优点是成本的经济性。大批量的生产销售，必然降低单位产品成本；无差异的广告宣传可以减少促销费用；不进行市场细分，也相应减少了市场调研、产品研制与开发，以及制定多种市场营销战略、战术方案等带来的成本开支。

但是，无差异性营销战略对市场上绝大多数产品都是不适宜的，因为消费者的需求偏好具有极其复杂的层次，某种产品或品牌受到市场的普遍欢迎是很少的。即使一时能赢得某一市场，如果竞争对手都如此仿照，就会造成市场的某个部分竞争非常激烈，而其他部分的需求却未得到满足。

例如,20世纪70年代美国三大汽车公司都坚信美国人喜欢大型、豪华的小汽车,共同追求这一大的目标市场,采用无差异性市场营销战略。但是20世纪70年代能源危机发生之后,美国的小轿车消费需求已经变化,消费者越来越喜欢小型、轻便、省油的小型轿车,而美国三大汽车公司都没有意识到这种变化,更没有适当地调整其无差异性营销战略,致使大轿车市场竞争"白热化",而小型轿车市场却被忽略。日本汽车公司正是在这种情况下乘虚而入的。

(二)差异性营销战略

差异性营销战略是把整体市场划分为若干需求与愿望大致相同的细分市场,然后根据企业的资源及营销实力选择部分细分市场作为目标市场,如图4-4所示。

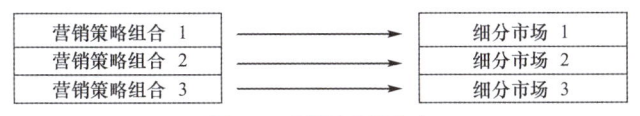

营销策略组合 1	→	细分市场 1
营销策略组合 2	→	细分市场 2
营销策略组合 3	→	细分市场 3

图4-4 差异性营销战略

例如,某乳制品企业把整体市场按年龄细分为几个市场,分别制定不同的营销组合策略:针对婴幼儿提供助长、健脑和壮骨的奶粉;针对老年人推出补钙、补铁等奶粉;针对中青年女性推出低脂、脱脂奶粉等,同时制定相应的渠道、促销策略。

采用差异性营销战略的最大优点是可以有针对性地满足具有不同特征的顾客群的需求,提高产品的竞争能力。但是,由于产品品种、销售渠道、广告宣传的扩大化与多样化,产品研发与市场营销等费用大幅度增加。所以,无差异性营销战略的优势基本上成为差异性营销战略的劣势。

(三)集中性营销战略

集中性营销战略是在将整体市场分割为若干细分市场后,只选择其中某一细分市场作为目标市场,如图4-5所示。其指导思想是把企业的人、财、物集中用于某一个或几个小型市场,不求在较多的细分市场上都获得较小的市场份额,而要求在少数较小的市场上得到较大的市场份额。

市场营销组合	→	细分市场 1
		细分市场 2
		细分市场 3

图4-5 集中性营销战略

这种战略又称为"聚焦"战略,即有效整合企业有限资源,适合资源相对有限的小企业。小企业如果与大企业硬性抗衡,弊多于利,必须学会寻找对自己有利的生存环境。如果小企业能避开大企业竞争激烈的市场,选择一两个能够发挥自己技术、资源优势的小市场,更容易成功。由于目标集中,可以大大节省营销费用和增加利润;又由于生产、销售渠道和促销的专业化,也能够更好地满足特定消费者的需求,企业易于取得优越的市场地位。

例如,娃哈哈在创业初期,以开辟儿童保健饮品市场而大获成功;太太口服液以开辟妇女保健品市场而一举成名;彩虹电器因开发灭蚊药片市场而发展壮大。

这一战略的不足是经营者承担的风险较大,如果目标市场的需求情况突然发生变化,目标消费者的兴趣突然转移(这种情况多发生于时尚商品)或是市场上出现了更强有力的竞争对手,企业就可能陷入困境。

五、目标市场战略选择的影响因素

(一) 企业实力

企业实力是指企业在生产、技术、销售、管理和资金等方面力量的总和。如果企业力量雄厚,且市场营销管理能力较强,即可选择差异性营销战略或无差异性营销战略。如果企业实力有限,则宜选择集中性营销战略。

例如,可口可乐很长一段时间一直采取无差异性营销战略,而雀巢采取差异性营销战略,在全球设立了 27 家研究所,专门研究各国人的口味,针对不同地区的人提供不同的产品。而中国很多中小企业由于实力弱、资金和能力有限,一般集中资源抓住一个市场。

(二) 产品同质性

产品同质性主要表现在一些未经加工的初级产品上,如水力、电力、石油等,虽然产品在品质上或多或少存在差异,但用户一般不加区分或难以区分。因此,同质性产品竞争主要表现在价格和提供的服务条件上,该类产品适于采用无差异性营销战略。而对服装、家用电器、食品等异质性产品,可根据企业资源力量,采用差异性营销战略或集中性营销战略。

(三) 产品所处的市场生命周期阶段

由于在产品市场生命周期的不同阶段,产品销售量、企业的盈利水平、市场的竞争状况、消费者对产品的认知与接受程度等有所不同。新产品上市往往以较单一的产品探测市场反应,产品价格和销售渠道基本上单一化。因此,新产品在引入阶段可采用无差异性营销战略。而待产品进入成长或成熟阶段,市场竞争加剧,同类产品增加,再采用无差异性营销策略就难以奏效了,所以成长阶段改为差异性或集中性营销战略效果更好。

(四) 市场的同类性

如果顾客的需求、偏好较为接近,对市场营销刺激的反应差异不大,可采用无差异性营销战略;否则,应采用差异性或集中性营销战略。例如,服装市场,不同的消费者群体有不同的需求偏好,适合采用差异性或集中性营销战略;而食盐市场的消费者需求偏好大都一样,适合采用无差异性营销战略。

(五) 竞争者战略

当竞争对手采用无差异性营销战略时,企业选择差异性或集中性营销战略有利于开拓市场,提高产品的竞争能力。如果竞争者已采用差异性战略,则不应以无差异性战略与其竞争,可以选择对等的或更深层次的细分或集中性营销战略。当然,在这里目标市场战略的选择还取决于双方竞争实力的比较。

例如,IBM 公司最早实行无差异性营销战略,用单一的大电脑占据全球市场,后来出现了很多的竞争对手,纷纷采用集中性营销策略,像 NCR 公司专门经营出纳电脑系统市场、奇异公司抓住分时系统市场、晟阳公司专门经营 RISC 工作系统市场、迪吉多公司专门生产迷你电脑等。它们在某一领域做得很专业,瓜分全球市场,给 IBM 带来极大的威胁,迫使 IBM 不得不改变策略,采取差异性营销策略,开发各类电脑,满足不同细分市场的需求。

任务三　明确目标市场定位

——特别的爱给特别的你

一、市场定位的含义

市场定位也被称为产品定位或竞争性定位,就是针对竞争者的现有产品在市场上所处的位置,根据消费者或用户对该产品某一属性或特征的重视程度,为产品设计和塑造一定的个性或形象,并通过一系列的营销活动,努力把这种个性或形象强有力地传达给顾客,从而恰当地确定该产品在市场上的位置。例如,劳斯莱斯代表着尊贵;福特宣传它的产品"质量第一";奔驰宣称"工程(服务)水准最高";宝马说自己的产品"性能最好,是有车以来最聪明的车"等。

因此,企业在进行市场定位时,一方面要了解竞争对手的产品具有何种特色,另一方面要研究目标顾客对该产品的各种属性的重视程度。在对以上因素进行深入研究后,选定本企业产品的特色和独特形象,并向潜在顾客准确而清晰地传达这个产品的市场定位。

二、市场定位的基本战略

市场定位作为一种竞争战略,显示了一种产品或一家企业与同类产品或企业之间的竞争关系。定位战略不同,竞争态势也不同,下面分析四种基本的市场定位战略。

(一)避强定位战略

这是一种避开强有力的竞争对手的市场定位。其优点是能够迅速在市场上站稳脚跟,并能在消费者或用户心目中迅速地树立起一种独特形象。由于这种定位方式的市场风险较小,成功率较高,常常为多数企业所采用。

(二)对抗定位战略

这是一种与在市场上占据统治地位的、最强的竞争对手"对着干"的定位方式。显然,这种定位有时会产生危险,但不少企业认为能够激励自己奋发上进,一旦成功就会取得巨大的市场优势。例如,可口可乐与百事可乐之间持续不断地争斗,"汉堡王"与"麦当劳"对着干等。

(三)重新定位战略

这是对销路少、市场占有率低的产品进行二次定位。这种重新定位的目的在于摆脱困境,重新获得增长与活力。这种困境可能是企业前期的决策失误引起的,也可能是对手有力反击或出现新的强有力竞争对手而造成的。不过,有的重新定位并非因为已经陷入困境,而是因为产品意外地扩大了销售范围引起的。例如,专为青年人设计的某种款式的服装在中老年消费者中也流行开来,该服饰就会因此而重新定位。

需要特别指出的是,重新定位是调整而不是改变人们的品牌认知,这一点至关重要。市场上重新定位的失败案例比比皆是。如施乐试图让人们相信,施乐还可以生产复印机以外的机器,比如计算机,结果损失了几十亿美元。可口可乐试图让消费者相信,新可口可乐比经典可乐更好,结果名利双失。凯迪拉克试图让消费者相信它的小型车和它的大型车一样好,推出了两个小型车的品牌。这两个品牌都是灾难,因为一辆看起来像雪弗兰的凯迪拉克车对于消费者毫无意义。

(四)创新定位战略

创新定位是指寻找新的尚未被占领但有潜在市场需求的细分市场,通过研发某种新产品或服务填补市场空白。如"××,专为大学生设计的校园护肤品牌"。

三、市场定位的策略

一般来讲,在一个行业里往往充斥着诸多生产(提供)相同或相似产品(服务)的企业。要使得自己的产品(服务)与众不同并给消费者留下独特的印象,通常可以采取的市场定位策略有以下四个方面:

(一)产品差别化策略

该策略是从产品质量、产品功能或款式等方面体现差别化。譬如,宝洁开发了"柔顺头发"的飘柔、"健康且富含维生素 B5"的潘婷、"有效祛除头屑"的海飞丝、"使头发柔亮润泽"的沙宣和主打"乌黑"功能的润妍等。通过这种将一个品牌和一种特殊产品的特性和功能联系起来的方式,宝洁不仅加强了品牌在顾客心中的印象,而且在洗发水市场上取得了良好的声誉。

寻求产品特征是产品差别化策略经常使用的手段。实践证明,在某些产业(特别是高新技术产业)中,哪一企业掌握了最尖端的技术,率先推出具有较高价值的产品创新特征,就能够使其成为企业的竞争优势。

(二)服务差别化策略

所谓服务差别化就是向目标市场提供与竞争者不同的优质服务。服务差别化策略能够提高顾客总价值,保持牢固的顾客关系,从而击败竞争对手。目前,市场竞争环境日趋激烈,竞争手段趋于同质化,企业应注重以丰富的营销手段、无处不在的贴心服务,为客户创造良好的消费体验,不断提升客户关系的管理水平。企业的竞争力越能体现在顾客服务水平上,市场差别化就越容易实现。

如世界知名咖啡连锁店星巴克为顾客提供无线宽带上网业务。消费者可以在该集团各个门店内享受免费上网服务。优质的无线上网服务已成为其标志服务之一,极大增强了用户黏性和对其服务品质的认同。

(三)人员差别化策略

人员差别化策略是通过聘用和培训比竞争者更为优秀的人员以获取差别优势。市场竞争归根到底是人才的竞争,对于任何一个跟进企业而言,模仿先进企业的产品和服务都是可行的,但是企业内部员工的工作态度、业务能力、人员之间的高效沟通等因素是其他企业很难模仿的,这就是企业差异化的原因。一个训练有素的员工应能体现出下面的六个特征:胜任、礼貌、可信、可靠、反应敏捷、善于交流。

例如，麦德龙高度重视对员工的培训。麦德龙公司要求职工要有程序的思想，按程序、规范、制度、质量要求做事，具有良好的职业态度和敬业精神，忠于企业，对企业的发展前景保持信心。为使职工具有公司所要求的思维模式，职工必须经过系统的培训，具有麦德龙公司所要求的职业道德、职业精神和思维方式，用更正确的态度和工作方式为专业客户提供更好的服务。

（四）形象差异化策略

形象就是公众对产品和企业的看法和感受，塑造形象的工具有：名称、颜色、标志、标语、环境、活动等。在实施形象差异化策略时，企业需要有创造性的思维模式，持续不断的利用企业所有的传播工具，针对竞争对手的形象策略，在产品的核心部分与竞争者类似的情况下塑造不同的产品形象以获得差别优势。

四、市场定位方法

企业采用什么样的定位方法，应根据相应的定位战略和策略做出具体的选择。一般来讲，常用的市场定位方法包括以下九种：

（一）功效定位

消费者购买产品主要是为了获得产品的使用价值，希望产品具有所期望的功能、效果和效益，因而以强调产品的功效为诉求是品牌定位的常见形式。很多产品具有多重功效，定位时向顾客传达单一的功效还是多重功效并没有绝对的定论，但由于消费者能记住的信息是有限的，往往只对某一强烈诉求容易产生较深的印象。因此，向消费者承诺一个功效点的单一诉求更能突出品牌的个性，获得成功的定位。

（二）品质定位

品质定位就是以产品优良的或独特的品质作为诉求内容，如"好品质""天然出品"等，以面向那些注重产品品质的消费者。适合这种定位的产品往往实用性很强，必须经得起市场考验，能赢得消费者的信赖。企业制造产品的高水准技术和工艺诉求也是品质定位的主要内容，体现出精益求精的思想，如乐百氏纯净水的"27层净化"让消费者至今记忆深刻。

（三）自我表现定位

该定位通过表现品牌的某种独特形象和内涵，让品牌成为消费者表达个人价值观、审美情趣、自我个性、生活品位、心里期待的一种载体和媒介，使消费者获得一种自我满足和自我陶醉的快乐感觉。例如，某果汁品牌的"代言人"是一个大头娃娃，右手叉腰，左手拿着果汁饮料，这个有点儿笨手笨脚，却又不易气馁的形象正好符合儿童"快乐、喜好助人但又爱模仿大人"的心理，因而博得了小朋友的喜爱。

（四）"老大"定位

老大定位也称首席定位，即强调品牌在同行业或同类中的领导性、专业性地位，如宣称"销量第一"。在现今信息爆炸的社会里，消费者对大多数信息毫无记忆，但对领导性、专业性的品牌印象较为深刻。

(五)比附定位

比附定位是指企业借助顶级品牌的声望,强调自己是这些顶级品牌中的一员,进而提高自身品牌的形象和声望,多少有些"狐假虎威"的倾向。美国克莱斯勒汽车公司宣布自己是美国"三大汽车公司之一",使消费者感到克莱斯勒是一家实力强大的汽车制造商,从而收到了良好的效果。

(六)情感定位

此定位是将人类情感中的关怀、牵挂、思念、温暖、怀旧、爱等情感内涵融入品牌,使消费者在购买、使用产品的过程中获得这些情感体验,从而唤起消费者内心深处的认同和共鸣,最终获得对品牌的喜爱和忠诚。浙江纳爱斯的雕牌洗衣粉,借用社会关注资源,在品牌塑造上大打情感牌,其创造的"下岗片",就是较成功的情感定位策略。"……妈妈,我能帮您干活啦"的真情流露引起了消费者内心深处的震颤以及强烈的情感共鸣,使纳爱斯雕牌更加深入人心。

(七)情调定位

情调定位就是使消费者在产品的使用过程中能体会出一种良好的令人惬意的生活气氛、生活情调、生活滋味和生活感受,而获得一种精神满足,该定位使产品融入消费者的生活中,成为消费者的生活内容,使品牌更加生活化。如美的空调的"原来生活可以更美的"给人以舒适、惬意的生活感受。

(八)情景定位

情景定位是将品牌与一定环境、场合下产品的使用情况联系起来,以唤起消费者在特定的情景下对该品牌的联想,从而产生购买欲望和购买行动。如雀巢咖啡的广告不断提示在工作场合喝咖啡,会让上班族口渴、疲倦时想到雀巢。再如喜之郎果冻在广告中推荐"工作休闲来一个,游山玩水来一个,朋友聚会来一个,健身娱乐来一个",自然而然地让消费者成为这些快乐场合的"一员"。

(九)历史定位

历史定位是以产品悠久的历史来打造源远流长的品牌形象。消费者都有这样一种惯性思维,对于历史悠久的产品容易产生信任感,一个做了这么多年产品的企业,其产品品质、服务质量应该是可靠的,而且给人神秘感,让人向往,因而历史定位具有"无言的说服力"。如泸州老窖公司拥有始建于明代万历年间(公元1573年)的老窖池群,所以,总是用"您品味的历史,430年,国窖1573"的历史定位来突出品牌传承的历史与文明。

知识巩固

1.名词解释

市场细分　目标市场　市场定位　无差异性营销战略　差异性营销战略　集中性营销战略　市场集中化　选择专业化　产品专业化　市场专业化　市场全面化

2.简答题

(1)市场细分及其依据是什么?

(2)市场细分的标准是什么?

(3)选择目标市场的条件有哪些?

(4)简述目标市场的三种营销战略的含义与战略选取的影响因素。

(5)市场定位的概念、步骤、方法是什么?

项目案例

QQ？微信？

一个公司如果有两个重叠的产品,那无疑是战略规划的重大失误。因为这会造成资源的极大浪费,而且形成自身产品的竞争。QQ和微信作为两种非常受欢迎的社交软件,虽然都是腾讯的产品,但是它们之间却存在一定的竞争关系,那么QQ和微信有什么区别?

设计初衷不同 腾讯社交体系中一共拥有四款产品,即微信、QQ、TIM、企业微信。其中QQ和微信偏向于生活化应用,而TIM和企业微信则偏向于办公化应用。和微信相比较,QQ又比较偏向低龄化。从设计的初衷来看,QQ具有独特的"在线"设计,但也支持离线,隐身等,而微信是为移动互联网设计的,没有"在线"的概念,这是最典型的特征。

用户定位不同 QQ定位为青少年,而微信更多地被成年人使用。QQ是即时消息的集成商。并且微信的社会属性偏向于媒体属性,比如微信公众号微信作为移动平台的入口,不是简单粗暴地堆栈,而是巧妙地集成。

开放程度不同 有人说QQ的交往模式更像是一个社区,大家都能够一起聊,发QQ空间之后,所有人的评论都可以看到。但是微信则不是,微信更加强调一个圈子内的社交,朋友圈无法让你的社交得到扩展,不是朋友的话就看不到评论,同时也就减少了用户接触到这些人的机会。QQ消息可以被所有朋友看到,因此QQ更适合社交。

应用场景不同 微信和QQ的功能相似,目的是聊天。甚至QQ的功能也比微信更强大。另一个根本的原因是微信是移动社交领域的产品。移动QQ的本质仍然是PC社交的移动版本。因此两者的设计风格也有所不同:一个是办公化,一个是娱乐化。

价值附加不同 微信主要基于简单性,其推送的大部分内容都属于生活类别,而QQ推出的大多数内容都是年轻人群体使用的游戏和娱乐产品。此外,微信上没有会员功能,每个用户没有特殊权限。QQ是可以电脑上进行操作的,大文件操作传输十分方便,而微信则不然。更多人认为微信和QQ功能上存在较多重叠之处,虽有上述差别,但更多是公司刻意为之,黏附用户与分散风险才是公司层面的根本原因。

焦点问题:你认为QQ和微信今后是应该进行整合,还是应该继续瞄准各自细分市场?

实训项目

STP 战略实施

【实训目的】

通过实训,实现理论知识向实践技能的转化,使学生能够运用所学知识对具体产品进行市场细分,进而确定目标市场,直至进行准确的市场定位。

【实训内容】

以某一行业或企业为背景,结合其具体产品(可以是新开发的产品或既有产品),为该产品策划一个切实可行的 STP 方案。

【实训步骤】

(1)以 6~8 个人为单位组成一个团队。

(2)由团队成员共同讨论确定选题。

(3)通过文献调查、深度访谈、企业实习等方式,了解该产品的产品特性、市场环境、企业状况等。

(4)根据环境分析的结果,为该产品设计一个切实可行的渠道方案。

(5)各团队派代表展示其成果。

(6)考核实训成果,评定实训成绩。

【实训要求】

(1)考虑到课堂时间有限,项目实施可采取"课外+课内"的方式进行,即团队组成、分工、讨论和方案形成在课外完成,成果展示安排在课内。

(2)每组提交的方案中,必须详细说明团队的分工情况,以及每个成员的完成情况。

(3)每个团队方案展示时间为 10 分钟左右,老师和学生提问时间为 5 分钟左右。

【实训考核】

(1)成果评价指标体系

表 4-2 成果评价指标体系

一级指标	分值	二级指标	分值	评分标准					得分
				5(不及格)	6(及格)	7(中)	8(良)	10(优)	
工作态度	30	工作计划性	10	5	6	7	8	10	
		工作主动性	10	5	6	7	8	10	
		工作责任感	10	5	6	7	8	10	
方案质量	70	内容充实性	20	10	12	14	16	20	
		内容严整性	20	10	12	14	16	20	
		PPT 课件生动性	20	10	12	14	16	20	
		表述逻辑性	10	5	6	7	8	10	
总评分									

评分说明:

①对各队成绩评定采取自评、同行评价和老师评价三者相结合的方式,三者各占 10%、20% 和 70% 的分值。

②评分时可根据实际情况选择两个等级之间的分数,如 8.5 分、9 分和 9.5 分等。

③同行评分以组为单位,由本小组成员讨论确定对其他组的各项评分及总评分。

(2)团队信息

队名：

成员：

说明：本表上交时，每队队长须在每个成员名字后标注分数，以考核该成员参与项目的情况。

(3)评分表

表 4-3　　　　　　　　　　　　　　评分表

评价主体	工作计划性得分（10%）	工作主动性得分（10%）	工作责任感得分（10%）	内容充实性得分（20%）	内容严整性得分（20%）	PPT课件生动性得分（20%）	表述逻辑性得分（10%）	总评分（100%）
自评								
教师评								
本队对其他队的评分								
第1队								
第2队								
第3队								
第4队								
第5队								
第6队								
第7队								
第8队								
第9队								
第10队								

模块三

营销策略选择与制定

项目五　产品策略

项目六　价格策略

项目七　渠道策略

项目八　促销策略

项目五　产品策略

——善战者，先胜而后战

知识目标

- 理解产品的整体概念及产品组合的概念、策略与分析方法。
- 掌握产品生命周期的含义、各阶段特点及相对应的营销策略。
- 了解产品品牌、商标与包装的含义及策略。
- 了解新产品的内涵与开发流程。

能力目标

- 能够运用有关产品及产品组合的知识解释一些企业（如 P&G）的产品策略。
- 能够运用有关产品生命周期的知识分析一些产品所处的生命周期及可采取的营销策略。
- 能够列举一些在品牌经营、商标与包装策略方面成功的企业，并分析其成功原因。
- 能够结合某种新产品，为其策划一个开发和上市方案。

职业素养目标

- 树立以顾客为中心的现代营销观念，在开发产品时要考虑顾客对产品各层次的需求。
- 树立职业担当意识，在从事营销活动时坚持"以质取胜"，树立"中国制造"的良好形象。
- 勇于创新，在从事营销活动时，以振兴民族品牌为己任，为"大国品牌工程"贡献自己的才智。

情境引入

"中国元素"刷屏！

——欧洲杯赛场中国企业身影的变化昭示中国品牌的崛起

北京时间 2021 年 6 月 12 日凌晨，2020 欧洲杯在意大利罗马正式拉开帷幕。欧洲杯是为数不多的"全民盛典",抛开普通观众不说,球迷本身就达到了上亿人的规格。各大品牌自然不会错过这场曝光量十足的体育赛事。这场全新的较量不仅展现在球场内,还表现在外围赞助商之间。在本届欧洲杯赛场上,观众也感受到了扑面而来的"中国元素"。2020欧洲杯的顶级赞助商中出现了海信、抖音、支付宝和vivo等中国企业。

自2014年国务院下发《关于加快发展体育产业 促进体育消费的若干意见》以来,我国体育产业就在相关政策的支持和经济发展的助推下迎来了良好的发展机遇,体育消费正逐渐成为促进内循环的消费抓手。

专家指出,无论是欧洲杯还是世界杯,顶级赞助商从以欧、美、日、韩企业为主,到中国企业密布,这一商业行为的背后有着深深的时代印痕——赛场上中国企业身影的变化,正是中国企业和中国品牌崛起的一个侧面。

现在,越来越多的海外消费者,正在接纳中国品牌。中国品牌从追求短期销售业绩转向长期品牌建设,力图通过打造品牌来实现可持续、高质量的增长。

业内人士表示,可口可乐、三星、索尼等世界级企业和品牌,无一不是通过持续与世界顶级赛事绑定的策略,实现了品牌的跃升和企业的跨越式发展,从而成长为世界级品牌。然而,不能忽略的是,所谓的竞争,最根本的在于产品和技术。赞助顶级体育赛事,更要为顶级赛事提供好的产品,这才是真正的底气。

试问:中国品牌崛起的原因是什么?

市场营销以满足市场需求为中心,而市场需求的满足只能通过提供某种产品或服务来实现。因此,产品是市场营销的基础,其他的各种市场营销策略,如价格策略、分销策略、促销策略、权力营销、公共关系等,都是以产品策略为核心展开的。

产品的生产不仅仅是个生产过程,更是一个经营过程。在现代市场经济条件下,每一个企业都应致力于产品整体概念的开发和产品组合结构的优化,并随着产品生命周期的演化,及时开发新产品,以更好地满足市场需求,提高产品竞争力,取得更好的经济效益。

任务一　产品组合策略

——上兵伐谋

一、产品的整体概念

产品指通过交换满足人们需要和欲望的因素和手段,它包括提供给市场、能满足消费者或用户某一需求和欲望的有形产品和无形产品。具体来讲,理解产品的整体概念,应把握其五个层次的内容。

微课　如何理解产品的整体概念

(一) 产品的五个层次

第一个层次:核心产品(Core Product),即顾客真正需要的基本服务或利益。如旅馆的核心产品包括休息与睡眠。

第二个层次:形式产品(Basic Product),即实现产品功能或服务的基本形式。如旅馆的形式产品包括床、浴室、毛巾、衣柜、厕所等。

第三个层次:期望产品(Expected Product),即购买者在购买产品时通常期望或默认的一组属性和条件。如旅馆的期望产品包括干净的床、新的毛巾、清洁的厕所、相对安静的环境。顾客通过期望产品来获得满意。

第四个层次：延伸产品或附加产品（Augmented Product），即提供超过顾客期望的服务和利益，以便把公司的产品与竞争对手的产品区别开来。如旅馆的延伸产品包括平板电视机、网络接口、鲜花、结账快捷、美味晚餐、优良服务等。顾客通过延伸产品才能获得惊奇和高兴。

第五个层次：潜在产品（Potential Product），即该产品在将来最终可能会实现的全部附加部分和转换部分，即产品将来的发展方向。如旅馆的潜在产品包括全套家庭式旅馆的出现等。产品的五个层次及相互关系如图 5-1 所示。

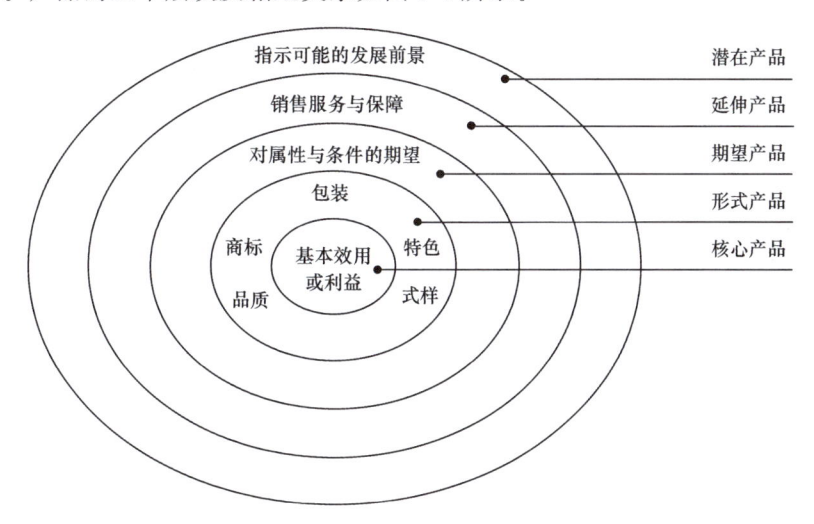

图 5-1　产品的五个层次及相互关系

小案例

家用汽车的五个层次分析

核心产品：汽车可以用来作为代步工具，还可以作为小型运输工具。

形式产品：汽车性能参数、外观设计、品牌颜色等；内饰新颖、舒适、空间大等。

延伸产品：购车时能够送汽车及人身保险，还能赠送汽车装饰品及配件，售后服务好，维修方便、快捷、省钱等。

潜在产品：家用汽车未来人工智能更普及，实现安全自动驾驶。

焦点问题：请谈谈您对下列产品整体概念的理解：手机、笔记本电脑、旅行社。

（二）产品的整体概念对企业营销活动的指导意义

（1）产品的整体概念体现了以顾客为中心的现代营销观念。

（2）产品的整体概念把市场营销的产品范围扩展到服务及其他所有的部门，为企业开发适合消费者需要的有形与无形产品，挖掘新的市场机会提供了新的思路。

（3）产品的整体概念包含五个基本层次，要求将消费需求视为一个整体系统，给企业产品开发、设计提供了新的方向。

（4）产品的整体概念揭示了企业产品差异可以体现在五个层次的任何一个方面，因而也为企业实现产品差异化策略提供了新的途径。

（5）产品的整体概念包含了重视服务的基本思想，要求企业随着实体产品的出售，应加强对不同层次购买者的各种售后服务。

小链接

客户体验

客户体验，也叫用户体验。顾名思义，就是用户使用产品后的最直接的感受。这种感受包括操作习惯、使用后的心理想法等。良好的用户体验有助于公司不断完善产品或服务。

无论所处何种行业，企业的客户体验都不是单点覆盖的，而是由多方面组成的，一般会包括品牌形象、产品、服务以及用户付出的金钱成本、时间成本等。用户接触的感受差异，构成了用户对一家公司独特的体验认知。在贯穿售前、售中、售后的长链体验中客户体验无疑变成影响公司业绩的重中之重。

二、产品的分类

产品按照不同的标准，可以有不同的分类。

1.产品分类

根据其耐用性和是否有形，可将产品可分为非耐用品、耐用品和服务。非耐用品一般是指有一种或多种消费用途的低值易耗品，如啤酒、香皂、盐等；耐用品一般指使用年限较长，价值较高的有形产品，如冰箱、彩电等家用电器；服务是为出售而提供的活动、利益或满意，如美容业。

2.消费品分类

消费品可分为便利品、选购品、特殊品和非渴求品四种类型。便利品是指顾客频繁购买或随时购买的产品，例如食盐等日用品。选购品是顾客对适用性、质量、价格和式样等基本方面要认真权衡比较的产品，例如服装。特殊品指具备独有特征或品牌标记，购买者愿意做出特殊购买努力的产品，例如残疾人士用品。非渴求品指消费者不了解或即便了解也不想购买的产品，例如丧葬用品。

3.产业用品分类

产业用品是指不用于个人和家庭消费，而用于生产、转售或执行某种职能的产品，多属于中间产品或技术产品，一般分为原材料、耗材、工具、零部件、设备、固定资产和系统七大类别。

三、产品组合的基本概念

产品组合涉及的基本概念包括产品线、产品项目和产品组合等。

（一）产品线

产品线是指在技术上和结构上密切相关，而又能满足同类需要的一组产品。例如，自行车厂有男式自行车、女式自行车两条产品线。

（二）产品项目

产品项目是指每一条产品线上所列出的每一种规格型号的产品。例如，男式自行车系列有 24、26、28 三种型号,说明它有三个产品项目。

(三)产品组合

产品组合是指一个企业提供给市场的全部产品线和产品项目的组合或结构,代表着企业的经营范围和结构。它包括四个变量:

(1)产品组合的深度。它是指一条产品线内所包含的产品项目的多少。

(2)产品组合的宽度。它是指产品组合所拥有产品线数量的多少。例如,一个汽车厂同时生产轿车、卡车、消防车、救护车,那么,该产品组合的宽度为四。

(3)产品组合的长度。它是指产品组合中产品项目的总数。

(4)产品组合的相关性。它是指各条产品线在最终用途、生产条件、分配渠道或其他方面相互关联的程度。如宝洁公司生产经营的产品都是清洁用消费品,而且都是通过相同的渠道分销,就产品的最终使用和分销渠道而言,宝洁公司的这些产品组合的关联度较高。

小案例

格力——让世界爱上中国造

珠海格力电器股份有限公司(以下简称格力)是一家集研发、生产、销售、服务于一体的国际化家电企业,格力目前旗下有格力、TOSOT(大松)、晶弘三大品牌,主营家用空调、中央空调、热水器、手机、冰箱等产品。其中,格力主营空调、洗衣机等品类,如格力净静洗衣机、格力净柔洗衣机;TOSOT(大松)主营生活电器,如大松全康煲、大松百香煲、大松 IH 电饭煲、大松加湿器等;晶弘主营冰箱,如晶弘魔法冰箱等。2013 年起,格力相继进军智能装备、通信设备、模具等领域,已经从专业空调生产延伸至多元化的高端技术产业。格力电器下辖凌达压缩机、格力电工、新元电子、凯邦电机、智能装备、精密模具等子公司,覆盖了从上游零部件生产到下游废弃产品回收的全产业链条。

2020 年,公司全年实现营业总收入 1 704.97 亿元,净利润 221.75 亿元。2021 年一季度,公司实现营业总收入 335.17 亿元,同比增长 60.30%;净利润 34.43 亿,同比增长 120.98%。

焦点问题:试分析格力公司的产品组合。

四、产品组合决策

任何产品都有其由成长到衰退的过程,因此企业不能仅经营一种产品。世界上很多企业经营的产品往往种类繁多,如美国光学公司生产的产品超过 3 万种,美国通用电气公司经营的产品多达 25 万种。当然,并不是经营的产品越多越好,但是企业必须明确:应该生产和经营哪些产品才是有利的? 这些产品之间应该有些什么配合关系? 这就需要进行产品组合决策。

产品组合不是静态的而是动态的,企业的内外部条件在不断变化,产品组合也应随之进行调整,增删一部分产品线及产品项目,以使产品组合达到合理化、最佳化的状态。为此,必须借助一定的分析方法明确不同产品的市场地位与现状。这里简要介绍两种在企业广泛应用的产品分析方法:

(一)波士顿咨询集团法(BCG 法)

一般来说,稳定发展战略的风险相对较小,多数企业愿意采用此方法,特别对那些处于发展行业中的企业和目前经营业绩好、环境变化不大的企业尤其适用。在稳定增长的市场中保持企业的市场份额,或缓慢地提高,对许多企业是适宜的。

基于上述理由,波士顿咨询集团公司认为:反映企业竞争地位的相对市场份额以及市场增长率是企业进行战略决策的两个基本参数。相对市场份额决定了企业获取现金的能力,在美国,这是企业竞争力的体现。而市场增长率则制约着企业相对市场份额扩大的可能性以及投资机会。BCG法最基本的指导思想是:企业满足于自身过去和现在的目标,决定继续追求相同或类似的目标,每年企业所期望的进展、增长比率大体相同。同时,企业继续提供与以前相同或类似的产品或服务。

微课 产品组合决策之BCG法

我们如果把相对市场份额和市场增长率作为评价企业现有产品市场地位的两个重要指标,可以把产品分为四类:问题类、明星类、金牛类和瘦狗类,波士顿矩阵模型如图5-2所示。图中圆圈代表某公司的不同的战略业务单位。圆圈的大小表示该战略业务单位在本行业中所占的市场份额的大小。

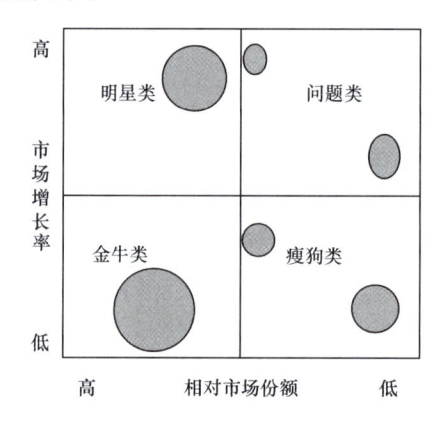

图5-2 波士顿矩阵模型

1.问题类

问题类战略业务单位是高市场增长率和低相对市场份额的战略业务单位,大多数战略业务单位最初都处于这一类。该类战略业务单位需要投入大量资金,因为企业拟提高这类业务单位的相对市场份额。因此企业的最高决策者要慎重考虑经营这种业务单位的获利性,以做出正确的决策。

2.明星类

问题类战略业务单位如果经营成功,就会转入明星类。明星类战略业务单位是高市场增长率和高相对市场份额的战略业务单位。这一类战略业务单位因为迅速增长,同时要击退竞争对手的攻击,需要投入大量现金,因而是使用现金较多的单位。由于任何产品都有其生命周期,这一类战略业务单位的增长速度很快就会降低,然后转入金牛类。

3.金牛类

明星类战略业务单位的市场增长率如果下降到10%以下,就转入金牛类。金牛类战略业务单位是低市场增长率和高相对市场份额的战略业务单位。这一类战略业务单位,相对市场份额高,利润高,现金收入多,可以提供大量现金。企业可以用这些现金来支援其他战略业务单位。

4.瘦狗类

瘦狗类战略业务单位是低市场增长率和低相对市场份额的单位,利润低或亏损。

在确定好每个战略业务单位的目标后,企业就应着手制订业务组合计划,并确定对各个战略业务单位的投资战略。企业通常可以采用以下四个战略:

(1)发展战略。目的是提高产品的市场占有率,有时甚至不惜放弃短期收入来达到这一目的。提高市场占有率需要足够的投资和时间才能奏效。

(2)维持战略。目的在于保持战略业务单位的地位,维持现有的市场占有率。在产品生命周期中处于成熟期的业务,大多数采用这一战略。

(3)收缩战略。目的在于追求业务的近期收入,这是为了短期内增加投资收益率而牺牲长期收益的做法。

(4)放弃战略。目的是出售产品不再生产,把资源用于其他业务。这种战略适用于没有发展前途的瘦狗类战略业务单位、问题类战略业务单位。

(二)美国通用电气公司法(GE法)

美国通用电气公司法是相对于波士顿咨询集团法提出的一套更为复杂的投资组合分析方法。美国通用电气公司法认为评估战略业务单位,除了波士顿咨询集团法中的市场增长率和相对市场份额两个因素外,还应考虑更多的因素。这些因素可分为两类:一是市场吸引力,二是企业战略业务单位的业务力量,即相对竞争实力。GE矩阵模型如图5-3所示。

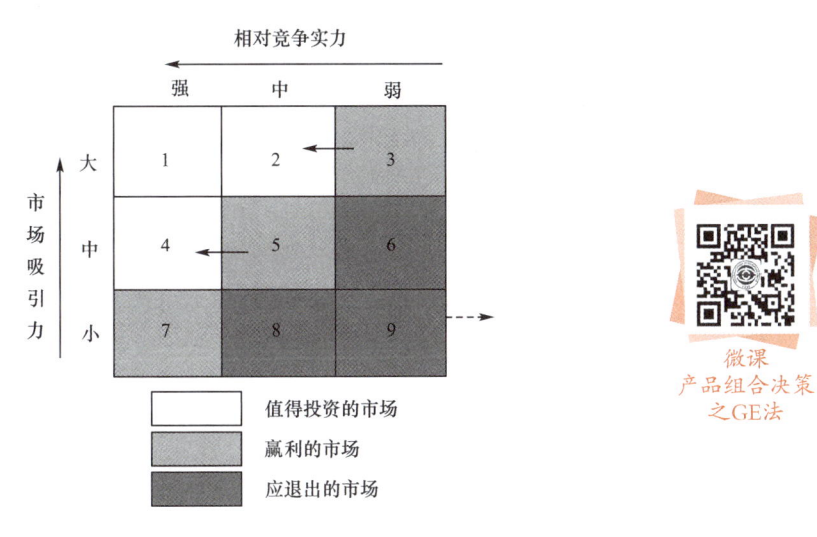

图 5-3 GE 矩阵模型

图 5-3 中,纵轴代表市场吸引力。它的大小取决于市场规模、市场增长率、利润率、竞争激烈程度、市场生命周期、季节性、规模效益等因素。横轴表示企业战略业务单位的业务力量,即相对竞争实力,包括相对市场占有率、价格竞争力、产品质量、顾客了解程度、推销效率、地理优势等。

企业对上述两类因素进行评估,逐一评出分数,再按其重要性分别加权合计,就可计算出市场吸引力和相对竞争实力的数据,然后加以分析。市场吸引力分为大、中、小三档,相对竞争实力分为强、中、弱三档,共九个方格,三大区域。

第一区:由左上方的三个方格(1、2、4)组成,即"大强""大中"和"中强"三格。这是最佳区域,对于这个区域的战略业务单位,应该追加投资,促进其发展。

第二区:由对角线上的三个方格(3、5、7)组成,即"大弱""中中""小强",这是中等区域。对于这个区域的战略业务单位,应采取维持战略,即维持现有投资水平,不增不减。

第三区:由右下方的三个方格(6、8、9)组成,即"中弱""小中""小弱"。这是市场吸引力和相对竞争实力都低的区域,对于这个区域的战略业务单位,应采取收割或放弃的战略,不再追加投资或收回现有投资。

小思考

结合GE矩阵模型,分析某一具体企业的产品组合情况。

五、产品线决策

产品线是产品组合的基础,产品组合的长度、深度、宽度、相关性都由产品线的状况决定。因此,实现产品组合的最佳化,离不开产品线决策。其决策内容包括产品线的延伸、填充与缩减。

(一)产品线的延伸

产品线的延伸是针对产品的档次而言的,在原有档次的基础上向上、向下或双向延伸,都是产品线的延伸。

1.产品线向上延伸策略

企业原来生产中档或低档产品,如果新推出高档或中档的同类产品,这就是产品线向上延伸策略。

产品线向上延伸的优点:可获得更丰厚的利润;可作为正面进攻的竞争手段;可提高企业的形象;可完善产品线,满足不同层次消费者的需求。

产品线向上延伸的条件:企业原有的声誉比较高;企业具有向上延伸的足够能力;实际存在对较高档次产品的需求;能应付竞争对手的反击。

2.产品线向下延伸策略

企业在原来生产高档或中档产品的基础上,再生产中档或低档的同类产品。

企业采用这一策略可反击竞争对手的进攻,弥补高档产品减销的空缺;可防止竞争对手乘虚而入。但可能给人以"走下坡路"的不良印象,也可能刺激竞争对手进行反击,还可能形成内部竞争的局面。

3.产品线双向延伸策略

原来生产中档产品的企业同时扩大生产高档和低档的同类产品。

采用这种策略的企业主要是为了取得同类产品的市场份额,扩大经营,增强企业的竞争能力。但应注意:只有在原有中档产品已取得市场优势,而且有足够资源和能力时,才可进行双向延伸,否则还是单向延伸较为稳妥。

(二)产品线的填充

产品线的延伸是产品档次的扩展及产品项目的延展,因此是一种战略性决策。而产品线填充是针对产品线而言的,在原有档次的范围外新增系列产品项目,它是一种战术性决策。

这一决策的目标是多方面的:通过扩大经营,增加利润,分散经营风险;满足消费者差异化的需求;消除市场空白,防止竞争对手乘虚而入;充分利用企业过剩的生产能力等。

实施产品线填充决策时要注意的是:必须根据实际存在的差异化需求来增加产品项目,以动态的观点来认识产品线填充;必须使新的产品项目有足够的销量。

(三)产品线的缩减

与产品线填充相反,产品线缩减是指企业根据市场变化的实际情况,适当减少一部分产品项目。在以下情况下,企业应考虑适当减少产品项目:已进入衰退期的、亏损的产品项目;无力兼顾现有产品项目时,放弃无发展前途的产品项目;当市场出现疲软时,删减一部分次要产品项目。

小链接

产品线特色分析:金地 VS 华润 VS 万科

随着房地产行业竞争的加剧,市场细分越来越明显,房地产企业开始积极寻求产品、信息、技术、人才等企业快速发展的要素。有特色且成熟的产品线已经成为企业的一项核心竞争力。将成熟的产品线复制到新进入的市场,不仅意味着提高效率和便于成本管理,也有利于保证产品的品质以及在不同的区域形成差异化。

科学、成熟的产品线有利于品牌宣传和公司的稳定发展。"金地""华润""万科"是三家房地产领域领先上市的公司,其产品线都比较成熟、清晰,研究它们的产品线的各自特点和定位对中小房地产公司有着重要的借鉴意义。

一、金地

该企业的产品线有三条:城市海景系列、金地格林系列和特色精品系列。每条产品线上的产品品种都超过三种。

金地产品线的品牌定位:为成功人士和广大白领阶层提供高品质住宅和现代化的生活方式。所以金地未来5年的住宅产品将以低密度中高端住宅为主,高端景观物业以及低端住宅为辅。金地的产品线见表5-1。

表5-1　　　　　　　　　　金地的产品线

产品线	特点	代表楼盘
城市海景系列	中密度住宅、欧陆风情	金地佳景花园、金海湾花园、金地耀堤湾
金地格林系列	大规模中档住宅、郊区住宅、欧洲风情	北京格林小镇、上海格林春晓、东莞格林小城
特色精品系列	特色地块、特色风格	深圳金地翠园、深圳金地香蜜山、北京金地国际花园

二、华润

华润以三大精品系列为核心,即:以翡翠城为代表的花园洋房为主导的近郊中低密度产品系列;以凤凰城、上海滩花园为代表的高层精装修房为主导的市区高密度产品系列;以深圳华润中心、北京华润大厦为代表的都市综合体产品系列。华润一直奉行"精品主义"的产品线定位,明确构建"住宅＋商业"的模式,由相对比较单一的住宅运营商向综合型的地产发展商转变。华润的产品线见表5-2。

表5-2　　　　　　　　　　华润的产品线

产品线	特点	代表楼盘
近郊产品系列	花园、洋房、低层、低密度、高绿化率	北京翡翠城、成都翡翠城
市区产品系列	高层、精装修房、市区、高密度	北京凤凰城、上海滩花园、深圳华润中心
都市综合体系列	以万象城为主导、一站式消费中心	北京华润大厦、上海华润时代广场

三、万科

万科的产品划分与其他一线标杆企业有很大不同。简而言之,其产品可划分为四五个具体类型,例如市区住宅、城郊结合部住宅、郊区住宅、临近自然景观或人文景观的住宅。相应地,不同住宅对应着不同的产品定位、建筑形态、目标客户。而万科早在1993年就将大众住宅开发确定为公司核心业务定位,针对客户特点,追求细致周全的内部格局和令人赏心悦目的小区环境,这是万科一直以来区别于其他地产商的一大特色。万科的产品线见表5-3。

表5-3　　　　　　　　　　万科的产品线

产品线	特点	代表楼盘
城市花园系列	中高档郊区	北京城市花园
花园新城系列	低密度住宅	上海城市花园、成都城市花园
四季花城系列	大规模中档郊区住宅	深圳四季花城、上海四季花城、武汉四季花城
金色家园系列	市内高密度高层住宅	深圳金色家园、南京金色家园
自然人文系列	特色地块、特别处理	深圳金域蓝湾、万科东海岸、北京西山庭院

任务二　产品生命周期策略

——风流总被雨打风吹去

一、产品生命周期

产品生命周期是指某一工业产品从完成试制投放市场开始,到最后被市场淘汰而退出市场为止所经历的全部时间。产品生命周期指的是产品的市场寿命,而不是产品的使用寿命、折旧寿命,更不是其经济寿命。

微课　产品生命周期策略

(一)产品生命周期各阶段的划分

产品生命周期一般以产品销售额和利润的变化为标志分为四个阶段:导入期、成长期、成熟期、衰退期。产品生命周期及其阶段划分如图5-4所示。

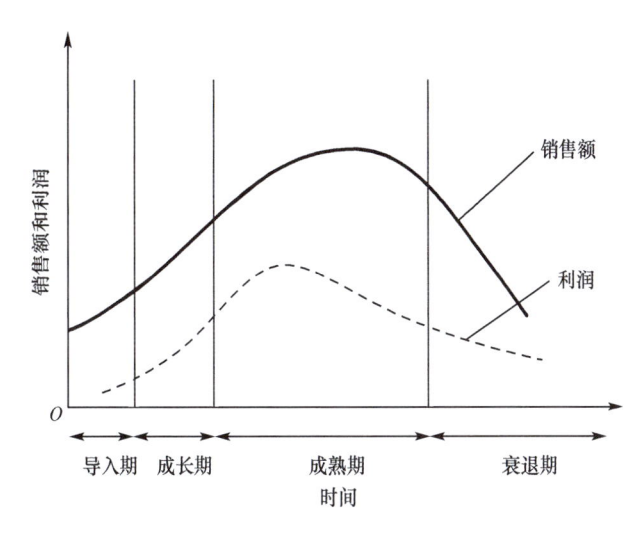

图 5-4　产品生命周期及其阶段划分

小思考

产品价格和生产成本在产品生命周期的不同阶段是如何变化的？

小思考

其他产品生命周期形态如图 5-5 所示，试分析图中所代表的三种市场特点。

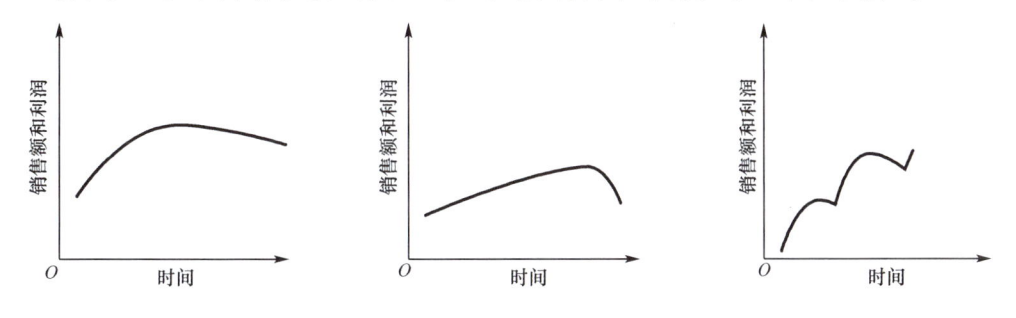

图 5-5　其他产品生命周期形态

(二)产品生命周期各阶段的特征

在产品生命周期的不同阶段中，销售量、利润、购买者、市场竞争等都有不同的特征。产品生命周期各阶段的特征见表 5-4。

表 5-4　　　　　　　　　产品生命周期各阶段的特征

项　　目	导入期	成长期	成熟期	衰退期
销售量	低	剧增	最大	衰退
销售速度	缓慢	快速	减慢	负增长
成本	高	一般	低	回升

(续表)

项　目	导入期	成长期	成熟期	衰退期
价格	高	回落	稳定	回升
利润	亏损	提升	最大	减少
顾客	创新者	早期使用者	中间多数	落伍者
竞争	很少	增多	稳中有降	减少
营销目标	建立知名度，鼓励试用	最大限度地占有市场	保护市场，争取最大利润	压缩开支，榨取最后价值

(三) 产品生命周期各阶段的判断

在产品生命周期的变化过程中，正确分析、判断出各阶段的临界点，确定产品正处在生命周期的什么阶段，是企业进行正确决策的基础，对市场营销工作的意义重大。但这同时又是一件较困难的事，因为产品生命周期各阶段的划分，并无一定的标准，带有较大的随意性。要完整、准确地描绘某类产品的生命周期曲线，理应等到产品完全被淘汰以后，再根据资料绘制，但对这类产品的市场营销又失去了现实意义。

对于产品生命周期各阶段的划分是一种理论上的定性划分，其方法主要有以下两种：

1. 类比法

类比法指参照相类似产品的生命周期曲线或资料来划分某一新产品的生命周期阶段。如参照黑白电视机的资料来判断彩色电视机的生命周期阶段及其市场发展趋势。

2. 销售增长率比值法

销售增长率比值法指以销售增长率来划分产品生命周期的各个阶段，若以 ΔQ 表示产品销售量的增量，以 ΔT 表示时间的增量，P 为销售增长率，则 $P = \Delta Q / \Delta T$，按国际惯例，产品生命周期可根据 P 值大小进行如下划分：

(1) 当 $0 < P \leq 10\%$ 时处于导入期。
(2) 当 $P > 10\%$ 时处于成长期。
(3) 当 $-10\% \leq P \leq 0$ 时处于成熟期。
(4) 当 $P < -10\%$ 时处于衰退期。

二、产品生命周期各阶段的营销策略

由于产品生命周期各阶段的特点不同，企业在各阶段做出的经营决策的内容也不同。

(一) 导入期营销策略

这一阶段新产品刚投入市场，由于消费者接受程度低，销售量少而且销售费用高，企业往往无利可图或者获利甚微，企业营销重点主要集中在"促销-价格"策略方面。导入期营销策略如图 5-6 所示。

1. 快速撇脂策略

快速撇脂策略即以"高价格-高促销费用"推出新产品，迅速提高销售量来加速对市场的渗透，意图在竞争者还没有反应过来时，先声夺人，尽快保本获利。

采用这一策略的市场条件：绝大部分的消费者还没有意识到该产品的潜在市场；顾客了解该产品后愿意支付高价；产品十分新颖，具有老产品所不具有的特色；企业面临着潜在竞争。

		促销水平	
		高	低
价格水平	高	快速撇脂策略	缓慢撇脂策略
	低	快速渗透策略	缓慢渗透策略

图 5-6　导入期营销策略

2.缓慢撇脂策略

缓慢撇脂策略即以"高价格-低促销费用"推出新产品,高价格可以迅速收回成本,获取最大利润,低促销费用又是降低营销成本的保证。高档进口化妆品大多采取这样的策略。

采用这一策略的市场条件:市场规模有限;消费者大多已知晓这种产品;购买者愿意支付高价;市场竞争威胁不大。

3.快速渗透策略

快速渗透策略即以"低价格-高促销费用"推出新产品,花费大量的产品推广费用,以低价格争取更多消费者的认可,获取最大的市场份额。

采取这一策略的市场条件:市场规模大;消费者对该产品知晓甚少;大多数购买者对价格敏感;竞争对手多,且市场竞争激烈。

4.缓慢渗透策略

缓慢渗透策略即以"低价格-低促销费用"推出新产品,降低营销成本,并有效地阻止竞争对手的介入。

采取这一策略的市场条件:市场容量大;市场上该产品的知名度较高;市场对该产品的价格相对敏感;有相当多的竞争对手。

(二)成长期营销策略

成长期的主要标志是销售额迅速增长。这是因为已有越来越多的消费者了解并接受这种产品,大批量生产能力已形成,分销渠道也已疏通,新的竞争者开始进入,但还未形成强有力的对手。在这一阶段企业的营销应尽力发展壮大销售能力,力争取得较大的市场份额。成长期的营销策略主要包括以下四种:

1.改进产品质量和增加产品的特色、款式等

在产品成长期,企业要对产品的质量、性能、式样、包装等方面努力地加以改进,以对抗竞争产品。

2.开辟新市场

通过市场细分寻找新的目标市场,以扩大销售额。在新市场中,要着力建立新的分销网络,扩大销售网点,规范渠道运营。

3.改变广告内容

随着产品市场逐步被打开,该类产品已被市场接受,同类产品的各种品牌都开始走俏。此时,企业广告的侧重点要突出品牌,力争把上升的市场需求集中到本企业的品牌上来。

4.适当降价

在扩大生产规模、降低生产成本的基础上,选择适当时机降价,适应多数消费者的承受能力,并限制竞争者加入。

(三)成熟期营销策略

成熟期的主要特征是"二大一长",即在这一阶段产品生产量大、销售量大,持续时间长。此时市场竞争异常激烈,为此,企业要避免消极防御,而应采取积极进攻的总营销策略。

1. 市场改进策略

通过扩大顾客队伍和提高单个顾客使用率来提高销售量。例如,强生婴儿润肤露是专为婴儿设计的,而如今"宝宝用好,您用也好"的宣传,使该产品的目标市场扩展到了成年人,从而扩大了目标市场范围,进入了新的细分市场。

2. 产品改进策略

通过改进现行产品的特性,来吸引新用户或增加老用户的使用量。如吉列剃须刀从"安全剃须刀""不锈钢剃须刀"到"双层剃须刀""三层剃须刀",不断改进产品,使其生命周期得以不断延长。

3. 营销组合改进策略

通过改变营销组合中各要素的先后次序和轻重缓急,来延长产品成熟期。

(四)衰退期营销策略

产品进入衰退期,销售量每况愈下,消费者已在期待新产品的出现或已转向竞争对手的产品。有些竞争者已退出市场,留下来的企业可能会减少产品的附加服务。企业经常调低价格,处理存货,不仅利润下降,而且有损于企业声誉。因此,在衰退期的营销策略有以下几种:

1. 收缩策略

收缩策略即把企业的资源集中在最有利的细分市场、最有效的销售渠道和最易销售的品种上,力争在最有利的局部市场赢得尽可能多的利润。

2. 榨取策略

榨取策略是指大幅度降低销售费用,也降低价格,尽可能增加当前利润。这是由于继续经营市场需求下降的产品,会得不偿失,而且不下决心淘汰疲软产品,还会延误寻找替代产品的工作,使产品组合失去平衡,削弱了企业在未来的根基。

产品生命周期各阶段的重点营销策略见表5-5。

表5-5　　　　　　产品生命周期各阶段的重点营销策略

策略类别	导入期	成长期	成熟期	衰退期
产品策略	确保产品的核心产品层次	提高质量、改进款式、特色	改进工艺、降低成本、改进产品	有计划地淘汰滞销品种
促销策略	介绍商品	品牌宣传	突出企业形象	维护声誉
分销策略	开始建立与中间商的联系	选择有利的分销渠道	充分利用并扩大分销网络	处理淘汰产品的存货
价格策略	撇脂策略或渗透策略	适当调价	价格竞争	降价

三、延长产品生命周期的途径

产品生命周期严格地说是指产品品种的生命周期,其长短受众多因素的影响,包括:

产品本身的性质、特点;市场竞争的激烈程度;科学技术的发展速度;企业营销的努力程度等。从总趋势来看,产品的生命周期正在日益缩短。

延长产品生命周期的途径很多,归纳起来可以从产品改革、市场改革、质量创新三方面来加以努力。通过对产品作某种改进来吸引新的使用者,或者使原有顾客增加购买和使用的频率,从而使销路回升。

(一) 产品改革

改善原有产品的设计,提高处于成熟期产品的竞争能力,增加其影响力,是产品再生的首要环节。产品其他方面的改进,都要以设计改良为前提。改善产品设计,可以使产品更具个性。在产品成熟期,技术已日趋成熟,竞争主要集中在能否取得消费者的信任上,此时,完善服务与改善设计便成为至关重要的环节。

(二) 市场改革

(1)扩大产品销售的地区和范围。把即将进入衰退期的产品转移到落后地区,开辟一个新的市场,以刺激需求。

(2)转移生产场地。把即将进入衰退期的产品直接转移到产品生命周期较长的国家和地区去生产。这是发达国家通常使用的延长产品生命周期的途径。

(三) 质量创新

质量创新是设计改良的直接结果,也是工艺改进和原材料改进的结果。质量创新即提高产品质量,增进使用效果。通过质量创新来强化产品独特的功能,对产品的一些特殊性能进行改良。质量创新的结果,既可更好地满足顾客的特定需要,为顾客带来更多的利益,又可以摆脱竞争者的模仿。

任务三 产品品牌和包装策略

——人靠衣装,佛靠金装

一、品牌与商标

(一) 品牌

1. 品牌的含义

品牌是用以识别某个或某群销售者的产品或服务,并使之与竞争对手的产品或服务区别开来的商业名称,通常由文字、标记、符号、图案和颜色等要素或这些要素的组合构成。品牌是一个集合概念,包括品牌名称、品牌标志和商标。其中品牌名称是品牌中可以用语言表达的部分。品牌标志是不能用语言表达,但可以被识别的特定标志,如汽车车标。商标是向政府注册的、受法律保护的、获得专用权的品牌,是一种重要的知识产权,可以作为无形资产加以转让。可以说,品牌是市场概念,商标是法律概念。

2. 品牌资产

品牌资产是企业与顾客长期动态关系的反映。它给顾客提供的附加利益越多,对消费者的吸引力越大,品牌的资产价值也就越大。

小链接

2020年全球品牌100强榜单

国际品牌咨询机构Interbrand发布2020年全球品牌100强榜单(Best Global Brands 2020),苹果蝉联榜首,品牌价值达3 230亿美元,较上年增长9%。亚马逊和微软分列第二、三位。进入前10的品牌还有:谷歌、三星、可口可乐、丰田、奔驰、麦当劳和迪士尼。排名前十的品牌占百强榜总价值的50%。华为仍然是中国唯一上榜品牌,排名第80位,品牌价值为63亿美元。

2020年全球100强品牌价值总计达2.336万亿美元,较去年增长9%,百强榜的门槛是44.81亿美元。今年新上榜的品牌包括:Instagram(19位),YouTube(30位)和Zoom(100位)。特斯拉则重新回到了百强榜,名列第40位。

2020年排行榜上价值上升幅度最高的10个品牌分别是:亚马逊(增60%)、微软(增长53%)、Spotify(增52%)、奈飞(增41%)、Adobe(增41%)、贝宝(增38%)、苹果(增38%)、赛富时(增34%)、任天堂(增31%)和万事达(增17%)。

Interbrand将财务实力、发展潜力等换算为金额,对品牌价值进行了比较。排行榜调查对象是母国等主要市场以外的营收占比超过30%的企业。该研究区间为2019年7月1日至2020年6月30日。

3.商标专用权与侵权

商标专用权及其确认的原则是"注册在先,使用在先"。

商标的侵权行为有假冒、仿造、恶意抢注等。

4.驰名商标

驰名商标是国际上通用的为相关公众所熟知的并享有较高声誉的商标。

(二)品牌设计原则

品牌设计是在企业自身正确定位的基础之上,基于正确品牌定义下的视觉沟通。它是一个协助企业发展的形象实体,不仅协助企业正确地把握品牌方向,而且能够使消费者对企业形象形成正确的、快速而深刻的记忆。品牌设计的原则有以下四个:

(1)简洁醒目,易读易记。
(2)构思巧妙,暗示寓意。
(3)富蕴内涵,情意浓重。
(4)避免雷同,超越时空。

小案例

云南白药、同仁堂、风油精等会更名吗

云南白药、同仁堂、风油精、小儿咳喘灵、强力枇杷露、速效救心丸……这些耳熟能详的中成药或将改名换姓。2017年1月11日国家食品药品监督管理总局(现国家市场监督管理总局)就《中成药通用名称命名技术指导原则》向社会公开征求意见,指出中成药不应采用"宝""灵""精""强力""速效"等用语,以及"御制""秘制"等溢美之词,避免暗示、夸大功效。同时要求中成药药名的字数一般不可超过8个字,不能用人名、地名、企业名称命名,也不能用代号命名。意见稿明确,应避免采用可能给患者以暗示的有关药理学、解

剖学、生理学、病理学或治疗学的药品名称,如名称中含"降糖""降压""降脂""消炎""癌"等字样。

近年来,百姓对药品、保健品需求日趋旺盛,打着保健品旗号的中成药夸大式命名乱象频出。个别药企生产的中成药质量良莠不齐,却在命名上"名不惊人死不休",随意吹嘘疗效,导致很多老年消费者上当受骗。显然,国家食品药品监督管理总局(现国家市场监督管理总局)此举是为了规范中成药的宣传方法,但这也意味着万余种产品面临着洗牌。有业内人士认为"对中成药命名进行规范是必要的,但也要尊重老字号、老品牌。过去很多药名都是地方批准的,没有统一命名的规则。此外,不少中药虽然是一个名字,但实际上不是一个方子。对于少数具有历史渊源的、约定俗成的、老百姓认可的、有口碑有市场的老药不宜一刀切,更不应强行更名。"

(三)品牌策略

品牌策略是企业依据产品状况和市场情况合理有效地运用品牌商标的策略。具体包括以下几种:

1.品牌有无策略

品牌有无策略主要决定企业生产经营的产品是否应该有品牌。比如,在超市里就有许多无品牌的产品,它们大多是包装简单且价格便宜的产品。

通过规定品牌名称可以使企业易于管理订货;注册商标可使企业的产品特色得到法律保护,防止别人模仿、抄袭。品牌化使企业有可能吸引更多的品牌忠诚者,同时也有助于企业细分市场,良好的品牌有助于树立良好的企业形象。对于消费者来说品牌化可以了解各种产品的质量好坏,有助于购买者提高购物效率。

2.品牌归属策略

品牌归属决策是指厂商在决定给其产品规定品牌之后,下一步需要决定如何使用该品牌。即决定用本企业(制造商本身)的牌号,还是用经销商的牌号,或者是一部分产品用本企业的牌号,另一部分产品用经销商的牌号。

一般来说,品牌在消费者心中代表一种信用,从传统的角度来看,品牌是商品制造商的标志,产品的质量特性总是由制造商确定的,所以制造商品牌一直支配着市场,绝大多数制造商都使用自己的品牌。但是,随着中间商优势的日渐突出,中间商品牌的使用量呈上升趋势,其主要原因有:

(1)中间商控制了大多数的商业销售网点,这使得中间商的品牌更容易打入市场。

(2)中间商特别注意维护它们的品牌质量,这就赢得了顾客的信赖。

(3)使用中间商品牌的产品,其定价一般低于使用制造商品牌的可比产品。

(4)中间商可以在商场最好的货位陈列自己品牌的产品,从而可以取得更好的销售效果。

3.品牌统分策略

品牌统分策略主要是解决对企业所有的产品如何命名的问题。有以下几种基本策略可供选择:

(1)统一品牌策略

统一品牌策略是指将企业经营的所有产品系列使用统一品牌的策略。如"海尔""SONY"等。该策略有利于企业建立一整套企业形象识别系统;利用老牌子消除消费者对新产品的不信任感；易于创名牌，可以大大节约广告和促销费用的开支等。

使用条件：企业和产品必须在市场上保持领先的地位，享有相当高的信誉，深受消费者爱戴，另外，各种产品应具有相同的质量水平。

(2) 个别品牌策略

企业对不同的产品分别采用不同的品牌。该策略能够严格地区分高、中、低档产品。

使用条件：如果企业产品类型不多，产品系列之间关联程度较小，企业的生产条件、技术专长在各产品上差异较大，可使用该策略。

(3) 分类品牌策略

企业的不同产品线使用不同的品牌。

小案例

小家电撑起大市场

近年来，广东新宝电器股份有限公司（以下简称新宝）围绕用户需求进行产品设计创新，以品销合一的新品牌孵化模式，实现"新宝智造"的转型升级，成功打造摩飞、东菱、莱卡、歌岚、鸣盏等一系列品牌，陆续推出网红多功能锅、早餐机、电热水杯等受欢迎产品。

2020年，新宝快速响应市场及客户需求，实现总营收超130亿元，同比增长44.44%，其中国外销售收入同比增长40%左右，国内销售收入同比增长65%左右，创公司业绩历史新高。

事实上，近年来，国内白色电器龙头企业提速多品牌扩张的步伐从未停止，如海尔旗下拥有高端家电品牌卡萨帝和定制家电品牌统帅，美的旗下拥有小天鹅和凡帝罗等子品牌，海信的品牌体系拥有海信、科龙和容声，惠而浦收购合肥三洋同时还拥有帝度与荣事达两个品牌；长虹旗下的家电产业集团也拥有合肥美菱和华意压缩两家上市公司。

焦点问题：上述企业采取了怎样的品牌策略？

(4) 企业名称加个别品牌策略

如东风本田、上海通用等。

4. 品牌扩展策略

品牌扩展策略是指企业利用其成功品牌的声誉来推出改良产品或新产品，包括推出新的包装规格、新材料和新式样等，凭借现有名牌产品形成系列名牌产品的一种名牌创立策略。

品牌扩展策略具有重要意义。著名的品牌名称可使推出的新产品迅速得到市场的承认与接受，从而有助于企业经营新的产品类别。品牌扩展策略可节省用于促销新品牌所需要的大量费用，并且使消费者迅速了解新产品。

由于这种做法既节省了推出新品牌的促销费用，又可使新产品搭乘原品牌的声誉便车，得到消费者承认，起到"借船出海""借势造势"的作用，有人便形象地称之为"搭乘名牌列车"策略。正因为如此，品牌扩展策略被许多知名企业视为拓展经营范围、提高知名度的利器，纷纷采用。

使用条件：已推出的品牌在市场上已有较高的声誉，新推出的产品也必须具有与之适应的品质。

5.多品牌策略

多品牌策略即对一种产品使用多种品牌。使用该种策略既可以充分调动各品牌事业部的积极性，同时可以有效分散经营风险，避免"一荣俱荣，一损俱损"。例如，宝洁公司洗发用品就有海飞丝、潘婷、飘柔等多种品牌。

企业采取多品牌决策的主要原因包括：可以占用更大的货架面积；可以吸引更多顾客，提高市场占有率；有助于企业内部开展竞争，提高效率；可以深入到各个不同的市场部分，占领更大的市场。但多品牌的推行应注意产品线差异化的准确定位，否则可能加剧企业产品和品牌之间的内耗。

二、包装策略

如今，产品包装所起的作用不再只是简单的方便携带，好的产品包装能保护产品属性、迅速识别品牌、传递品牌内涵、提高品牌形象。同样，这些包装的文字、图像、色彩等都能在起到宣传效果的同时美化商品、促进销售。

（一）包装的概念

(1)静态的含义：指产品的容器及包扎物。
(2)动态的含义：指盛装或包扎产品的活动。

（二）包装的作用

包装的作用有以下四方面：
(1)可以减少产品在供应、运输、储存和销售过程中出现的散落、遗失、毁坏、变质等。
(2)便于运输、携带和储存，能节约运输工具和储存空间。
(3)良好的包装是沉默的推销员。
(4)包装是产品整体概念的组成部分，起着提高产品价值的作用。

（三）包装的构成

包装的构成主要包括品牌或商标、形状、颜色、图案、材料、标签等。

（四）包装设计的原则

1.融入文化元素，尽显品牌内涵

文化是源远流长的，它是品牌永恒的生命力，将文化融入品牌，并得以在终端展示，是展现品牌内涵、提高品牌美誉度的极好方法。所以，将文化元素体现在包装上，有厚重的文化底蕴，这种产品也更能经得起时间的咀嚼。

2.优化图文设计，巧用色彩装束

产品包装的图文设计和色彩搭配是吸引消费者目光的先锋兵。图文设计精美、色彩搭配和谐、让人赏心悦目的产品包装必然最先跃入消费者的眼里。

3.创新包装形式，满足不同用途

包装的功能很多，例如，保护产品，便于储运；吸引注意力，进行促销；方便购买、携带；提升品牌价值等。设计良好的包装能为消费者创造更多的使用价值，为生产者创造更多的销售额和利润。

4.提供必要信息，提高品牌档次

包装关键在于深入产品内核，将与品牌相关联的产品文化、名称、图案、文字、色彩、材料、造型等一系列元素激活。其中产品信息的提供和表现非常重要，包装信息与产品信息必须保持一致。品牌名称、标志等信息的设计要尽可能地体现品牌个性和差异性。

5.符合法律规定,兼顾风土人情

包装设计要适应不同民族、风俗习惯、宗教信仰和心理上的需要。因为世界上有许多国家和地区对图案或色彩存有禁忌。例如,英国人不喜欢大象,澳大利亚人不喜欢用兔子做的商标;伊斯兰地区忌黄色,瑞士和伊拉克忌黑色,南美人忌紫色等(因为以上各色均与该国或地区的死亡或葬礼有关)。

(五)包装策略

1.类似包装策略

类似包装策略指某一企业生产的各种产品的包装物上采用相同的外形、统一的色彩、共同的特征。这种策略可使顾客快速识别商品,壮大企业声势,扩大品牌影响,带动新产品的上市销售,节省包装设计费用。

2.分类包装策略

分类包装策略指企业依据产品的档次、用途、营销对象等采用不同的包装。比如,高档商品的包装要显得名贵精致;中档商品的包装可稍为简略朴素;儿童商品可用动物或卡通人物形象;老人使用的商品包装则可以简易实用。

3.组合包装策略

组合包装策略指按人们消费习惯或特殊需要,将多种相关的商品组合装在同一包装物中。比如,把茶壶、茶杯、茶盘、茶碟放在一起进行包装。便于顾客配套购买商品,以一物带多物,增加销售。另外可带动新产品上市,满足消费者特殊的心理需要。

4.再使用包装策略

再使用包装策略是指在包装设计时,使包装物不但能包装商品,而且在商品用完后还能另作他用,以此给予消费者额外的利益,如酒瓶可作为花瓶。

5.附赠品包装策略

附赠品包装策略指利用包装物附赠物品或给顾客各种奖励,借以吸引顾客首次购买和重复购买,其形式多种多样。

6.改变包装策略

改变包装策略指为克服现有包装的缺点,吸引新顾客废弃旧式包装,采用新式包装;或为适应市场需求而修改现有包装。包括采用新的包装材料、形式、技术,可以显示现有产品特点、体现消费潮流、节省包装成本,促进销售。

任务四　新产品开发与扩散策略

——一招鲜不再吃遍天

一、新产品的概念及种类

市场营销学中使用的新产品概念不是从纯技术角度理解的,产品只要在功能或形态上得到改进,消费者认为与原有产品存在差异,并为消费者带来新的利益,即视为新产品。

新产品可分为六种基本类型：

(1)全新产品。即运用新一代科学技术革命创造的整体更新产品。

(2)新产品线。使企业首次进入一个新市场的产品。

(3)现有产品线的增补产品。

(4)现有产品的改进或更新。对现有产品的性能进行改进或注入较多的新价值。

(5)再定位。进入新的目标市场或改变原有产品市场定位，推出新产品。

(6)成本减少。以较低成本推出同样性能的新产品。

二、新产品开发的程序

为了提高新产品开发的成功率，企业应建立科学的新产品开发管理程序。不同行业的生产条件与产品项目不同，管理程序也有所差异，但一般企业新产品开发的程序如图5-7所示。

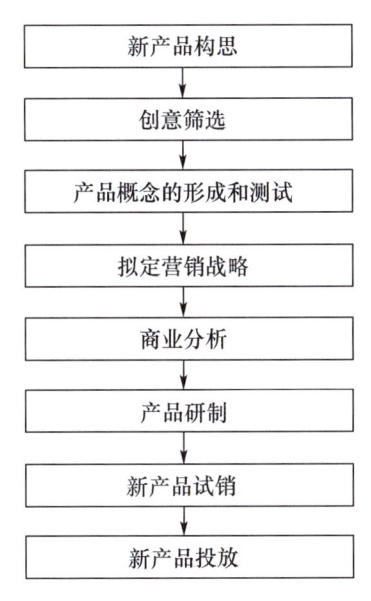

```
新产品构思
   ↓
创意筛选
   ↓
产品概念的形成和测试
   ↓
拟定营销战略
   ↓
商业分析
   ↓
产品研制
   ↓
新产品试销
   ↓
新产品投放
```

图 5-7　新产品开发的程序

（一）新产品构思

构思是为满足一种新需求而提出的设想。在产品构思阶段，营销部门的主要责任是：积极地在不同环境中寻找好的产品构思；积极地鼓励公司内外人员发展产品构思；将所汇集的产品构思转送公司内部有关部门，征求修正意见，使其内容更加充实。

小案例

海尔发布美食物联生态平台

比拼硬件的时代，海尔冰箱取得了全球13连冠的成绩。当迈入物联冰箱时代，海尔冰箱又将如何继续领先行业呢？

2021年3月23日，中国家电及消费电子博览会（AWE）在上海召开。时隔三十余年，海尔智能家电再"砸"冰箱，但这次不是用大锤，而是通过物联网思维砸掉传统冰箱只能存储食材、延长保鲜期限的局限,推出全球首台美食物联生态冰箱——覆盖智慧购买、智慧储鲜、智慧烹饪等全流程美食生态。更关键的是,这款冰箱更是一个能够实现"决策智能"的美食物联生态平台,自主感知食材变化和用户身体健康状况,并据此进行全场景主动服务。从购买食材开始,普通物联冰箱只能在大屏上选购,而海尔美食物联生态冰箱在监测到食材余量不足时,就自动下单补货了,避免了临做饭时才发现缺少食材的窘境。在智慧存储上,将买好的食材放入冰箱后,冰箱自带的图像识别功能"顺势"就把食材种类、数量、保质期同步到手机上,不需要用户手动输入。

除了对以上饮食场景的全流程覆盖,美食物联生态冰箱同时为用户带来了保鲜、生态上的双重升级,通过链接12大行业上千家资源方构建的美食生态平台,以多元化的形式满足用户的需求,将海尔食联网的"生态服务能力"进一步释放。

小思考

发现市场机会除了需要企业营销人有敏锐的市场眼光,善于分析复杂的市场环境,进行恰当的市场细分外,还应该考虑哪些因素?

(二)创意筛选

筛选的主要目的是选出那些符合本企业发展目标和长远利益,并与企业资源相协调的产品构思,摒弃那些可行性小或获利较少的产品构思。筛选应遵循如下三个标准:

(1)市场成功的条件。

(2)企业内部条件。

(3)新产品是否符合企业的营销目标、获利水平及新产品对企业原有销售的影响。

筛选新产品构思可通过新产品评审表进行。表5-6是一份比较典型的新产品构思评审表。

表5-6　　　　　　　　新产品构思评审表

产品成功的必要条件	权重(A)	公司相应能力水平(B)	所得分数(A×B)
公司信誉	0.20		
市场营销	0.20		
研究与开发	0.20		
人　员	0.15		
财　务	0.10		
生　产	0.05		
销售地点	0.05		
采购与供应	0.05		
总　计	1.00		

说明:分数等级0~0.40为"劣",0.41~0.75为"中",0.76~1.00为"良"。目前可以接受的最低分数为0.70。

表5-6的第一栏是某新产品成功的必要条件,第二栏是按照这些条件在进入市场时的重要程度分别给予的不同权重,第三栏是将某新产品成功打入市场的公司相应能力水

平的实际评分,最后汇总结果代表这个产品投入市场是否符合本企业的目标和战略的综合评分。在筛选阶段,应力求避免两种偏差:一种是漏选良好的产品构思,对其潜在价值估计不足,失去发展机会;另一种是采纳了错误的产品构思,仓促投产,造成失败。

(三) 产品概念的形成和测试

新产品构思经筛选后,需进一步发展成为更具体、明确的产品概念。产品概念是指已经成型的产品构思,即用文字、图像、模型等予以清晰阐述,在顾客心目中形成一种实实在在的产品形象。一个产品构思能够转化为若干个产品概念,而每一个产品概念都要进行定位,以了解同类产品的竞争状况,从而挑选最佳的产品概念。选择的依据是未来市场的潜在容量、投资收益率、销售成长率、生产能力以及对企业设备、资源的充分利用等,可采取问卷方式对目标市场中有代表性的消费群进行测试、评估,问卷调查可帮助企业确立吸引力最强的产品概念。

(四) 拟定营销战略

企业选择了最佳的产品概念之后,必须制订把这种产品引入市场的初步市场营销计划,并在未来的发展阶段中不断完善。初拟的计划包括三个部分:

(1)描述目标市场的规模、结构、消费者的购买行为、产品的市场定位以及短期(如三个月)的销售量、市场占有率、预期利润率等。

(2)概述产品预期价格、分配渠道及第一年的营销预算。

(3)分别阐述较长期(如3~5年)的销售额和投资收益率,以及不同时期的市场营销组合等。

(五) 商业分析

商业分析是指从经济效益角度分析新产品概念是否符合企业目标。包括两个具体步骤:预测销售额和推算成本利润。预测新产品销售额可参照市场上类似产品的销售发展历史,并考虑各种竞争因素,分析新产品的市场地位、市场占有率等。

(六) 产品研制

产品研制主要是将通过商业分析后的新产品概念送交研发部门或技术工艺部门试制,成为产品模型或样品,同时进行包装的研制和品牌的设计。这是新产品开发的一个重要步骤。只有通过产品试制,投入资金、设备和人员,才能使产品概念实体化,发现不足与问题,从而改进设计,证明这种产品概念在技术、商业上的可行性。应当强调,新产品研制必须使模型或样品具有产品概念所规定的所有特征。

(七) 新产品试销

新产品试销应对以下问题做出决策:

(1)试销的地区范围。
(2)试销的时间。
(3)试销中所要取得的资料。
(4)试销所需要的费用开支。
(5)试销的营销策略及试销成功后应进一步采取的战略行动。

(八) 新产品投放

新产品试销成功,就可以正式批量生产,全面投放市场。这时,企业要支付大量费用,而新产品投放市场的初期往往利润微小,甚至亏损,因此,企业在此阶段应对新产品投放市场的时机、区域、目标市场的选择和最初的营销组合等方面做出慎重决策。

1.投放时机

新产品投放要选择最佳时机,如果新产品取代公司的老产品,应该推迟到老产品存货销完后再投放;如果产品季节性很强,新产品就应等到季节合适时再投放。

2.投放地点

企业需要决定新产品是投放一个地区、某些地区还是全国乃至国际市场。有实力把新产品投放全国、区域或全球分销市场的公司很少。一般的做法是有步骤地投放,有计划地进行市场扩展。在进行市场扩展时,应当找出最有吸引力的市场首先投放。在选择这一市场时要考察这样几个方面:市场潜力、企业在该地区的声誉、投放成本、对周边地区的辐射力与影响力等。

3.目标顾客

企业在推出新产品时要针对最有希望的购买群体进行投放。新产品的目标顾客应具备下列特性:他们将成为早期采用者,是大量使用者,或是舆论领袖并对该产品赞不绝口,并且和他们接触的成本不高。

4.营销策略

公司必须制定一个把新产品引入扩展市场的营销策略。这里,首先要对各项市场营销活动分配预算,然后规定各种活动的先后顺序,从而有计划地开展各种市场营销活动。另外,竞争因素也非常重要,企业必须慎重考虑竞争对手在市场上可能做出的反应。

三、新产品市场扩散

(一)创新产品对市场扩散的影响

创新产品本身的相对优点、创新产品的适应性、创新产品的简易性及创新产品的明确性在很大程度上影响着新产品的市场扩散速度。

(二)购买行为对市场扩散的影响

一般消费者采用新产品的程序是:认知→兴趣→评价→试用→正式采用。在新产品的市场扩散过程中,由于社会地位、消费心理、产品价值观、个人性格等多种因素的影响,不同顾客对新产品的反应具有很大的差异。根据埃弗雷特·罗杰斯的创新扩散理论,我们可以对产品不同阶段的采用顾客进行分类分析,如图5-8所示。

1.创新采用者(Innovators)

创新采用者通常富有个性,受过高等教育,勇于革新冒险,消费行为很少听取他人意见,经济宽裕,社会地位较高,广告等促销手段对他们有很大的影响力。这类消费者是企业投放新产品时的极好目标。

2.早期采用者(Early Adopters)

这类顾客一般也接受过较好的教育,年轻富于探索,对新事物比较敏感,并且有较强的适应性,经济状况良好,他们对采用早期新产品有自豪感。这类消费者对广告及其他渠道传播的新产品信息很少有成见,促销媒体对他们有较大的影响力。但与创新者相对,他们一般持较为谨慎的态度。这类顾客是企业推广新产品极好的目标。

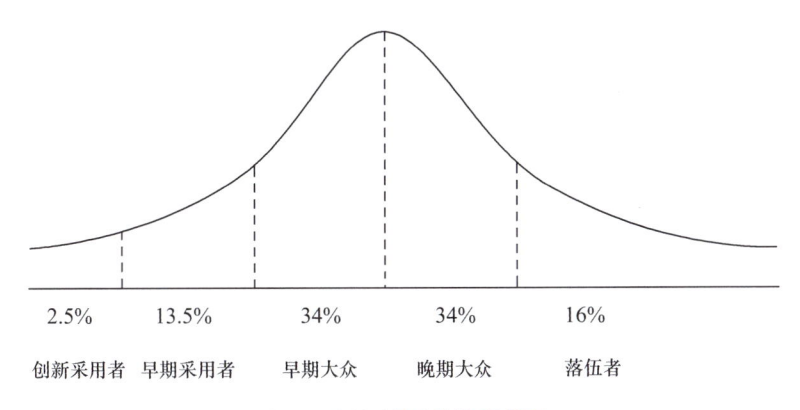

2.5%	13.5%	34%	34%	16%
创新采用者	早期采用者	早期大众	晚期大众	落伍者

图 5-8　产品不同阶段的采用顾客

3.早期大众(Early Majority)

这类顾客一般较少,思想保守,接受过一定的教育,有较好的工作环境和固定的收入;对社会中有影响的人物,特别是自己所崇拜的"舆论领袖"的消费行为具有较强的模仿心理;他们不甘落后于潮流,但由于受他们特定的经济地位所限,在购买高档产品时,一般持非常谨慎的态度。他们经常是在征询了早期采用者的意见之后才采纳新产品。早期大众和晚期大众构成了产品的大部分市场。因此,研究他们的心理状态、消费习惯,对提高产品的市场份额具有很大的意义。

4.晚期大众(Late Majority)

晚期大众是较晚跟上消费潮流的人,其工作岗位、受教育水平及收入状况往往比早期大众略差;他们对新事物、新环境多持怀疑态度,对周围的一切变化持观望态度;他们的购买行为往往发生在产品成熟期。

5.落伍者(Laggards)

这些人受传统思想束缚很深,思想非常保守,怀疑任何变化,对新事物、新变化多持反对态度,固守传统消费行为方式。因此,他们在产品成熟期的后期或衰退期才能接受。

知识巩固

1.名词解释

产品的整体概念　产品生命周期　产品组合　品牌　商标　包装

2.简答题

(1)什么是产品组合?调整和优化产品组合的主要策略有哪些?
(2)产品生命周期一般包括哪几个阶段?各具有哪些特点?不同阶段的营销策略有哪些?
(3)产品生命周期理论对企业的经营活动有何借鉴意义?
(4)简述几种常见的产品包装策略。
(5)企业为什么要进行新产品开发?
(6)新产品开发的程序是怎样的?

项目案例

出口难、均价低——中国茶产业繁荣的另一面

中国是茶树的发源点、茶文化的起源地,可是貌似欣欣向荣的中国茶行业在国际市场上还成不了大气候。海关数据显示,2021年前4个月,我国茶叶总出口量为10.41万吨,同比减少3.95%。尤其普洱茶出口,锐减21.5%,4个月仅出口753吨,比2020年同期下降了206吨。我国茶叶出口量小,在全球市场缺少话语权,主要有如下几个问题:

1. 缺乏国际知名品牌

中国茶叶品牌众多,但是茶叶品牌在国际上的知名度不高,在国内销量很好的名优茶在国外并没有获得广泛认可。同时,没有建立茶叶品质分级标准,茶叶加工上,大多数还是采用手工制作,生产出来的茶叶标准化水平低。而且没有相应的价格体系,茶叶市场特别是在出口市场恶意压价等乱象严重影响了出口茶叶的口碑。

2. 日益严格的非关税贸易壁垒

中国加入WTO之后,在关税壁垒降低的同时,非贸易壁垒日益严苛。有研究表明,以《实施卫生与植物卫生措施协议》(SPS)、《技术性贸易壁垒协定》(TBT)为代表的非关税措施取代关税,成为中国茶叶出口的最重要的限制性因素。

3. 我国茶叶生产规模化程度不够

中国茶企业众多,但尚未形成具有全球影响力的大企业、大品牌。残酷的现实摆在眼前:我国茶叶国际贸易额不足世界茶叶国际贸易总额的1%,而英国立顿占世界茶叶国际贸易总额的80%。

4. 产品结构不合理

中国出口茶叶主要是绿茶,占世界绿茶进口量的90%左右,如果再加上花茶(按联合国统计应归类于绿茶)则占比达到92.9%,可以说中国基本垄断了世界绿茶市场。2019年,中国出口茶叶总量中绿茶占比高达82.8%,但中国红茶出口量仅为2.88万吨。世界主要进口国家进口的茶叶以红茶为主,占进口总量的90%以上,2020年全世界进口总量的83.3%是红茶。我国茶叶的出口主要集中在亚非地区,其他国家或地区出口较少,出口市场过于集中和单一。

5. 产品缺乏竞争力

我国茶叶出口仍然是以未经深加工的毛茶为主,产品的附加值较低。在商品形式上,国际茶叶市场以袋泡茶、茶饮料为主导,而我国出口的茶叶绝大部分是散装的原料茶,产品同质化严重。这种出口格局依赖性明显,产品开发上的不对路导致国际市场适应性差,无法满足国际茶叶消费者多样化需求。

6. 国际市场竞争加剧

目前印度、斯里兰卡、肯尼亚、日本等国的政府和民间组织都在积极开发国际市场。就中国具有竞争优势的茶叶出口来看,也面临着某种程度的国际竞争,这些竞争主要来自

越南、印度尼西亚等 14 个茶叶生产国家和地区。这些国家和地区劳动力成本较低,生产的茶叶价格也低于国际同类产品,特别是越南和印度尼西亚在茶叶出口方面发展迅速。

正是由于上述种种原因,我国茶叶在国际市场的认可度和竞争力都很低,一直难以走出"一流品质,二流包装,三流价格"的怪圈。

问题:

1. 请运用所学知识对茶市场进行 STP 分析。
2. 该案例对你有何启示?

实训项目

产品策略运用

【实训目的】

通过实训,实现理论知识向实践技能的转化,使学生能够运用所学知识,为某一具体产品制定相应的营销策略。

【实训内容】

通过营销环境分析、市场细分和目标市场定位分析等,开发一种新产品,并为该产品制定相应的营销策略(包括产品线策略、产品生命周期策略、包装与品牌策略等)。

【实训步骤】

(1) 以 6~8 个人为单位组成一个团队。

(2) 由团队成员共同讨论确定选题。

(3) 通过文献调查、深度访谈、企业实习等方式,了解该营销环境,发掘市场空白点,开发填补市场空白的产品。

(4) 运用产品策略的相关知识,为该产品制订一个切实可行的营销方案。

(5) 各团队派代表展示其成果。

(6) 考核实训成果,评定实训成绩。

【实训要求】

(1) 考虑到课堂时间有限,项目实施可采取"课外+课内"的方式进行,即团队组成、分工、讨论和方案形成在课外完成,成果展示安排在课内。

(2) 每组提交的方案中,必须详细说明团队的分工情况,以及每个成员的完成情况。

(3) 每个团队方案展示时间为 10 分钟左右,老师和学生提问时间为 5 分钟左右。

【实训考核】

(1) 成果评价指标体系

表 5-7　　　　　　　　　　　　　　　成果评价指标体系

一级指标	分值	二级指标	分值	评分标准					得分
工作态度	30	工作计划性	10	5(不及格)	6(及格)	7(中)	8(良)	10(优)	
		工作主动性	10	5	6	7	8	10	
		工作责任感	10	5	6	7	8	10	
方案质量	70	内容充实性	20	10	12	14	16	20	
		内容严整性	20	10	12	14	16	20	
		PPT课件生动性	20	10	12	14	16	20	
		表述逻辑性	10	5	6	7	8	10	
总评分									

评分说明：

①对各队成绩评定采取自评、同行评价和老师评价三者相结合的方式，三者各占10%、20%和70%的分值。

②评分时可根据实际情况选择两个等级之间的分数，如8.5分，9分和9.5分等。

③同行评分以组为单位，由本小组成员讨论确定对其他组的各项评分及总评分。

（2）团队信息

队名：

成员：

说明：本表上交时，每队队长须在每个成员名字后标注分数，以考核该成员参与项目的情况。

（3）评分表

表 5-8　　　　　　　　　　　　　　　评分表

评价主体	工作计划性得分(10%)	工作主动性得分(10%)	工作责任感得分(10%)	内容充实性得分(20%)	内容严整性得分(20%)	PPT课件生动性得分(20%)	表述逻辑性得分(10%)	总评分(100%)
自评								
教师评								
本队对其他队的评分								
第1队								
第2队								
第3队								
第4队								
第5队								
第6队								
第7队								
第8队								
第9队								
第10队								

项目六 价格策略

——"薄利"不一定"多销"

知识目标

- 理解定价的主要目标及影响定价的基本因素。
- 掌握三种基本定价方法,即成本导向定价法、需求导向定价法、竞争导向定价法的具体表现形式及适用条件。
- 掌握常见的产品定价策略、价格调整策略及其可能带来的影响。

能力目标

- 能够运用有关产品定价的知识解释和分析一些典型产品的定价策略。
- 能够列举在产品价格策略方面比较成功或失败的案例,并分析其成功或失败的原因。
- 能够结合某种新产品,为其制定一个可行的价格策略。

职业素养目标

- 树立社会主义法制观念,在制定和执行产品价格策略时必须合规合法,不得有扰乱市场秩序的行为。
- 树立正确的竞争观念,不得以价格为工具实施不正当竞争行为。
- 树立良好的职业道德,不得利用价格工具欺骗消费者。

情境引入

旅游餐饮不能"一锤子买卖"

2021年4月,某旅游景区天价菜事件持续发酵,登上微博热搜。不论最终结果如何,"景点宰客""天价菜单""不诚信"等词,再次与餐饮行业关联到了一起。

多年来,各地虽然连续重拳整治,但旅游餐饮中图不对菜、阴阳菜单、天价菜等情况屡见不鲜,宰客现象频繁被曝光,使得大批游客对在景区用餐显得顾虑重重。

受季节气候等因素影响,一些景区淡旺季客流差别巨大,食材时令价格特征明显,久而久之让一些餐饮经营者产生了"挣一个是一个,反正没有回头客"的错误经营思维。

树立一个口碑可能需要很长时间,但是要毁掉它却很容易。不讲诚信、不做回头客,缺乏品牌和服务意识的餐饮企业,终将被市场淘汰,而最终伤害的是景区和城市的旅游形象和口碑。

试问:旅游景区的餐饮应如何定价?

与市场营销组合中的产品、渠道和促销相比,价格是企业促进销售、获取效益的关键因素。价格是否合理直接影响产品或服务的销售,是企业竞争的主要手段,关系到企业营销目标的实现。因此,企业定价既要考虑其营销活动的目的和结果,又要考虑消费者对价格的接受程度,从而使定价具有了买卖双方双向决策的特征。

任务一 分析定价目标及影响因素

——价格背后的秘密

一、定价目标

定价目标是企业在对其生产或经营的产品制定价格时,有意识地要求达到的目的和标准。它是指导企业进行价格决策的主要因素。定价目标取决于企业的总体目标。不同行业的企业,同一行业的不同企业,以及同一企业在不同的时期、不同的市场条件下,都可能有不同的定价目标。

企业的定价目标一般包括以下五种:

(一)获取理想利润目标

这一目标即企业期望通过制定较高价格,迅速获取最大利润。采取这种定价目标的企业,其产品多处于绝对有利的市场地位。一般而言必须具备两个条件:一是企业的个别成本低于行业平均成本;二是该产品的市场需求大于供应。在这种情况下,企业可以把价格定得高于按平均利润率计算的价格。

使用这种定价目标要注意的问题是:由于消费者的抵抗、竞争者的加入、代用品的盛行等原因,企业所处的有利地位不会持续太久,高价也最终会降至正常水平。因此,企业应该着眼于长期理想利润目标,兼顾短期利润目标,不断提高技术水平,改善经营管理,增强企业产品竞争力。

(二)取得适当投资利润率目标

这一目标即企业通过定价,使价格有利于实现一定的投资报酬。采取这种定价目标的企业一般是根据规定的利润率和实际投资额,计算出各单位产品的利润额,把它加在产品的成本上,成为该产品的出售价格。

采用这种定价目标,应该注意三个问题:第一,要确定合理的利润率。一般来说,预期的利润率应该高于银行的存款利息率,但又不能太高,否则消费者不能接受。第二,产品必须是畅销的,否则预期的投资利润率就不能实现。第三,企业的生产成本与社会平均成本相当或更低。

(三)维持和提高市场占有率目标

这一目标着眼于追求企业的长远利益,有时它比获取理想利润目标更重要。市场占有率的高低反映了企业的经营状况和竞争能力,关系到企业的发展前景。因为从长期来看,企业的盈利状况是同其市场占有率正相关的。为了扩大市场占有率,企业必须相对降低产品的价格水平和利润水平。但是,采用这一策略必须和大批量生产能力结合起来。因为降价后市场需求量急剧增加,如果生产能力跟不上,造成供不应求,竞争者就会乘虚而入,反而会损害本企业利益。

(四)稳定市场价格目标

这种定价目标是企业为了保护自己,避免不必要的价格竞争,从而牢固地占有市场。在产品的市场竞争和供求关系比较正常的情况下,企业为了在稳定的价格中取得合理的利润而制定商品价格。这一策略往往是行业中处于领先地位的大企业所采取的。这样做的优点在于:即使市场需求一时发生急剧变化,价格也不致发生大的波动,有利于大企业稳固地占领市场。

(五)应付竞争目标

这是竞争性较强的企业所采用的定价策略。在定价前应注意搜集同类产品的质量和价格资料,与自己的商品进行比较,然后选择应付竞争的价格。具体来讲,主要有以下几种方式:

(1)对于力量较弱的企业,应采用与竞争者价格相同或略低于竞争者的价格。
(2)对于力量较强又想扩大市场占有率的企业,可采用低于竞争者的价格。
(3)对于资本雄厚,并拥有特殊技术的企业,可采用高于竞争者的价格。
(4)有时可采取低价,从而迫使对手退出市场或阻止对手进入市场。

二、影响定价的因素

企业为了科学地进行产品定价,必须研究分析影响定价的基本因素,除了定价目标外,现实中的企业价格的制定和实现还受到多方面因素的影响和制约,因此企业应给予充分的重视和全面的考虑。影响定价的主要因素有以下几个方面:

(一)成本因素

产品成本是指产品在生产和流通过程中所花费的物质消耗及支付的劳动报酬的总和。一般来说,产品成本是构成价格的主体部分,是商品价格的最低限度,且同商品价格水平呈同方向运动。一般来说,商品价格必须能够补偿产品生产及市场营销的所有支出,并补偿商品的经营者为其承担的风险支出。因此成本的高低是影响定价策略的一个重要因素。

根据市场营销定价策略的不同需要,对成本可以进行如下分类:

1.固定成本

固定成本是企业在一定规模内生产经营某一商品支出的固定费用,是在短期内不会随产量的变动而发生变动的成本费用。如厂房和机器设备的折旧、房屋租金、管理人员的工资等。

2.变动成本

变动成本是指那些成本的总发生额在相关范围内随着业务量的变动而呈线性变动的成本。如产品生产过程中所消耗的直接材料、直接人工和变动制造费用等。

3. 总成本

总成本是固定成本与变动成本之和。当产量为零时，总成本等于固定成本。

4. 平均固定成本

平均固定成本即总固定成本除以产量的商。固定成本不随产量的变动而变动，但是平均固定成本会随产量的增加而减少，随产量的减少而增加。

5. 平均变动成本

平均变动成本即总变动成本除以产量的商。平均变动成本一般不会随产量增加而变动。但是当生产发展到一定的规模，工人熟练程度提高，批量采购原材料价格优惠，变动成本会呈递减趋势；如果超过某一极限，平均变动成本又可能上升。

6. 平均成本

平均成本即总成本除以产量。因为固定成本和变动成本随生产效率提高、随规模经济效益的逐步形成而下降，单位产品平均成本呈递减趋势。

7. 边际成本

边际成本即每增加或减少一单位产品生产而引起总成本变动的数值。企业可根据边际成本等于边际收益的原则，寻求最大利润的均衡产量；企业也可按边际成本制定产品价格，使全社会的资源得到合理利用。

8. 机会成本

机会成本指企业为从事某项经营活动而放弃另一项经营活动的机会，或利用一定资源获得某种收入而放弃另一种收入时，另一项经营活动所应取得的收益或另一种收入，即正在从事的经营活动的机会成本。

（二）市场需求及变化

1. 需求规律

一般情况下，商品的成本影响商品的价格，而商品的价格影响商品的需求。经济学原理告诉我们，如果其他因素保持不变，消费者对某一商品需求量的变化与这一商品价格变化的方向相反：如果商品的价格下跌，需求量就上升，而商品的价格上涨时，需求量就相应下降，这就是商品的内在规律——需求规律。需求规律反映了商品需求量变化与商品价格变化之间的一般关系，是企业决定自己的市场行为特别是调整价格时必须考虑的一个重要因素。

2. 需求弹性

需求弹性一般分为需求价格弹性、需求收入弹性和需求交叉弹性，分别表示需求量对于价格、居民收入和相关产品（替代品或互补品）价格变动反应的灵敏程度。

（三）市场竞争状况

市场竞争状况是企业定价时不可忽视的因素，企业必须考虑比竞争对手更为有利的定价策略，这样才能获胜，因此，企业定价的"自由程度"，在一定意义上取决于市场竞争的格局。在现代经济中，市场竞争一般有完全竞争、垄断竞争、寡头垄断和完全垄断四种状况。

（四）政府的干预程度

除了竞争状况之外，各国政府干预企业价格制定程度也直接影响企业的价格决策。世界各国政府对价格的干预和控制是普遍存在的，只是干预与控制的程度不同而已。

(五)产品特点

产品的自身属性、特征等因素,在企业制定价格时也必须考虑。主要包括四个方面:

1.产品的种类

企业应分析自己生产或经营的产品种类是日用必需品、选购品、特殊品、威望与地位性产品,还是功能性产品。不同的产品种类对价格有不同的要求,如日用必需品的价格必然要顾及大众消费的水平,特殊品的价格则侧重于特殊消费者。

2.产品的标准化程度

产品的标准化程度直接影响产品的价格决策。标准化程度高的产品价格变动的可能性一般低于非标准化或标准化程度低的产品。标准化程度高的产品的价格变动如果过大,很可能引发行业内的价格竞争。

3.产品的易腐、易毁和季节性

一般情况下容易腐烂、变质且不宜保管的产品,价格变动的可能性比较高。常年生产季节性消费的产品与季节性生产常年消费的产品,在利用价格规律,促进持续、平衡生产和提高效益方面有较大的主动性。

4.时尚性

时尚性强的产品价格变化较显著。一般在流行的高峰阶段,价格要定高一些。流行的高峰过后,应及时采取适当的调整策略。

(六)产品所处生命周期阶段

处在产品生命周期不同阶段的产品对价格策略的选择可以从两个方面考虑:

(1)产品生命周期的长短对定价的作用。有些生命周期短的产品,如时装等时尚产品,由于市场变化快,需求增长较快,消退也快,其需求量的高峰一般出现于生命周期的前期,所以,企业应抓住时机,尽快收回成本和利润。

(2)不同周期阶段的影响。不同周期阶段的产品需求和竞争状况都有一定的规律,这是企业选择价格策略和定价方法的客观依据。

(七)企业状况

企业状况主要指企业的生产经营能力和企业经营管理水平对价格制定的影响。不同的企业由于规模和实力不同,销售渠道和信息沟通方式不同,以及企业营销人员的素质和能力高低不同,对价格的制定和调整应采取不同的策略。

1.企业的规模与实力

规模大、实力强的企业在价格制定上余地大,企业如认为有必要,就可以大范围地选用薄利多销和价格正面竞争策略。而规模小、实力弱的企业生产成本一般高于大企业,在价格的制定上往往比较被动。

2.企业的销售渠道

渠道成员有力、控制程度高的企业在价格决策中可以有较大的灵活性,反之,则相对固定。

3.企业的信息沟通

企业的信息沟通包括企业的信息控制和与消费者的关系两个方面。信息通畅、与消费者保持良好的关系时适当调整价格是可以被消费者理解和认可的。

4.企业营销人员的素质和能力

拥有熟悉生产经营环节,掌握市场销售、供求变化等情况,并具备价格理论知识和一定实践能力的营销人员,是企业制定最有利价格和选择最适当时机调整价格的必要条件。

任务二　选择产品定价方法

——万变不离其"利"

企业可以采取的定价方法有很多,根据上述与定价有关的基本因素,可归纳出三种基本的定价方法,即成本导向定价法、需求导向定价法和竞争导向定价法。

一、成本导向定价法

成本导向定价法是以产品的全部成本为定价基础,在成本的基础上加上企业的目标利润。如前所述,由于产品的成本形态不同以及在成本基础上核算利润的方法不同,成本导向定价法可具体分为以下几种形式。

微课
掌握产品定价
的三种方法

(一)成本加成定价法

基本公式为:

单位产品价格＝单位产品总成本×(1＋加成率)

这里,加成率是预期利润占产品总成本的百分比。

小案例

某企业生产某种产品 10 000 件,单位可变成本为 20 元/件,固定总成本为 200 000 元,预期利润率为 15%。可计算如下:

固定总成本:200 000 元

单位固定成本:200 000/10 000＝20(元/件)

单位可变成本:20 元/件

单位总成本:20＋20＝40(元/件)

预期利润率:15%

产品售价:40＋40×15%＝46(元/件)

显然这种定价方法的优点在于价格能补偿并满足利润的要求;计算简便,有利于核算;能协调交易双方的利益,保证双方基本利益的满足。缺点是定价依据是个别成本而并非社会成本,忽视市场供求状况,难以适应复杂多变的竞争情况。因而,这种方法一般适用于经营状态和成本水平正常的企业,以及供求大体平衡,市场竞争比较缓和的产品。

(二)售价加成定价法

以产品的最后售价为基数,再按销售价一定的百分率来计算加成率。

基本公式为:

单位产品价格＝单位产品总成本/(1－加成率)

即　　　　单位产品价格＝单位产品总成本＋单位产品价格×加成率

如果要求售价相同,则以成本为基础的加成率与以售价为基础的加成率是不同的,前者高于后者。

小案例

某产品单位总成本为1 000元/件,其售价已定为1 250元/件,那么以成本为基础的加成率为1 250/1 000－1＝25％;以售价为基础的加成率为1－1 000/1 250＝20％。

对店主来说,售价加成定价法更易于计算销售商品的毛利率;对消费者来说,在售价相同的情况下,用售价加成定价法计算的加成率被认为是合理的、更易于接受的。所以,该方法更适宜于零售商业部门使用。

(三) 边际贡献定价法

这种定价方法也称边际成本定价法,即仅计算可变成本,不计算固定成本,在变动成本的基础上加上预期的边际贡献。边际贡献是指企业增加一单位产品的销售,所获得的收入减去边际成本(单位可变成本)的数值。

即　　　　　　　　边际贡献＝单位产品价格－单位可变成本

从而可以推出单位产品价格的计算公式:

单位产品价格＝单位可变成本＋边际贡献

小案例

某企业的年固定成本消耗为200 000元,每件产品的单位可变成本为40元,计划总贡献为150 000元,当销售量预计可达10 000件时,其单位产品价格为:

单位产品价格＝150 000/10 000＋40＝55(元/件)

这种定价方法的优点:易于各产品之间合理分摊可变成本;低于成本加成法的定价,能大大提高产品的竞争力;根据各种产品边际贡献的大小安排企业的产品线,易于实现最佳产品组合。这种定价方法一般在卖方竞争激烈时采用。

(四) 收支平衡定价法

这是以盈亏平衡即企业总成本与销售收入保持平衡为原则制定价格的一种方法。其计算公式为:

单位产品价格＝总成本/预期销售量
　　　　　　＝(固定成本＋单位变动成本×预期销售量)/预期销售量

小案例

某企业生产某产品的固定成本为200 000元,变动成本为10元/件,预期销售量为10 000件。则单位产品价格为:

单位产品价格＝(200 000＋10×10 000)/10 000＝30(元/件)

这种定价方法比较简便,单位产品的平均成本即为其价格,侧重于保本经营。在市场不景气的条件下,保本经营总比停业的损失要小得多。企业只有在实际销售量超过预期销售量时,才能赢利。这种方法的关键在于准确预测产品销售量,否则制定出的价格不能保证收支平衡。因此,当市场供求波动较大时应慎用此法。

(五) 投资回收定价法

这是根据企业的总成本和预期销售量,加上按投资收益率制定的目标利润额,作为定价基础的方法。

$$单位产品价格＝（总成本＋投资总额×投资收益率）/预期销售量$$

小案例

某企业生产某种产品，投资总额为 2 000 000 元，预期投资收益率为每年 15％，预计年产量为 100 000 件（假设全部售完）。假设该企业年固定成本消耗为 400 000 元，单位产品可变成本为 6 元。那么，该产品的市场价格可计算如下：

投资总额：2 000 000 元

投资收益率：15％

固定成本消耗：400 000 元

可变成本：6×100 000＝600 000（元）

总成本：400 000＋600 000＝1 000 000（元）

预计产量（销售量）：100 000 件

根据上述公式，可得

价格：（1 000 000＋2 000 000×15％）/100 000＝13（元/件）

这种定价法首先要估算出不同产量的总成本，估算未来阶段可能达到的最高产量，然后确定期望达到的收益率，才能制定出价格。因此，这种定价法有一个缺陷，即企业是根据销量倒过来推算价格，但是价格又是影响销量的一个因素。因此，这一定价法适合产品有专利权或在竞争中处于主导地位的产品。

二、需求导向定价法

需求导向定价法是以消费者对商品价值的理解和需求强度为依据来制定价格的。

（一）理解价值定价法

这是企业根据消费者对产品价值的感觉而不是根据卖方的成本制定价格的办法。

各种商品的价值在消费者心目中都有特定的位置，当消费者选购某一产品时常会将该商品与其他同类商品进行比较，通过权衡相对价值的高低而决定是否购买。因此，企业向某一目标市场投放产品时，首先需给这种产品在目标市场上"定位"，即企业要努力拉开本产品与市场上同类产品的差距，并运用各种营销手段来影响消费者的价值观念，使消费者感到购买该产品能比购买其他产品获得更多的相对利益。然后，企业就可以根据消费者所形成的价值观念大体确定产品价格。

运用理解价值定价法的关键，是把自己的产品同竞争者的产品相比较，准确估计消费者对本产品的理解价值。为此在定价前必须做好市场调查，否则定价过高或过低都会造成损失。如果定价高于买方的理解价值，顾客就会转移到其他地方，企业销售额就会受到损失；如果定价低于买方的理解价值，必然使销售额减少，企业也同样会受到损失。

（二）反向定价法

该法是指企业依据消费者能够接受的最终销售价，计算成本和利润后，逆向推算出产品的批发价和零售价。按照不同的比率对不同的中间商倒算折扣率。一般来说中间环节越多，折扣率就越大。

小案例

市场上消费者如果对某产品可接受价格为2 500元,零售商的经营毛利率为20%,批发商的批发毛利率为5%。

零售商可接受价格=消费者可接受价格×(1−20%)=2 500×(1−20%)=2 000(元)

批发商可接受价格=零售商可接受价格×(1−5%)=2 000×(1−5%)=1 900(元)

1 900元即该产品的出厂价。

如果该厂家欲获取10%的利润,那么该产品的成本就应该控制在1 710元以内,即

1 900×(1−10%)=1 710(元)

(三) 需求差异定价法

这是根据需求的差异,对同种产品制定不同的价格的方法。它主要包括以下四种形式:

(1)对不同的顾客采取不同的价格。如同种产品对购买量大和购买量小的顾客采取不同价格;航空票价对国内、国外乘客分别定价;电影院对老年人、学生和普通观众按不同票价收费等。

(2)根据产品的式样和外观的差别制定不同的价格。对不同样式的同种产品制定不同价格,价差比例往往大于成本差的比例。例如,一些名著往往有平装本和精装本之分,其内容完全相同,只是包装不同而已,但价格就有较大差别。

(3)相同的产品在不同的地区销售,其价格可以不同。例如,海鲜产品在沿海地区和内地城市的价格是有较大差异的。

(4)相同的产品在不同时间销售,其价格可以不同。如需求旺季的价格要明显高于需求淡季的价格;电视广告在黄金时段收费特别高。

需求差异定价法的前提条件是:

(1)市场可以细分,各细分市场具有不同的需求弹性。

(2)价格歧视不会引起顾客反感。

(3)低价格细分市场的顾客没有机会将商品转卖给高价格细分市场的顾客。

(4)竞争者没有可能在企业以较高价格销售产品的市场上以低价竞争。

三、竞争导向定价法

竞争导向定价法是以同类产品的市场竞争状况为依据,根据竞争状况确定本企业产品价格水平的方法。

(一) 通行价格定价法

通行价格定价法也叫现行市价法,即依据本行业通行的价格水平或平均价格水平制定价格的方法。它要求企业制定的产品价格与同类产品的平均价格保持一致。在有许多同行相互竞争的情况下,当企业生产的产品相似时(如钢铁、粮食等),如果企业产品价格高于别人,会造成产品积压;价格低于别人又会损失应得的利润,并引起同行间竞相降价,两败俱伤。因此,产品差异很小的行业,往往采取这种定价方法。另外,一些难以核算成本,打算与同行和平共处,或者难以准确把握竞争对手和顾客反应的企业,也往往采取这种定价办法。

当然,这种定价法也有一定风险,一旦竞争者由于劳动生产率提高,成本降低,突然降

价,则往往使追随者陷入困境,长虹彩电几次大幅度降价造成许多彩电小厂倒闭便是一例。

(二)拍卖定价法

拍卖定价法是由卖方预先发布公告,展示拍卖物品,买方预先看货,在规定时间公开拍卖,通过公开叫价,直到不再有人竞争的价格即为成交价格,买卖双方按此价格拍板成交。拍卖式定价在工程招标、集团采购、艺术品市场交易及处置积压商品或旧货等方面被广泛使用。

目前有三种主要的拍卖形式:

(1)英国式拍卖。一个卖方和多个买方,是一种加价拍卖方式。卖方出示一个商品,买方不断加价竞标,直到达到最高价格。英国式拍卖经常被用来出售古董、家畜、不动产和旧设备、车辆。

(2)荷兰式拍卖。一个卖方多个买方,或者一个买方多个卖方,是一种降价拍卖方式。在一个卖方多个买方情况下,拍卖人宣布一个最高的价格然后逐渐降低价格直至出价人接受为止;在一个买方多个卖方情况下,买方宣布要买的商品,多个卖方不断压低价格以寻求最后中标。这种拍卖形式的特点是每个卖方都能看到当前最低价格,从而决定是否继续降价。

(3)封闭式投标拍卖。它是社会集团购买者在进行批量采购、从事大型机器设备购买或进行建筑工程项目建设时选择承包商的常用方法。

通常首先由发包方发出招标公告,说明具体技术要求,愿按条件交易者可在规定的期限内用密封信函将报价寄给招标人。然后,招标人在规定的时间内召集所有投标人,将报价信函当场启封,评估选择其中条件最有利的一家承包方为中标人,与之签订合同,进行交易。

企业在确定报价时,首先根据本企业的实力确定几个标价方案,并计算出各标价下可得的利润;其次,根据竞争对手可能的出价进行详细的分析,确定每个方案中标的机会即概率;然后计算出每个方案的期望利润;最后将期望利润最大的方案作为投标方案。

该种定价方法最大的困难在于中标概率的估计。因为这要涉及竞争者的策略,所以在保证有效补偿企业边际成本的基础上,企业要想尽一切办法尽可能准确地判断中标概率。

总之,不同企业所采用的定价方法是不同的。即使在同一种定价方法中,不同企业选择的价格计算方法可能也会有所不同,企业应根据自身的具体情况灵活选择、综合运用。

任务三　选择产品定价策略

——挥舞价格的"魔棒"

一、新产品定价策略

新产品定价关系到新产品能否顺利进入市场,企业能否站稳脚跟,能否取得较大的经济效益。常见的新产品定价策略主要有三种,即撇脂定价策略、渗透定价策略和满意定价策略。

（一）撇脂定价策略

撇脂定价策略又称取脂定价策略，指新产品上市之初，将其价格定得较高，以便在短期内获取厚利，迅速收回投资，减少经营风险，待竞争者进入市场，再按正常价格水平定价。这一定价策略犹如从鲜奶中撇取其中所含的奶油一样，取其精华，所以称为撇脂定价策略。

一般而言，对于全新产品、受专利保护的产品、需求价格弹性小的产品、流行产品、未来市场形势难以测定的产品等，可以采用撇脂定价策略，其优点表现为以下四个方面：

（1）新产品上市之初，顾客对其尚无理性认识，此时的购买动机多属于求新求奇，利用较高价格可以提升产品身份，适应顾客求新心理，创造高价、优质、名牌的印象，有助于开拓市场。

（2）主动性大。先制定较高的价格，在其新产品进入成熟期后可以拥有较大的调价余地，不仅可以通过逐步降价保持企业的竞争力，而且可以从现有的目标市场上吸引潜在需求者，甚至可以争取到低收入阶层和对价格比较敏感的顾客。

（3）在新产品开发之初，由于资金、技术、资源、人力等条件的限制，企业很难以现有的规模满足所有的需求，利用高价可以限制需求的过快增长，缓解产品供不应求状况，并且可以利用高价获取的高额利润进行投资，逐步扩大生产规模，使之与需求状况相适应。

（4）在短期内可以收回大量资金，用作新的投资。

撇脂定价策略也存在着某些缺点，主要是：

（1）高价产品的需求规模毕竟有限，过高的价格不利于市场开拓、增加销量。

（2）高价高利容易引来大量的竞争者，不利于占领和稳定市场，导致仿制品、替代品迅速出现，从而迫使价格急剧下降。此时若无其他有效策略相配合，企业苦心营造的高价优质形象就可能会受到损害，失去一部分消费者，从而导致新产品推广失败。

（3）价格远远高于价值，在某种程度上损害了消费者利益，容易招致公众的反对和消费者抵制，甚至会被当作暴利来加以取缔，诱发公共关系问题。

小案例

离谱的炒鞋价格

2021年3月"新疆棉花事件"后，广大爱国网友纷纷支持国货，下单李宁、安踏等知名国产品牌。

然而，2021年4月5日，有"球鞋粉"发现一款安踏与哆啦A梦的联名鞋，发售价格是499元，经炒后价格变为4 599元，涨了8倍之多。

业内人士认为，市场上的"炒鞋热"是建立在特殊时期的短暂行为，炒鞋客利用限量鞋品的稀缺性，恶意炒作导致鞋子价格背离其本身价值，甚至出现假鞋真炒等乱象，是扰乱正常市场秩序的行为。

焦点问题：炒鞋带来的离谱的价格，最终受伤的会是谁？

（二）渗透定价策略

这是与撇脂定价相反的一种定价策略，即企业在新产品上市之初将其价格定得较低，吸引大量的购买者，借以打开产品销路，扩大市场占有率，谋求较长时期的市场领先地位。

当新产品没有显著特色,竞争激烈,需求弹性较大时宜采用渗透定价策略。

其优点表现为:

(1)低价可以使产品迅速为市场所接受,并借助大批量销售来降低成本,获得长期稳定的市场地位。

(2)微利可以阻止竞争对手的进入,减缓竞争,获得一定市场优势。

其缺点表现为:投资回收期较长,见效慢,风险大。

利用渗透定价策略的前提条件是新产品的需求价格弹性较大,新产品存在着规模经济效益。对于企业来说,无论是采取撇脂定价还是渗透定价,需要综合考虑市场需求、竞争、供给、市场潜力、价格弹性、产品特性、企业发展战略等因素。

(三)满意定价策略

满意定价策略又称为适中定价策略,是一种介于撇脂定价与渗透定价之间以获取社会平均利润为目标的定价策略。它既不是利用价格来获取高额利润,也不是让价格制约占领市场,而是尽量降低价格在营销手段中的地位,重视其他在市场中更有效的营销手段,是一种较为公平、正常的定价策略。当不存在适合于采用撇脂定价或渗透定价的环境时,企业一般采取满意定价策略。

其优点主要包括以下三个方面:

(1)产品能较快为市场接受且不会引起竞争对手的对抗。

(2)可以适当延长产品的生命周期。

(3)有利于企业树立信誉,稳步调价并使顾客满意。

虽然与撇脂定价或渗透定价相比,满意定价策略缺乏主动进攻性,但并不是说正确执行它就非常容易。满意定价策略没有必要将价格定的与竞争者一样或者接近平均水平。与撇脂价格和渗透价格类似,满意价格也是参考产品的经济价值决定的。当大多数潜在的购买者认为产品的价值与价格相当时,纵使价格很高也属适中价格。

二、心理定价策略

每一件产品都能满足消费者某一方面的需求,其价值与消费者的心理感受有着很大的关系。这就为心理定价策略的运用提供了基础,使得企业在定价时可以利用消费者心理因素,有意识地将产品价格定得高些或低些,以满足消费者生理的和心理的、物质的和精神的多方面需求。通过消费者对企业产品的偏爱或忠诚,扩大市场销售,获得最大效益。心理定价一般用于零售企业的定价。

心理定价策略的基本形式有以下六种:

1.尾数定价策略

尾数定价,又称零数定价、奇数定价、非整数定价,指企业利用消费者求廉的心理,制定非整数价格,而且常常以零数作尾数。如0.99元、198元等。消费者会认为这种价格经过精确计算,购买不会吃亏,从而产生信任感。同时,价格虽离整数仅相差几分或几角钱,但给人一种低一位数的感觉,符合消费者求廉的心理愿望。这种策略通常适用于基本生活用品。

2.整数定价策略

整数定价与尾数定价正好相反,针对的是消费者的求名、自豪心理,将产品价格有意定为整数。对于那些无法明确显示其内在质量的商品,消费者往往通过其价格的高低来判断其质量的好坏。但是,在整数定价方法下,价格的高并不是绝对的高,而只是凭借整数价格来给消费者造成高价的印象。整数定价常常以偶数,特别是"0"作尾数。整数定价策略适用于价格弹性小、价格高低不会对需求产生较大影响的中高档产品,如流行品、时尚品、奢侈品、礼品、星级宾馆、高级文化娱乐场所等。整数定价可以满足购买者显示地位、崇尚名牌、炫耀富有、购买精品的虚荣心;同时利用高价效应,在顾客心目中树立高档、高价、优质的产品形象。

3.声望定价策略

声望定价策略指根据产品在顾客心中的声望、信任度和社会地位来确定价格的一种定价策略。例如,豪华轿车、高档手表、名牌时装、名人字画、珠宝古董等,在消费者心目中享有极高的声望价值。消费者在购买这些名牌产品时,特别关注其品牌、标价所体现出的炫耀价值,目的是通过消费获得极大的心理满足。声望定价策略不仅可以满足某些顾客的特殊欲望,如地位、身份、财富、名望和自我形象,还可以通过高价显示名贵优质。因此声望定价策略适用于一些知名度高、具有较大市场影响、深受市场欢迎的驰名产品。购买这些产品的人,往往不在乎产品价格,更关心的是产品能否显示其身份和地位,价格越高,心理满足的程度也就越大。

4.习惯定价策略

习惯定价策略是指根据消费市场长期形成的习惯性价格定价的策略。对于经常性、重复性购买的商品,尤其是家庭日常生活用品,在消费者心理上已经"定格",其价格已成为习惯性价格,并且消费者只愿付出这么大的代价。有些商品,消费者在长期的消费中,已在头脑中形成了一个参考价格水准,个别企业难以改变。降价易引起消费者对品质的怀疑,涨价则可能受到消费者的抵制。企业定价时常常要迎合消费者的这种心理习惯,在不得不需要提价时,应采取改换包装或品牌等措施,减少抵触心理,并引导消费者逐步形成新的习惯价格。

5.招徕定价策略

招徕定价又称特价商品定价,是指企业有意将某一种或几种产品的价格定得非常之高,或者非常之低,在引起顾客的好奇心理和观望行为之后,带动其他产品的销售,加速资金周转。这一定价策略常为综合性百货商店、超级市场、甚至高档商品的专卖店所采用。

值得企业注意的是,用于招徕的降价品,应该与低劣、过时商品明显地区别开来,必须是品种新、质量优的适销产品,而不能是处理品。否则,不仅达不到招徕顾客的目的,反而可能使企业声誉受到影响。

6.吉祥数字定价策略

由于受民族习惯、社会风俗、文化传统和价值观念的影响,某些数字常常会被赋予一些独特的含义,如中国消费者比较青睐"9""8"等吉祥数字,企业在定价时如能巧妙运用,则其产品将因之而得到消费者的偏爱。当然,某些为消费者所忌讳的数字,如西方国家的"13"、日本的"4",企业在定价时要有意识地避开,以免引起消费者的厌恶和反感。

> **小案例**

玉兰油 Olay 名称不一，价格有别

玉兰油作为一个全球性的品牌，20世纪80年代末、90年代初进入中国市场，细心的消费者在逛街的时候会发现一个奇怪的现象，在一些百货公司、卖场、超市中，产品有些写着"玉兰油"，有些则写着"Olay"。

除了身体系列的产品，在护肤品上，玉兰油的产品分为三个系列，面向普通大众消费者的产品会标明中文"玉兰油"，售价在100元左右甚至更低，通常在超市开架的货柜上可以找到；第二个系列是"Olay"，在百货商场会有专柜，比如上海的新世界百货，价格为200~300元不等，这个系列是品牌方主推的系列；最后一个则是更加高端的博研诗系列，官方售价多在300元以上。

焦点问题：为什么同一家公司同一个品牌要推那么多不同价格区间的产品？

三、产品组合定价策略

产品组合定价是指企业为了实现整个产品组合（或整体）利润最大化，在充分考虑不同产品之间的关系，以及个别产品定价高低对企业总利润的影响等因素的基础上，系统地调整产品组合中相关产品的价格。因为各种产品之间存在需求和成本的相互联系，而且会带来不同程度的竞争，所以产品组合定价应十分慎重。产品组合定价的策略主要有以下六种：

1. 产品线定价

企业为追求整体收益的最大化，为同一产品线中不同的产品确立不同的角色，制定高低不等的价格。若产品线中两个前后连接的产品之间的价格差额小，顾客就会购买先进的产品，此时若两个产品的成本差额小于价格差额，企业的利润就会增加；若价格差额大，顾客就会更多地购买较差的产品。因此经销商对产品线定价时，一定要突出各种产品之间质量的差异，以使价格差别合理化。

2. 任选品定价

任选品是指那些与主要产品密切相关的可任意选择的产品。如饭菜是主要产品，酒水为任选品。不同的酒店定价策略不同，有的可能把酒水的价格定得高，把饭菜的价格定得低；有的把饭菜的价格定得高，把酒水的价格定得低。

3. 连带品定价

连带品又称互补品，是指必须与主要产品一同使用的产品，如胶卷是相机的连带品，磁带与录音机、隐形眼镜与消毒液、饮水机与桶装水等。许多企业往往是将主要产品（价值量高的产品）定价较低，连带品定价较高，这样有利于整体销量的增加，以增加企业利润。

4. 分级定价

分级定价又称分部定价或两段定价。服务性企业经常在收取一笔固定的费用之后，利用增值服务再收费。例如，手机除月租费之外，按照通话时间计费，另外还推出短信、来电显示、上网等增值业务以增加利润。

5. 副产品定价

在生产加工肉类、石油产品和其他化工产品的过程中,经常有副产品的生成。生产企业把处理副产品的实际成本作为副产品的出售价格。如果副产品有一定的市场价值,还要根据其价值定价。因为副产品的收入能补偿主产品的部分成本,降低主产品的定价。

6. 产品捆绑定价

产品捆绑定价又称组合产品定价。企业经常将一些产品组合在一起定价销售。完全捆绑是指公司把它的所有产品捆绑在一起。在组合中的价格比单件出售的价格要便宜许多,以此来推动顾客购买。如对于成套设备、服务性产品等,为鼓励顾客成套购买,以扩大企业销售,加快资金周转,可以使成套购买的价格低于单独购买其中每一产品的费用总和。

四、折扣与折让定价策略

折扣与折让定价策略是通过降低定价或打折扣等方式来争取顾客购买的一种营销策略,在现实生活中应用十分广泛。

1. 现金折扣

现金折扣也叫付款期折扣,是给予在规定的时间内提前付款或用现金付款者的一种价格折扣,其目的是鼓励顾客尽早付款,加速资金周转,降低销售费用,减少财务风险。

采用现金折扣一般要考虑三个因素:折扣比例、给予折扣的时间限制与付清全部货款的期限。例如,"2/10,n/30",表示付款期是 30 天,但如果在成交后 10 天内付款,给予 2% 的现金折扣。许多行业习惯采用此法以加速资金周转,减少收账费用和坏账,该策略最适合于资金较少的中小批发企业使用。

2. 数量折扣

数量折扣指对大量购买的顾客给予一定幅度的降价。这里有两种形式:累计数量折扣是指在一定时期内(一个月、一年),顾客购买产品的总量超过一定数额时,按总量给予一定的折扣;非累计数量折扣是按照顾客一次购买达到一定数量或购买多种产品达到一定金额时所给予的价格折扣。

3. 功能折扣

功能折扣也叫贸易折扣或交易折扣,是指中间商在产品分销过程中所处的环节不同,其所承担的功能、责任和风险也不同,企业据此给予不同的折扣,即制造商给某些批发商或零售商的一种额外折扣,促使它们执行某种市场营销功能,如推销、储存、服务等。

功能折扣的目的主要包括:鼓励中间商大批量订货,扩大销售,争取顾客,并与生产企业建立长期、稳定、良好的合作关系;对中间商经营的有关产品的成本和费用进行补偿,并让中间商有一定的利润。确定功能折扣的比例,主要考虑中间商在分销渠道中的地位、对生产企业产品销售的重要性、购买批量、完成的促销功能、承担的风险、服务水平、履行的商业责任、产品在分销中所经历的层次和在市场上的最终售价等因素。

4. 季节折扣

季节折扣是企业鼓励顾客淡季购买的一种折让,以使企业一年四季的生产和销售能保持相对稳定。有些商品的生产是连续的,而其消费却具有明显的季节性。例如,啤酒生产厂家对在冬季进货的商业单位给予大幅度让利,羽绒服生产企业则为夏季购买其产品的客户提供折扣,旅馆和航空公司在它们经营淡季期间也提供优惠。季节折扣比例的确定,应考虑成本、储存费用、基价和资金利息等因素。季节折扣有利于减轻库存,加速商品流通,迅速收回资金,促进企业均衡生产,充分发挥生产和销售潜力,避免因季节需求变化所带来的市场风险。

5. 跌价保证折扣

跌价保证折扣是生产企业向中间商保证,如果产品在销售期价格下跌,生产企业将对中间商的原有存货,依其数量退还或补贴因其跌价所造成的损失。

6. 回扣、津贴和折让

回扣是间接折扣的一种形式,它是指购买者在按价格目录将货款全部付给销售者以后,销售者再按一定比例将货款的一部分返还给购买者。

津贴又称为折让,是根据价目表给顾客以价格折扣的另一种类型。津贴是企业出于特殊目的,对特殊顾客以特定形式所给予的价格补贴或其他补贴。如零售商为企业产品刊登广告或设立橱窗,生产企业除负担部分广告费外,还在产品价格上给予一定优惠。旧货折让就是当顾客买了一件新品时,允许交还同类商品的旧货,在新货价格上给予折让;促销折让是卖方为了报答经销商参加广告和支持销售活动而支付的款项或给予的价格折让。

小案例

美佳西服——巧用折扣促销售

日本东京银座美佳西服店为了销售商品采用了一种折扣销售方法,大获成功。具体方法是这样:先发一公告,介绍某商品品质、性能等一般情况,再宣布打折扣的销售天数及具体日期,最后说明打折方法:第一天打九折,第二天打八折,第三、四天打七折,第五、六天打六折,以此类推,到第十五、十六天打一折,售完即止。这个销售方法的实践结果是:第一、二天顾客不多,来者多半是来探听虚实和看热闹的;第三、四天人渐渐多起来;第五、六天打六折时,顾客像洪水般地拥向柜台争购;以后连日爆满,没到一折售货日期,商品早已售完。这是一则成功的折扣定价策略。妙在准确地抓住顾客购买心理,有效地运用了折扣售货方法销售。

焦点问题:试分析案例中折扣促销策略成功的原因是什么?

五、差别定价策略

由于市场上存在着不同的顾客群体、不同的消费需求和偏好,为了适应在顾客、产品、地理等方面的差异,企业常常采用差别定价策略。所谓差别定价(歧视定价)是指企业以两种或两种以上不同的价格来销售一种产品或服务,即价格的不同并不是基于成本的不同,而是企业为满足不同消费层次的要求而构建的价格体系。差别定价有以下四种形式。

1. 顾客差别定价

企业把同一种商品或服务按照不同的价格卖给不同的顾客。例如,公园、旅游景点、博物馆,将顾客分为学生、年长者和一般顾客,对学生和年长者收取较低的费用;铁路公司对学生、军人售票的价格往往低于一般乘客;自来水公司根据需要把用水分为生活用水、生产用水,并收取不同的费用;电力公司将电分为居民用电、商业用电、工业用电,对不同的用电收取不同的电费。

2.产品差别定价

企业根据产品的不同型号、不同式样,制定不同的价格,但并不与各自的成本成比例。例如:33寸彩电比29寸彩电的价格高出一大截,可其成本差额远没有这么大;一件裙子70元,成本50元,可是在裙子上绣一组花,追加成本5元,但价格却可定到100元。一般来说,新式样产品的价格会高一些。

3.地点差别定价

对处于不同地点或场所的产品或服务制定不同的价格,即便每个地点的产品或服务的成本是相同的。例如,影剧院不同座位的成本费用都一样,但因为公众对不同座位的偏好不同,不同的座位会收取不同价格;火车卧铺从上铺到中铺、下铺,价格逐渐增高。

4.时间差别定价

产品或服务的价格因季节、时期或钟点的变化而变化。比如,航空公司或旅游公司在淡季的价格便宜,而一到旺季价格立即上涨。这样可以促使消费需求均匀化,避免企业资源的闲置或超负荷运转。

企业采取差别定价策略的前提条件是:

(1)市场能够细分,而且每个子市场必须表现出不同的需求强度。

(2)细分后的低价市场上的顾客不可能向高价市场上的顾客转手商品或让渡服务。

(3)在高价市场上,不存在竞争者用低价经销手段来争夺顾客。

(4)使用该法增加的收入大于细分市场所增加的管理费。

(5)要有利于企业树立良好的社会形象,防止引起顾客反感。

六、地区定价策略

地区定价策略实质就是企业要决定对于卖给不同地区顾客的某种产品,是分别制定不同的价格,还是制定相同的价格。

1.原产地定价(FOB定价)

所谓原产地定价,就是顾客(买方)按照出厂价购买某种产品,企业(卖方)只负责将这种产品运到买方指定的产地的某种运输工具(如卡车、火车、船舶、飞机等)上,即交货。交货后,从产地到目的地的运杂费和运输风险全部由买方承担。这种做法适用于销路好、市场紧俏的商品,但不利于吸引路途较远的顾客。

2.统一交货定价

所谓统一交货定价,就是企业对不同地区的顾客实行统一的价格,即按出厂价加平均运费制定统一交货价。这种方法简便易行,但实际上是由近处的顾客承担了部分远方顾客的运费,对近处的顾客不利,而比较受远方顾客的欢迎。

3.分区定价

所谓分区定价,是指企业把销售市场划分为远近不同的区域,各区域因运距差异而实行不同的价格,同区域内实行统一价格。分区定价与邮政包裹、长途电话的收费类似。对企业来讲,可以较为简便地协调不同地理位置的用户的运费负担问题,但对处于分界线两侧的顾客而言,还是会存在一定的矛盾。

4.基点定价

所谓基点定价,是企业在产品销售的地理范围内选择某些城市作为定价基点,然后按照出厂价加上基点城市到顾客所在地的运费来定价。这种情况下,运杂费用等是以各基点城市为界由买卖双方分担的。该策略适用于体积大、运费占成本比重较高、销售范围广、需求弹性小的产品。有些公司为了提高灵活性,选定许多个基点城市,按照顾客最近的基点计算运费。

5.运费免收定价

运费免收定价是由企业承担部分或全部运输费用的定价策略。有些企业由于急于拓展新市场,愿意负担全部或部分实际运费。这些企业认为,如果销售量扩大,其平均成本就会降低,因此足以抵偿这些费用开支。此种定价方法有利于企业加速市场渗透,当市场竞争激烈或企业急于打开新的市场时常采取这种做法。

任务四　制定价格调整策略

——永远的博弈,永远的利益

微课
理解产品价格调整应注意的问题

企业在产品价格确定后,由于市场形势和营销环境不断变化,往往会对现行价格进行修改和调整。企业产品价格调整的动力既可能来自于内部,也可能来自于外部。倘若企业利用自身的产品或成本优势,主动地对价格进行调整,将价格作为竞争的利器,就称为主动调整价格。有时,价格的调整出于竞争的需要,即竞争对手主动调整价格,而企业也被动地调整价格。无论是主动调整,还是被动调整,其形式不外乎是降价和提价两种。

一、主动提价或降价

(一)企业主动提价

企业提价一般会遭到消费者和经销商反对,但在以下七种情况下企业可能会提价:

(1)产品的包装、款式、性能等有所改进。

(2)应付产品成本增加,减少成本压力。

(3)通货膨胀,物价普遍上涨,企业生产成本必然增加,为保证利润,减少企业损失,不得不提价。

(4)产品供不应求,遏制过度消费。一方面买方之间展开激烈竞争,争夺货源,为企业创造有利条件;另一方面也可以抑制需求过快增长,保持供求平衡。

(5)利用顾客心理,创造优质高价效应。

(6)政府或行业协会的影响。

(7)为了获取利润,企业违法串通涨价。

(二)企业主动降价

这是企业面临的最严峻且具有持续威胁力量的问题。出现以下六种情况时企业需考虑降价:

(1)生产能力过剩,产品供过于求,企业又无法通过产品改进和加强促销等工作来扩大销售。在这种情况下,企业只有通过降价来刺激市场需求。

(2)急需回笼资金。对现金产生迫切需求的原因既可能是其他产品销售不畅,也可能是为了筹集资金进行某些新活动而资金来源中断。此时,企业可以通过对某些需求价格弹性大的产品予以大幅度降价,从而增加销售额,获取现金。

(3)市场份额下降,通过降价来扩大销路。

(4)通过降价排挤打压竞争对手。

(5)技术的进步使行业生产成本降低,费用减少,使企业降价成为可能,预期降价会扩大销售。

(6)政治、法律环境及经济形势的变化,迫使企业降价。

二、价格变动可能带来的反应

任何价格变化都可能引起购买者、竞争者、分销商、供应商,甚至政府的注意并产生不同的反应。

(一)顾客对价格变动可能的反应

(1)在一定范围内的价格变动是可以被消费者接受的;提价幅度超过可接受价格的上限,则会引起消费者不满,产生抵触情绪,从而不愿购买企业产品;降价幅度低于下限,会导致消费者的种种疑虑,也会对实际购买行为产生抑制作用。

(2)在产品知名度因广告而提高、消费者收入增加、通货膨胀等条件下,消费者可接受的价格上限会提高;在消费者对产品质量有明确认识、收入减少、产品价格连续下跌等条件下,可接受的价格下限会降低。

(3)消费者对某种产品降价的理解可能是:产品将马上因式样陈旧、质量低劣而被淘汰;企业遇到财务困难,很快将会停产或转产;价格还要进一步下降;产品成本降低了。而对于某种产品的提价则可能这样理解:很多人购买这种产品,我也应赶快购买,以免价格继续上涨;提价意味着产品质量的改进;企业将高价作为一种策略,以树立品牌形象;卖方想尽量取得更多利润;各种商品价格都在上涨,提价很正常。

(二)竞争者对价格变动可能的反应

透彻而准确地了解竞争者对价格变动的反应虽然几乎不可能,但为了保证调价策略的成功,主动调价的企业又必须考虑竞争者的反应。没有充分估计竞争者反应的价格变动,往往可能得不偿失,甚至是搬起石头砸自己的脚。

为了减少因无法确知竞争者对价格变化的反应而带来的风险,企业在主动调价之前必须知己知彼,明确回答以下问题:本行业产品有何特点?本企业在行业中处于何种地位?主要竞争者是谁?竞争对手会怎样理解我方的价格调整?针对本企业的价格调整,竞争者会采取什么对策?这些对策是价格性的还是非价格性的?它们是否会联合做出反应?针对竞争者可能的反应,企业的对策又是什么?有无可行的应对方案?在细致分析的基础上,企业方可确定价格调整的幅度和时机。

竞争者对调价的反应有以下三种类型:

1.相向式反应

你提价它涨价;你降价它也降价。这样一致的行为,对企业影响不太大,不会导致严重后果。企业坚持合理营销策略,不会失掉市场和减少市场份额。

2.逆向式反应

你提价,它降价或维持原价不变;你降价,它提价或维持原价不变。这种相互冲突的行为,影响很严重,竞争者的目的也十分清楚,就是乘机争夺市场。对此,企业在进行调查分析时,首先要摸清竞争者的具体目的,其次要估计竞争者的实力,再次要了解市场的竞争格局。

3.交叉式反应

众多竞争者对企业调价反应不一,有相向的,有逆向的,有不变的,情况错综复杂。企业在不得不进行价格调整时应注意提高产品质量,加强广告宣传,保持分销渠道畅通等。

三、企业对竞争对手价格变动的应对

同样,竞争对手在实施价格调整策略之前,一般都要经过长时间的深思熟虑,仔细权衡调价的利害关系。但是一旦调价成为现实,这个过程就相当迅速,并且在调价之前大多要采取保密措施,以保证发动价格竞争的突然性。

企业在这种情况下,贸然跟进或无动于衷都是不对的,正确的做法是尽快迅速地对以下问题进行调查研究:

(1)竞争者调价的目的是什么?
(2)竞争者的调价是长期的还是短期的?
(3)竞争者调价将对本企业的市场占有率、销售量、利润、声誉等方面有何影响?
(4)同行业的其他企业对竞争者的调价行为有何反应?
(5)企业有几种应对方案?
(6)竞争者对企业每一个可能的反应又会有何反应?

另外,还必须分析价格的需求弹性,产品成本和销售量之间的关系等复杂问题。

企业要做出迅速反应,最好事先制定应对程序,到时按程序处理,提高应对的灵活性和有效性。

一般说来,在同质产品市场上,如果竞争者降价,企业必随之降价,否则企业会失去大部分客户。但面对竞争者的提价,本企业既可跟进,也可以暂且观望。如果大多数企业都维持原价,则最终迫使竞争者把价格降低,从而使竞争者涨价失败。

比较复杂的决策是在异质产品市场上。由于每个企业的产品在质量、品牌、服务、包装、消费者偏好等方面有着明显的不同,所以面对竞争者的调价策略,企业有着较大的选择余地:第一,价格不变,顺其自然。任顾客随价格变化而变化,靠顾客对产品的偏爱和忠诚度来抵御竞争者的价格进攻,待市场环境发生变化或出现某种有利时机时,企业再行动。第二,价格不变,加强非价格竞争。比如,企业加强广告攻势,增加销售网点,强化售后服务,提高产品质量,或者在包装、功能、用途等方面对产品进行改进。第三,部分或完全跟随竞争者的价格变动,采取较稳妥的策略,维持原来的市场格局,巩固取得的市场地位。第四,以优越于竞争者的价格跟进,并结合非价格手段进行反击。比竞争者更大的幅度降价,比竞争者小的幅度提价;强化非价格竞争,形成产品差异,利用较强的经济实力或优越的市场地位,居高临下,给竞争者以毁灭性的打击。

四、价格变动的策略

(一)密切注意顾客与竞争对手的反应

企业对产品的提价或降价,都必然影响购买者、竞争者、经销商和供应商。顾客反应是价格变动成功与否的决定性因素。如果提价后销量下降太多,或降价后销量上升不太明显,便得不偿失。所以,要注意分析需求弹性和顾客感受,即对价格变动的理解与敏感性。

如果一家企业提价而竞争者不提价,产品差别又不大,就难以奏效。即使差别较大,甚至是名牌产品,竞争者降价也会抵消提价的部分效果。如果降价后竞争者也纷纷降价,就要提防爆发单一价格战。

(二)选择合适的调价策略

企业在对产品进行价格调整时,要注意以下四个问题:

(1)选择合适的降价时机,如果是提价应客观说明提价原因。

(2)切忌频繁调整价格,切忌所有商品同时提价。

(3)掌握合适的价格调整幅度,选择有效的价格变动方法。

(4)价格调整可以与折扣折让策略有机结合起来。

(三)价格调整的主要方法

1.降价

最直截了当也最受顾客欢迎的降价方式是将企业产品的目录价格或标价绝对下降,但企业更多的是采用各种折扣形式来降低价格。如数量折扣、现金折扣、回扣和津贴等形式。此外,变相的降价形式有:赠送样品和优惠券,实行有奖销售;给中间商提取推销奖金;允许顾客分期付款;赊销;免费或优惠送货上门、技术培训、维修咨询;提高产品质量,改进产品性能,增加产品用途。由于这些方式具有较强的灵活性,在市场环境变化时,即使取消也不会引起消费者太大的反感,同时又是一种促销策略,因此在现代经营活动中的运用越来越广泛。

2.提价

顾客最敏感同时也最反感的提价方式是更改产品的目录价格或标签。因此,企业应该采取更为明智且顾客更易于接受的提价方式,主要包括以下五种:

(1)有言在先,使用价格自动调整条款。要求客户按当前价格付款,并支付交货前因通货膨胀引起增长的部分或全部费用。在长期工业项目的合同中都应有价格自动调整条款。

(2)分别处理产品与服务的项目。保持产品价格,把原来免费提供的服务项目(如送货、安装、培训等)单独定价。

(3)减少折扣。减少或不再提供正常的现金折扣或数量折扣。

(4)压缩产品体积与重量或使用便宜的材料与配件。

(5)减少、改变产品的功能或使用低廉的包装材料,推出大容量包装的产品以降低成本。

知识巩固

1.概念理解

定价目标　成本导向　需求导向　竞争导向　折扣定价策略　地区定价策略
心理定价策略　差别定价策略　产品组合定价策略

2.简答题

(1)影响企业定价的主要因素有哪些?

(2)企业在采取降价策略时,经常遇到的问题与挑战有哪些?

(3)三类定价方法的出发点有何区别?

(4)成本导向定价法、需求导向定价法和竞争导向定价法各自主要有几种?各有什么利弊?

(5)简述产品定价的基本策略。

(6)面对竞争对手的提价或降价,企业应如何应对?

项目案例

视频网站的抱团涨价

2020年11月13日零点起,爱奇艺对黄金会员的服务进行了多端价格的统一调整。由连续包月19元、连续包季58元、连续包年218元分别调整为25元、68元和248元,涨价幅度为17%～58%。继爱奇艺率先宣布涨价之后,国内其他视频网站也陆续跟进。2021年4月初腾讯视频宣布:自2021年4月10日起对VIP会员价格进行调整,以不同的付款方式和模式计算,会员价涨幅为17%～50%。

对于涨价的原因,爱奇艺方面解释:目前的黄金会员价格,其实是9年前定下来的。但是由于市场竞争激烈,9年来一直都没有改变。相比提供给用户丰富、优质的内容,这个价钱实在太低了。

中国互联网络信息中心(CNNIC)的报告显示,截至2020年底,中国网络视频用户规模达9.27亿,网民使用率达93.7%。目前爱奇艺、腾讯视频的会员用户数都已破亿,虽然大部分消费者称涨价可以理解,但表示会缩减购买会员的频次了。

业内人士分析,涨价短期来看会损失一定用户。但长远来看,会员涨价会刺激视频网站改善业绩,加大投入,从而推动整个影视产业链上游企业受益,可能诞生更多优质作品,对用户而言也有积极意义。

事实上,互联网已彻底告别免费时代。用户付费模式也并非视频网站独有的现象,音乐、网络文学、知识服务等,越来越多的互联网产品开始走用户付费模式。

问题:

1.视频网站抱团涨价的目的何在?

2.该案例给你带来什么启示?

实训项目

价格策略选择与实施

【实训目的】

通过实训,实现理论知识向实践技能的转化,使学生能够运用所学知识,为某一具体产品制定相应的价格策略。

【实训内容】

通过营销环境分析、市场细分和目标市场定位分析等,为某一种新产品定位,并为该产品制定相应的价格策略。

【实训步骤】

(1)以6~8个人为单位组成一个团队。

(2)由团队成员共同讨论确定选题。

(3)通过文献调查、深度访谈、企业实习等方式,发掘或开发一种新产品。

(4)根据产品定位制定相应的价格策略,并撰写策划报告。

(5)各团队派代表展示其成果。

(6)考核实训成果,评定实训成绩。

【实训要求】

(1)考虑到课堂时间有限,项目实施可采取"课外+课内"的方式进行,即团队组成、分工、讨论和方案形成在课外完成,成果展示安排在课内。

(2)每组提交的方案中,必须详细说明团队的分工情况,以及每个成员的完成情况。

(3)每个团队方案展示时间为10分钟左右,老师和学生提问时间为5分钟左右。

【实训考核】

(1)成果评价指标体系

表 6-2　　　　　　　　　　　成果评价指标体系

一级指标	分值	二级指标	分值	评分标准					得分
工作态度	30	工作计划性	10	5(不及格)	6(及格)	7(中)	8(良)	10(优)	
		工作主动性	10	5	6	7	8	10	
		工作责任感	10	5	6	7	8	10	
方案质量	70	内容充实性	20	10	12	14	16	20	
		内容严整性	20	10	12	14	16	20	
		PPT课件生动性	20	10	12	14	16	20	
		表述逻辑性	10	5	6	7	8	10	
		总评分							

评分说明:

①对各队成绩评定采取自评、同行评价和老师评价三者相结合的方式,三者各占10%、20%和70%的分值。

②评分时可根据实际情况选择两个等级之间的分数,如8.5分、9分和9.5分等。

③同行评分以组为单位,由本小组成员讨论确定对其他组的各项评分及总评分。

（2）团队信息

队名：

成员：

说明：本表上交时，每队队长需在每个成员名字后标注分数，以考核该成员参与项目的情况。

（3）评分表

表 6-3　　　　　　　　　　　　评分表

评价主体	工作计划性得分（10%）	工作主动性得分（10%）	工作责任感得分（10%）	内容充实性得分（20%）	内容严整性得分（20%）	PPT课件生动性得分（20%）	表述逻辑性得分（10%）	总评分（100%）
自评								
教师评								
本队对其他队的评分								
第1队								
第2队								
第3队								
第4队								
第5队								
第6队								
第7队								
第8队								
第9队								
第10队								

项目七 渠道策略

——以空间消灭时间，以时间消灭空间

知识目标

- 了解营销渠道的定义、功能、一般流程和构成。
- 理解中间商类型、渠道选择的影响因素和评价标准。
- 理解渠道管理的"三支令箭"——合同（理）、利益（利）和客情关系（情）。
- 掌握对中间商的选择、激励方法，渠道冲突和窜货管理的内容与方法。

能力目标

- 能够运用营销渠道的理论知识去解释一些企业的渠道模式及特征。
- 能够列举在渠道策略方面比较有特色的企业实例。
- 能够分析、归纳某行业（如家电行业等）或企业（如海尔等）的渠道模式。
- 能够结合某种新产品，为其策划一个渠道开发方案。

职业素养目标

- 树立社会主义法制观念，在进行渠道拓展时必须合规合法，不得有扰乱市场秩序的行为。
- 树立正确的竞争观念，不得在进行渠道拓展时实施不正当竞争行为。
- 树立以顾客为中心的现代营销观念，在制定和执行渠道策略时始终以"便利"顾客为己任。

情境引入

全渠道时代已然来临

全渠道的实质是商家为了使消费者无论通过哪种渠道，都能顺利收集信息、购买商品而提出的跨渠道战略，以及由此构建的商业模式。以小米为例，小米通过全渠道运作，更大频次地加深了与粉丝互动。从互联网时代的粉丝模式，到移动互联网的社交电商，在模式的不断发展中，小米与用户的关系不断升级。小米通过全渠道、全接触点建设，以多种形式增加了和粉丝之间的情感维系,增加了粉丝的黏性,以及产品的销售转化和高频互动。

全渠道的发展,是科技、经济、商业的进步使然,消费者"无论何时、无论何地",买到适合自己的商品的时代,已然来临。全渠道打通了企业各个渠道的客流、资金流、物流、信息流,成为连接用户的重要方式,实现用户无缝式的购物,打造出移动互联环境超越期待的用户体验。

试问:全渠道营销时代来临的市场背景如何?

资料来源:赵桐,吴越舟.小米全渠道模式深度解读.销售与市场网.2019-11-14.

从以上案例可以看出,在市场环境剧烈变化的今天,恰当的渠道策略将成为企业抵御风险,赢得竞争优势的重要法宝。宝洁公司有一句有名的销售培训格言:"世界上最好的产品,即使有世界上最好的广告支持,除非消费者能够在销售点买到它们,否则,根本就销售不出去。"接下来,我们将与读者一起探讨有关渠道策略的问题。

任务一　认识营销渠道

——联体共生命运牵,得渠道者得天下

由于受产品特性、市场因素、企业因素、分销商因素和环境因素等影响,生产商会选择不同的渠道策略:一种是选择直接将产品销售给最终用户的直接分销渠道;另一种是选择一些中间商去完成产品销售的间接分销渠道。

一、营销渠道的内涵

美国市场营销学权威菲利普·科特勒认为:营销渠道是指某种产品或服务从生产者向消费者移动时,取得这种产品或服务所有权或帮助转移其所有权的所有企业或个人。简单地说,营销渠道就是实现产品或服务从生产者向消费者转移过程的具体通道或路径。

小案例

华帝:深度布局全渠道,保持正增长势头

"得渠道者得天下",渠道一直以来都是厨电品牌角逐的主战场。目前,厨电行业已经进入全渠道营销时代,拓宽渠道的广度和深度成为未来几年的大方向。

华帝作为中国厨电三强之一,一直在积极推行线下渠道变革,渠道变得"更扁平、更多元、更融合",市场掌控力随之不断提升。在工程渠道成为厨电行业最具增长潜力渠道的趋势下,华帝通过自营与代理相结合的模式,仅2020年上半年,华帝工程渠道的营收就大涨了108.08%。

除了传统的工程渠道,华帝还持续加大对下沉市场的开拓。在三、四级下沉市场,依托"华帝""百得"双品牌运作,加之与京东、苏宁等展开战略合作,华帝积累了深厚的基础并一直走在行业前列。

针对下沉市场存在的种种售后不便,华帝2021年投入重金,与五菱达成战略合作,定制1 000辆新款服务车作为"流动的服务站",打造"一次上门,一次完工"的优质体验。

人员配置方面,售后工程师由目前的6 000人增加到20 000人,县级以下市场由现有的1 000人增加到10 000人,目标是"县城全覆盖,重点区域乡镇覆盖"。

华帝副总裁表示,华帝秉持的渠道下沉策略是"全链路多点突破",在渠道下沉、产品升级、品牌与用户沟通方面,都已取得不俗的表现。

焦点问题:华帝公司的营销渠道有何特点?

资料来源:华帝股份:深度布局全渠道,保持正增长势头.中国经济网.2021-4-22.

二、营销渠道的功能与一般流程

(一)营销渠道的功能

在企业价值链条中,营销渠道担负着非常重要的功能。营销渠道的功能如图7-1所示。

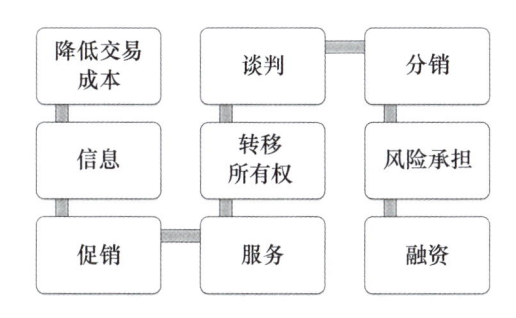

图7-1 营销渠道的功能

1.降低交易成本

虽然分销商正面临来自网络销售模式和直销模式的巨大挑战,但它永远不会消失,因为它的存在使社会交易次数减少,交易成本降低。

如图7-2所示,由于使用分销商,从三个生产者到三个顾客的交易次数从9次减少到6次,从而大大降低了交易成本。

没有分销商的交易次数
M×C=3×3=9

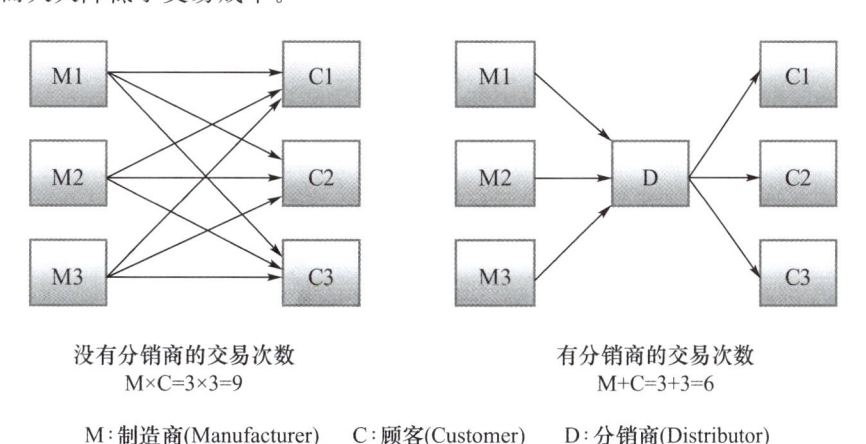

有分销商的交易次数
M+C=3+3=6

M:制造商(Manufacturer)　C:顾客(Customer)　D:分销商(Distributor)

图7-2 使用分销商的效果

2.信息

营销渠道的各分销商,就像信息网的各个节点,企业可以通过其搜集有关的潜在和现实顾客、竞争对手、供应商和其他方面的信息,从而为营销决策提供依据。

3.促销

每一个分销商都是一个传播源,可以将产品、品牌和企业有关的信息及实体产品精准地递送给目标消费者,并完成销售。

4.服务

一般,分销商可以代替制造商向消费者提供各种附加服务,如送货、安装、维修等。

5.转移所有权

产品从制造商向消费者转移的过程,也是所有权发生转移的过程。在这个过程中,分销商起着极为重要的作用。

6.谈判

在产品所有权从制造商向消费者转移的过程中,分销商要与上游制造商、下游零售商进行谈判,以顺利实现所有权的转移。

7.分销

营销渠道最重要的功能就是分销产品,即将产品从制造商转移至消费者的过程。

8.风险承担

分销商在执行营销渠道任务的过程中,也承担着风险,包括市场风险、库存风险、资金风险等。

9.融资

分销商通过现金支付的方式,买断制造商的货物所有权,实际上承担着融资的功能。

(二)营销渠道的一般流程

在实体产品通过营销渠道从供应商流向消费者的过程中,涉及五种不同的流程,即物流、商流、资金流、信息流、促销流。图 7-3 展示了营销渠道的一般流程。

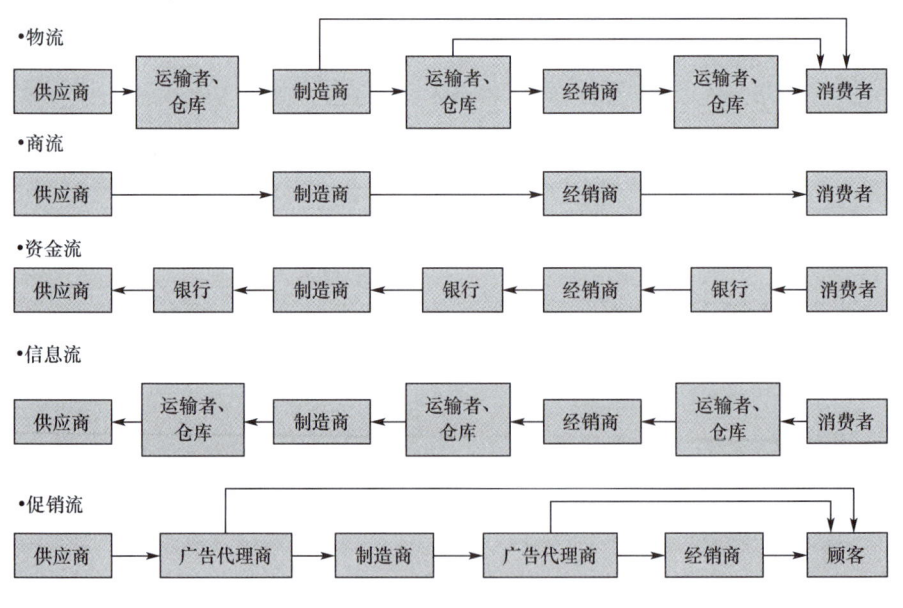

图 7-3 营销渠道的一般流程

三、营销渠道的类型与新型系统模式

不同的行业,由于产品特性和市场环境不同,其渠道结构也不一样。就消费品市场和产业市场而言,其营销渠道结构的差异性如图7-4所示。

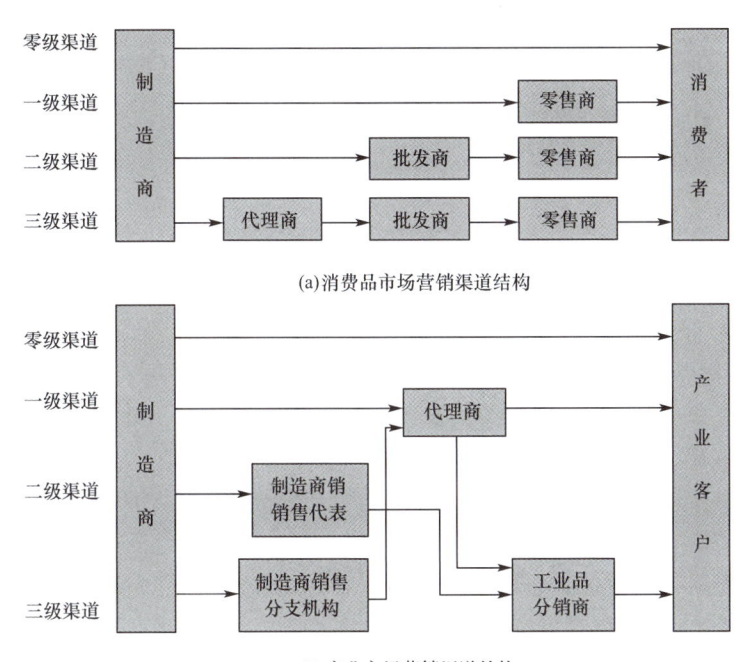

(a)消费品市场营销渠道结构

(b)产业市场营销渠道结构

图7-4　消费品市场和产业市场营销渠道结构的差异性

从图7-4来看,消费品市场营销渠道所含中间商的数目较产业市场要多;其次,消费品市场营销渠道的最后一个环节是零售商,而产业市场营销渠道的成员中一般没有零售商。

(一)营销渠道类型

为了进一步考察营销渠道的结构,我们一般从有无中间环节、中间环节的多少以及每一环节含中间商数量的多少等几个方面对营销渠道进行划分。

1. 直接渠道与间接渠道

直接渠道是指生产企业不通过中间商环节,直接将产品销售给消费者的营销渠道。直接渠道是工业品分销的主要类型。例如,大型设备、专用工具及技术复杂需要提供专门服务的产品,都采用直接渠道,消费品中有部分也采用直接渠道,如鲜活商品等。直接渠道的主要优点是环节少,流通成本低。

间接渠道是指生产企业通过中间商环节把产品传送到消费者手中的营销渠道。间接渠道是消费品分销的主要渠道类型,如化妆品、饮料、家电产品等大多采用间接渠道,其主要优点是市场的扩张能力强。

小案例

"老干妈"的渠道管理

号称不懂营销、不识字的"国民女神"陶华碧,在渠道运作上做得很高、很透。在大家都在倡导"渠道精耕"的时候,她还在地坚持着大区域代理制度。与很多企业做大了就"削

藩"相反,"老干妈"做大了后,对于做得好的经销商,还会扩大其市场区域,让经销商管理经销商。"老干妈"只有非常少的销售人员,在这方面投入的精力和资源极低,市场管理基本都由经销商做。

用"老干妈"经销商的话来说:"经销商去管理市场,比厂家的经理更尽心,而且绝不会投机倒把。最关键的是,经销商懂得如何协调分销商内部的矛盾。"

令许多企业汗颜的是,看似粗放的"老干妈"渠道模式,市场工作却做得极为细致,终端表现也非常强势,"老干妈"辣酱做个特价,终端都忙不迭地送堆头、送DM。良性的渠道运营,支持着"老干妈"几十亿元的销售业绩和快速增长。企业也有更多的精力去做产品创新、品牌建设等本该企业去做的事。

焦点问题:在"渠道精耕"盛行的时代,"老干妈"渠道管理成功"逆袭"的原因是什么?

2. 长渠道与短渠道

营销渠道按流通环节的多少来划分,主要包括以下四种渠道:

(1)零级渠道,即产品由制造商直接出售给消费者。

(2)一级渠道,即产品由制造商出售给零售商,再由零售商出售给消费者。

(3)二级渠道,即"制造商—批发商—零售商—消费者"或者是"制造商—代理商—零售商—消费者"的渠道模式,多见于消费品分销。

(4)三级渠道,即"制造商—代理商—批发商—零售商—消费者"的渠道模式。

可见,零级渠道最短,三级渠道最长。

小思考

请问哪些产品适合长渠道,哪些产品适合短渠道?

3. 宽渠道与窄渠道

营销渠道的宽窄取决于渠道的每个环节中使用同类型中间商数目的多少。企业使用的同类型中间商多,产品在市场上的分销面广的营销渠道称为宽渠道。如一般的日用消费品,由多家批发商经销,又转卖给更多的零售商,能大量接触消费者,大批量地销售产品。企业使用的同类型中间商少,分销渠道窄的营销渠道称为窄渠道。它一般适用于专业性强的产品或贵重耐用消费品,由一家中间商统包,几家批发商经销。它使生产企业容易控制分销,但市场分销面受到限制。

小链接

专营性分销、选择性分销和密集性分销

专营性分销(Exclusive Distribution)是指严格限制中间商数目,一般不再经营竞争品牌的产品。

选择性分销(Selective Distribution)是指根据公司标准选择一家以上的分销商来经营本公司的产品。选择性分销能使企业以较低的成本获得较高的市场覆盖率,并保持较强的市场控制力。

密集性分销(Extensive Distribution)又称广泛分销,其特点是尽可能多地使用批发

商或零售商来销售本企业的商品或服务。当消费者要求能够在当地方便地购买产品或服务时,密集性分销就显得至关重要。

4.单渠道和多渠道

当企业的全部产品都由自己直接开设的门市部销售或全部交给批发商经销时,称为单渠道。多渠道则可能是在本地区采用直接渠道,在外地采用间接渠道;也可能是在有些地区独家经销,在另一些地区多家分销;还可能是对消费品市场用长渠道,对生产资料市场用短渠道。

小思考

企业分别在什么情况下适合采用单渠道和多渠道?

小案例

苹果的渠道之变

众所周知,无论是 iPod,还是 iPhone 以及 iPad,苹果公司的技术、产品创新能力都毋庸置疑。但苹果公司在产品正式上市前大打"预售牌",渠道策略上采取"独家专卖"的排他性方式,还是引起了公众的质疑。iPhone 在中国上市初期,人们质疑中国移动"iPhone 禁销令"的同时,对于苹果公司"选择联通大树,结 iPhone 苹果"的独家策略也并非一味地认同,甚至诟病颇多。事实上,除了苹果公司之外,很少能找到一家把自己凌驾于市场规则之上,并且置身于行业发展之外的全球性巨头。

正当业内忧心苹果"一个只顾自得其乐、自我陶醉的企业,最终将走向何方"之时,善于应变的苹果公司开始顺应"全渠道"的时代潮流,全方位拓展自己的营销渠道。

目前,苹果公司在中国大陆的营销渠道分为三个层次,几乎涵盖了线上、线下的各种零售终端。

1.独立分销商

苹果公司在全国共有两家独立分销商,分别为中国邮电器材总公司和深圳天音公司,这两家独立分销商在各省会城市、直辖市分别建有自己的分公司。它们是苹果公司在中国大陆的指定渠道代理商,双方代理的产品具有排他性,一款产品给到深圳天音公司,就不能再给中国邮电器材总公司,反之亦然。目前这两家公司分别代理苹果公司的多款手机产品,通过它们的营销网络,能够覆盖全国各地、市、县、乡的各级零售店。这两家公司也是三星、LG、多普达等产品的全国代理商,其分销实力在全国居于前两位,各有特点,不分伯仲。

2.大规模零售商(DKR),也称直供商或直供客户

中国主要的电器零售公司,如国美电器、苏宁电器、迪信通电器等,以及各地最大的电器零售商或手机零售商,都和苹果公司签有直供协议,根据协议可不通过独立分销商直接从苹果公司进货,比普通零售店享有更大的价格优势和市场支持,但同时苹果公司对其要求和管理强度都很高。该类客户相互间不具有排他性,基本不涉及渠道选择问题。

3.普通零售店(KR)

KR 直接从上述两个代理商处采购产品进行终端销售,全国目前共有约 3 850 个主要 KR 客户。经过多年发展,手机零售市场相对成熟,小型批发商(KW)批发业务很小,因此苹

果公司将其并入 KR 客户类;同时在全国市场有 78 家授权专卖店,也将其并入 KR 客户类。

焦点问题:苹果公司的渠道策略为何要从单渠道向多渠道转变?

(二)新型的渠道系统模式

随着新型的批发机构和零售机构不断涌现,全新的渠道系统正在逐渐形成,其中具有代表性的有垂直营销系统(Vertical Marketing Systems,VMS)、水平营销系统(Horizontal Marketing Systems,HMS)和多渠道营销系统(Multichannel Marketing Systems,MMS)三种。

1.垂直营销系统

垂直营销系统的出现是对传统营销渠道的挑战。传统营销渠道由独立的生产者、批发商和零售商组成。每个成员都作为一个独立的企业实体追求自身利润的最大化,甚至以损害系统整体利益为代价。同时,没有一个渠道成员对于其他成员拥有全部的或者足够的控制权。

垂直营销系统是由统一的生产者、批发商和零售商组成的一种联合体。垂直营销系统构成的原因有:某个渠道成员拥有其他成员的产权或特许经营权;某个渠道成员拥有相当大的实力使得其他成员与之合作。垂直营销系统渠道的支配权可以由生产商拥有,也可以由批发商或者零售商拥有。

垂直营销系统又可分为三种类型:公司式、管理式和合同式(图 7-5)。

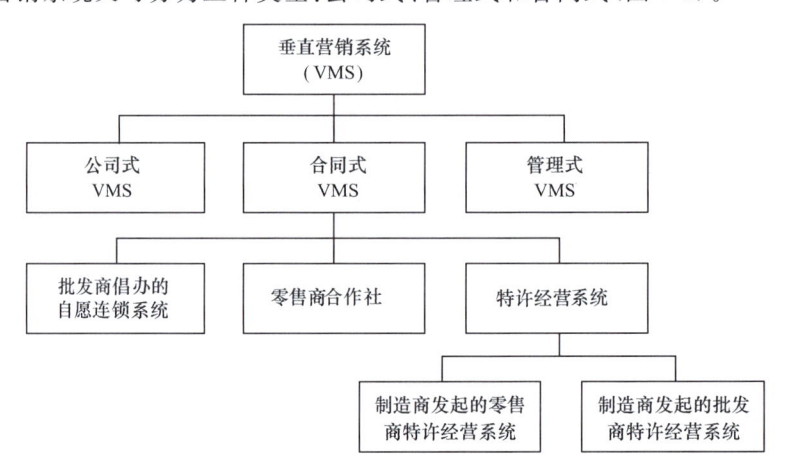

图 7-5 垂直营销系统的类型

(1)公司式垂直营销系统是由同一个所有者名下的相关的生产部门和分销部门构成的,因此有人将其称为所有型垂直营销系统。

(2)管理式垂直营销系统是由某一家规模大、实力强的企业出面,组织形成的一个连续的生产和分销系统,因此有人将其称为威望型垂直营销系统。

(3)合同式垂直营销系统由在不同的生产和分销水平上的各自独立的公司组成,它们以合同为基础来整合其行为,以求获得比其独立行动时所能得到的更好的经济和销售效果,因此有人将其称为契约型垂直营销系统。合同式垂直营销系统又可分为三种形式:

①特许经营系统。这种渠道系统又可分为两种:一种是大制造商、大饮食公司、大服务公司与独立零售商联营的零售商特许经营系统。例如,福特、麦当劳、肯德基等素享盛名的公司和一些独立零售商签订合同,授予其经营产品或服务项目的特许权。另一种是

制造商倡办的批发商特许经营系统。例如,可口可乐与某些"装瓶者"(批发商)签订合同,授予其在某一地区分装和向广大零售商发运可口可乐的特许权。

②批发商倡办的自愿连锁系统。这种自愿连锁系统和西方国家零售商业中的一般连锁商店不同。首先,自愿连锁(又叫契约连锁)系统是若干独立中小零售商为了和连锁商店这种大零售商竞争而自愿组成的联营组织,参加联营的各个中小零售商仍保持自己的独立性和经营特点。其次,自愿连锁系统实际上只是参加联营的各个独立中小零售商在采购中心的统一管理下统一进货,但分别销售,实行"联购分销"。此外,它还为各个成员提供各种服务。再次,西方国家的自愿连锁系统通常是由一个或一个以上独立批发商倡办的。例如,德国的自愿连锁系统是由一个独立批发商和一群独立中小零售商组织的;英国、比利时的自愿连锁系统是由一个或一个以上独立批发商和一群独立中小零售商组织的。

③零售商合作社。这是一群独立中小零售商为了和大零售商竞争而联合经营的批发机构(各个参加联营的独立中小零售商要缴纳一定的股金),各个成员通过这种联营系统,以共同名义统一采购一部分货物(向国内外制造商采购),统一进行宣传活动以及共同培训员工等,有时还进行某些生产活动。例如,荷兰中小零售商组成"采购联营组织",直接向国外订购货物,并有自己的仓库,这种组织实际上是中小零售商联合经营的进口批发机构;瑞典的 ICA 是由 5 000 多家零售商联合经营的批发机构;美国联合食品杂货商公司实际上也是一个零售商合作社。

2. 水平营销系统

水平营销系统是由两个或两个以上非关联的公司把它们的资源或计划整合起来开发的一个营销机会,以结合各自优势而产生巨大协同作用的营销系统。公司间的联合行动可以是暂时性的,也可以是永久性的,还可以创立一个专门公司。阿德勒(Adler)将其称为共生营销,如在杂货店里开银行。

3. 多渠道营销系统

多渠道营销是指企业建立两个或更多的营销渠道以进入一个或多个目标市场的做法。通过多渠道营销,公司可以获得三个重要的好处:第一,提高市场覆盖率;第二,降低渠道成本;第三,实现顾客定制化。

小思考

营销渠道与营销网络有何区别?

任务二　选择营销渠道

——适合的才是最好的

通过前面对营销渠道的了解,我们知道营销渠道的选择既涉及渠道的长度、宽度和广度,又涉及整个营销渠道系统的构成和模式。到底什么样的营销渠道模式才是最好的渠道模式?市场经验证明,没有一个适合所有企业的最佳模式,每个企业需根据自身的条件选

微课
营销渠道管理涉及
的几个关键问题

择适合自己的营销渠道模式。如中国空调行业,就出现了"春兰模式"(区域多家代理制)、"格力模式"(区域总代理制)、"海尔模式"(直供分销模式)等具有代表性的渠道模式。

一、中间商的类型

中间商可以从不同的角度进行分类。按是否拥有商品所有权可以分为经销商和代理商;按其在流通过程中的不同作用可以分为批发商和零售商。

(一)经销商与代理商

1.经销商

经销商是从事商品交易业务,在商品买卖过程中拥有商品所有权的中间商。

2.代理商

代理商是从事商品交易业务,接受生产者委托,但不拥有商品所有权的中间商。

3.经销商与代理商的区别

在实践中,我们经常将经销商与代理商不加区别地使用。但实际上,无论从理论还是实践的角度来说,两者皆存在一定的差异。

(1)理论上的区别。代理商与经销商在理论上主要有以下三个区别:

①从法律角度来看,经销双方之间是一种买卖关系;代理双方之间是一种委托代理关系。

②经销商以自己的名义从事销售活动,与制造商签订经销合同;而代理商以厂家的名义从事销售活动,签订委托代理合同。

③经销商的收入来源于商品买卖差价收入;代理商的收入主要来源于佣金收入。

(2)实务上的区别。代理商与经销商在实务上亦有许多不同:

①在存货或交货期方面,经销商以买卖商品为主,为满足客户的需要,需配备适当的库存,而且一般会拥有自己的销售组织;代理商则多半只有样品而无存货,依订单进货。

②在售后服务方面,经销商一般是自己承担部分或全部售后服务,而代理商一般不承担此责任。

③发生索赔事件时,经销商需按合同承担部分或全部责任,而代理商不承担此责任。

> **小思考**
>
> 分别从制造商和中间商的角度阐述经销商与代理商各自的优势和劣势。

(二)批发商与零售商

1.批发商

批发是指专门从事大宗商品交易的商业活动,是商品流通中不可缺少的一个环节。批发通常有两种情况:一是商业企业将商品批量销售给其他商业企业用作转卖;二是商业企业将用作再加工的生产资料供应给生产企业。

批发商是介于制造商与零售商之间的中间商。通过批发商,生产者可以快速、大量地售出产品,减少库存,加速资金周转。通过批发商,零售商可以采购到品种、规格和花色齐全的产品;同时,批发商还可以为零售商提供产品加工、整理、分类、包装、库存以及其他服务,方便其经营。

批发商按不同的标准,可以分为不同的类型。按分销的地域划分,有地方批发商、区域批发商和全国批发商;按其在流通领域中的位置划分,可以分为产地批发商、中转地批发商和销售地批发商;按其业务范围划分,又可以分为专业批发商、综合批发商等。

2.零售商

零售商是指将商品直接销售给最终消费者的中间商,是相对于制造商和批发商而言的,处于商品流通的最终阶段。零售商的基本任务是直接为最终消费者服务,它的职能包括采购、销售、调整、存储、加工、拆零、分包、传递信息、提供销售服务等。同时,它又是联系生产企业、批发商与消费者的桥梁,在分销途径中具有重要作用。

(1)零售业态

零售业态是指零售企业为满足不同的消费需求而形成的不同经营形态。根据国家相关标准(GB/T 18106—2021)的规定,零售业态总体上分为有店铺零售业态和无店铺零售业态。有店铺零售业态(表7-1),是指有固定场所和空间进行商品的陈列和销售,消费者的购买行为主要在这一场所内完成的零售业态。无店铺零售业态(表7-2)是指不通过店铺销售,由厂家或商家直接将商品递送给消费者的零售业态。

表 7-1　　　　　　　有店铺零售业态的分类和基本特征

业态	基本特征						
	选址	商圈与目标顾客	规模	商品(经营)结构	商品销售方式	服务功能	管理信息系统
食杂店	位于居民区内或传统商业区内	辐射半径达0.3千米,目标顾客以相对固定的居民为主	营业面积一般在100平方米以内	以烟酒、饮料、日用品和休闲食品为主	柜台式和自选式相结合	营业时间在12小时以上	初级或不设
便利店	商业中心、交通要道、车站、医院、学校、娱乐场所、办公楼、加油站等公共活动区	商圈范围小,顾客步行5分钟内到达,目标顾客主要为单身者、年轻人	营业面积为100平方米左右,利用率高	即食食品、日用百货为主,商品种3 000种左右,售价高于市场平均水平	以开架自选为主,结算在收银处统一进行	营业时间在16小时以上,提供即食食品辅助设施,提供多项服务项目	程度较高
折扣店	居民区、交通要道等租金相对便宜的地区	辐射半径为2千米左右,目标顾客主要为商圈内的居民	营业面积为300～500平方米	商品平均价格低于市场平均水平,自有品牌占有较大比例	开架自选,统一结算	用工精简,为顾客提供有限服务	一般
超市	市级商业中心、居民区	辐射半径为2千米左右,目标顾客以居民为主	营业面积在6 000平方米以下	经营食品、生鲜食品和日用品等	自选销售,出入口分设,在收银台统一结算	营业时间在12小时以上	程度较高
大型超市	市级商业中心、城乡接合部、交通要道及大型居民区	辐射半径在2千米以上,目标顾客以居民、流动顾客为主	营业面积在6 000平方米以上	大众化衣、食、日用品齐全,可一次性购齐,注重自有品牌的开发	自选销售,出入口分设,在收银台统一结算	设不低于营业面积40%的停车场	程度较高

(续表)

业态	基本特征						
^	选址	商圈与目标顾客	规模	商品(经营)结构	商品销售方式	服务功能	管理信息系统
仓储式会员店	城乡接合部的交通要道	辐射半径在5千米以上，目标顾客以中小零售店、餐饮店、集团购买和流动顾客为主	营业面积为6 000平方米以上	以大众化衣、食、日用品为主，自有品牌占相当大的部分，商品在4 000种左右，实行低价批量销售	自选销售，出入口分设，在收银台统一结算	设相当于营业面积的停车场	程度较高，并对顾客实行会员制管理
百货店	市、区级商业中心，长期形成的商业聚集地	目标顾客以追求时尚和品位的流动顾客为主	营业面积为6 000～20 000平方米	综合性，门类齐全，以服饰、鞋类、箱包、化妆品、家庭用品、家用电器为主	采取柜台销售和开架销售相结合的方式	注重服务，设餐饮、娱乐等服务项目和设施	程度较高
专业店	市、区级商业中心以及百货店、购物中心	目标顾客以有目的的选购某种商品的流动顾客为主	根据商品特点而定	以销售某类商品为主，体现专业性和产品线深度，品种丰富，选择余地大	采取柜台销售或开架销售方式	从业人员具有丰富的专业知识	程度较高
专卖店	市、区级商业中心，专业店以及百货店、购物中心	目标顾客以中高档的流动顾客和追求时尚的年轻人为主	营业面积6 000平方米以上	以销售某一品牌系列商品为主，销售量少，质优、毛利高	采取柜台销售或开架销售方式	注重品牌声誉，从业人员具有丰富的专业知识，提供专业性服务	一般
家居建材商店	城乡接合部的交通要道或消费者自有房产比例较高的地区	目标顾客以拥有自有房产的顾客为主	营业面积为6 000平方米以上	商品以改善、建设家庭居住环境的装饰装修用品、日杂用品、技术以及服务为主	采取开架自选方式	提供一站式购物和一条龙服务，停车位为300个以上	较高
社区购物中心	市、区级商业中心	商圈半径为5～10千米	建筑面积为50 000平方米以内	20～40个租赁店，包括大型综合超市、专业店、专卖店、饮食服务及其他店	各个租赁店独立开展经营活动	停车位300～500个	各个租赁店使用各自的信息系统
市区购物中心	市级商业中心	商圈半径为10～20千米	建筑面积在10万平方米以内	40～100个租赁店，包括百货店、大型综合超市、专业店、专卖店、饮食服务店及其他店	各个租赁店独立开展经营活动	停车位在500个以上	各个租赁店使用各自的信息系统

(续表)

业态	基本特征						
	选址	商圈与目标顾客	规模	商品(经营)结构	商品销售方式	服务功能	管理信息系统
城郊购物中心	城乡接合部的交通要道	商圈半径为30~50千米	建筑面积在10万平方米以上	200个租赁店,包括百货店、大型综合超市、专业店、专卖店、饮食服务店及其他店	各个租赁店独立开展经营活动	停车位在1 000个以上	各个租赁店使用各自的信息系统
工厂直销中心	一般远离市区	目标顾客多为重视品牌的有购买目的的购买者	单个建筑面积为100~200平方米	品牌商品生产商直接设立的,商品均为本企业品牌	采取自选式售货方式	多家店共有500个以上停车位	使用各自的信息系统

表 7-2   无店铺零售业态的分类和基本特征

业态	基本特征			
	目标顾客	商品(经营)结构	商品销售方式	服务功能
电视购物	以电视观众为主	商品具有某种特点,与市场上其他同类商品相比,同质性不强	以电视作为向消费者宣传商品知识的媒介	送货到指定地点或自提
邮购	以地理上相隔较远的消费者为主	商品包装较规则,适用于储存和运输	以邮寄商品目录作为向消费者宣传商品知识的媒介,并取得订单	送货到指定地点
网上购物	以有上网能力,追求快捷、方便、实惠的消费者为主	与市场上其他同类商品相比,同质性强	通过互联网进行买卖活动	送货到指定地点
自动售货亭	以流动顾客为主	以香烟和饮料为主,商品种类在30种以内	由自动售货机完成售卖活动	没有服务
电话购物	根据不同的产品特点,目标顾客不同	商品单一,以某类品种为主	主要通过电话完成销售和购买活动	送货到指定地点或自提

小案例

名创优品的新零售

提及名创优品,想必不少消费者都能够联想到几乎遍布各大商场的"十元店"。名创优品一直在专心描绘商业版图,顶着电商领域的风头不断开设线下店。

截至2020年12月底,名创优品的全球门店数量增长至4 514家。其中在中国市场的门店数量多达2 786家。值得注意的是,名创优品的线下店覆盖到了除南极洲之外的全球各大洲。

在专注于铺设线下渠道的同时,这家具有风格简约、体验良好、产品性价比高等优点的零售新秀,还紧跟潮流完美利用起互联网。无论是淘宝、京东还是拼多多,都有名创优品旗舰店的身影。

焦点问题:你认为,这家企业能够在新零售赛道中跻身前列吗?

(2)新零售组织形式

零售组织形式是指根据零售业产权关系所安排的经营体制,如连锁制、零售商合作制、消费者合作制,特许经营等。具体来讲,新零售业的基本组织形式及特征见表7-3。

表7-3　　　　　　　　　　新零售业的基本组织形式及特征

组织形式	基本特征
公司连锁	两个或两个以上的商店同属一个所有者所有和管理,经销同样的商品,有中心采购部和商品部,甚至连商店装修也采用统一的标准
自愿连锁店	由某个批发商发起,若干零售商参与的组织,从事大规模购买和统一买卖
零售商合作组织	由若干零售商组成,成立一个中心采购组织,并且联合进行促销活动
消费者合作社	由顾客自己筹款,归其所有,通过投票方式决定办店方针和选举管理小组的零售公司,合作社成员按其购买量的大小分得相应的红利
特许经营组织	特许人(一家制造商、批发商或服务组织)和特许经营人(在特许经营系统中,购买、拥有或经营其中一个或几个单元的独立生意人)之间的一种契约式联合。特许经营组织通常是以某种独一无二的产品、服务、经营方式、商标、专利或者是特许人的声誉为基础的

(3)零售业的发展趋势

零售业的发展趋势主要表现在以下六个方面:

①零售生命周期缩短,新的零售形式不断涌现,威胁着现有的零售形式。

②非商店零售发展迅速,电子信息技术的快速发展极大地增加了非商店零售的机会。

③各类商店的竞争日益加剧,对零售商的管理水平提出了更高的要求。

④"航母级"零售商不断涌现,其通过高度发达的管理信息系统和超强的采购谈判能力,不断降低采购成本,以维持较强的价格优势。

⑤垂直营销系统快速发展,渠道管理越来越向专业化和精细化方向发展。

⑥大零售商凭借其资金、管理和品牌优势,加速全球布局,使得本土零售商不得不面临来自世界零售巨头的挑战。

小链接

直播电商

1.流量变现

淘宝、京东等电商平台以及抖音、快手等短视频平台的主播通过自身的号召力,将提前选出的商品以自己的个人风格进行解说,引导用户购物。

微信推出的小程序直播,则是品牌凭借着自己的影响力,在直播间介绍自己上新的产品以及其他商品,引导用户购物。

2.购物方式

主播通过内容直播的形式,直接在直播间展示商品,并为用户提供商品的购买入口,从而形成"内容引导需求—被动产生需求—确认需求—需求落地"的需求链。

3.领导者

无论是电商平台、短视频平台还是微信的小程序直播,它们都需要一个有足够影响力的对象来担当整个直播环节的领导者。前两者都是以主播为领导,小程序直播的领导者则是商家与品牌方。

直播带货模式中,用户购买产品主要是出于对主播、品牌方的信任。如果领导者推荐的商品可以为用户提供良好的使用体验,用户就会复购,并对直播的领导者更加信任。反之,领导者的可信任度就会降低,直到失去用户的信任。

4.商品特点

直播电商模式的核心在于直播内容。与传统电商模式相比,直播电商模式下,商品的展示更加直观与全面,可以为用户提供更多关于商品的信息。

其特有的弹幕评论与在线提问设置,也可以即时解答用户疑问,打消用户的购物疑虑,从而提升用户的购买率。

5.互动性

在这个模式下,用户的参与深度是其他电商模式所难以比拟的。通过与主播的互动,用户在购物过程中可以收获更多乐趣,欢乐购物。

资料来源:直播带货与新零售,两者有什么交汇点.知乎.2020-6-17.

二、营销渠道选择与评估

(一)影响营销渠道选择的因素

一般来讲,影响营销渠道选择的一级因素可以归纳为以下五个方面:产品因素、市场因素、企业自身因素、分销商因素和环境因素,见表7-4。

表7-4　　　　　　　　　　影响营销渠道选择的因素

一级因素	二级因素	具体描述
产品因素	产品的自然属性	对易毁损、易变质、易腐烂、储存条件要求高、有效期短的产品,如鲜活品、危险品等,应采用环节少的销售网络;分量过重或体积过大的产品,应采用环节少的分销途径,甚至直接销售
	产品的技术性与售后服务	对具有较高技术含量、需要经常进行售后服务与保养并且对服务水平要求高的产品,宜采用短营销渠道销售
	产品的标准性与专用性	越是非通用化的特制品,渠道越短;如果产品的品质、规格、式样等具有一定的标准化,则营销渠道可长可短
	产品的种类和规格	产品越是非规格化,营销渠道越短。规格化的产品需要长营销渠道,如日用百货要通过批发商销售,而蔬菜类产品直接由零售商经销

(续表)

一级因素	二级因素	具体描述
产品因素	产品的时尚性	款式、颜色、时代感很强且变化较快的流行性商品,如各种新奇玩具、时装等,应尽量采用短营销渠道,组建宽而短的销售网络
	产品的价值	单位价值较高的产品,企业通常倾向于直接销售,减少流通环节,否则会造成售价的提高,这对生产企业和消费者都不利
	产品的生命周期	生命周期越短,采用的营销渠道应越短
	产品的耐用性	对于能使用较长时间的产品,如住房、汽车、家具和一些家用电器,可以采用短而窄的营销渠道,非耐用的日常生活用品可采用长而宽的营销渠道
市场因素	市场规模(需求量及每次购买量)	市场范围大,批量也大的产品,则宜采取宽而长的销售网络;市场需求大,每次购买量小的产品则组建宽而长的销售网络;市场需求小而每次购买量大的产品,可采用窄而短的销售网络;市场需求小且每次购买量小的产品,可组建较宽的销售网络
	市场集中程度	若顾客集中于某一区域(比如大城市),则可考虑设点直接销售,降低销售费用;而市场范围大且目标顾客居住营散的商品宜采取长而宽的营销渠道,利用代理商、批发商、零售商来分销产品
	顾客购买习惯	对于一些价格较低、购买频繁、顾客不需仔细选择的日用产品宜多采用扩大销售网点的策略以增大销量;顾客容易冲动性购买的产品,宜广泛布点,最大限度地接近消费者,使其方便购买;而一些耐用消费品,由于顾客购买得少,则可少设网点
	市场潜力	如果产品当前市场规模小但有较大的发展前途,组建的销售网络应有扩展延伸的余地;相反,如果潜力不大则应有缩小转移的准备
	市场竞争性	对于同类产品,企业可选择采用与竞争者相同的销售网络来与其抗衡,也可选择开辟新营销渠道推销产品
	市场景气状况	市场繁荣时,企业可采用长而宽的营销渠道以扩大市场;反之,则要缩小营销渠道,以最经济的方式销售产品
企业自身因素	企业的规模、实力与声誉	规模大、实力雄厚、信誉好的企业,可以加强对销售网络的控制,将部分销售职能集中在企业手中,建立自营体系,而不依赖于营销商
	企业对销售网络的控制能力和愿望	如果企业根据自己的战略目标,设想对分销商和销售网络采取强有力的控制,一般采取短营销渠道,在营销全过程中不受制于分销商;反之,可采用长营销渠道的销售网络
	企业的销售能力	如果企业自身拥有足够的销售力量,有丰富的销售管理、存储运输、零售运作、广告推销经验,并且拥有素质良好的销售团队,则可以少用甚至不用分销商;反之,不如采用经验丰富的分销商
	企业提供的服务层次	如果企业具有丰富的服务经验且愿意为消费者提供更多的服务,可采用直接销售;如果愿意为零售商提供更多服务,则可选用一级渠道的销售网络

(续表)

一级因素	二级因素	具体描述
企业自身因素	企业的市场信息搜集能力	如果企业市场调查和信息搜集的能力弱,缺乏对用户的了解,信息分析能力弱,就需要借助于分销商销售产品;反之,就可用较少的分销商
	企业的产品组合状况	如果企业产品种类多、品种齐全,可以采用短而宽的营销渠道,产品组合越深,采用独家经销或少量有选择的分销商就越受益;反之,则可通过批发商和零售商大量营销产品,采用长而宽的分销渠道
分销商因素	分销商的可得性	可得性是指在选定的市场区域内能否选到有效的分销商。在许多情况下,分销商可能由于先前与企业竞争对手的关系或合同而不能经销企业产品,这时企业只能建立自己的分销机构
	渠道成本	销售网络的分销成本有时会很高(主要是经纪人或代理商所收取的佣金和批发商要求的折扣),此时企业会将产品的直销成本与网络的分销成本在网络的各个层次中分别进行比较和评估,以决定是否选择分销商和分销商的层次
	分销商的服务能力	企业需要评估分销商向顾客提供服务的能力,如果分销商的专业化程度较高,则可选择间接营销渠道,并根据其服务水平确定营销渠道的长短与宽窄;反之,企业就要考虑建立自己的直接营销渠道,已保证服务质量
	与企业的合作程度与信誉	如果分销商与企业的合作程度较高,可采用间接销售;如果分销商与企业的合作程度较低,则可采用直接营销渠道
	可能的订货量	一般说来,如果分销商的订货量小,企业就要采用大量的分销商
环境因素	社会文化环境	社会文化环境包括一个国家或地区的思想意识形态、民族特性、道德规范、社会风气、社会习俗、生活方式等因素
	经济环境	经济环境指企业营销活动所面临的全部外部社会经济条件,其运行状况和发展趋势会影响到销售渠道的设计及未来动向
	竞争环境	竞争会影响营销渠道的行为,任何一个成员在面临竞争时都有不同选择
	政府环境	政府环境是指政府的法律、法规、政策、法令等,如地方性的标准、规定,或带有地方保护主义的产业政策等

(二)营销渠道方案的评估标准

1.经济准则

每一种营销渠道方案都将产生不同水平的销售额和销售成本。是自建营销渠道好,还是利用中间商好?多数经理认为,自建营销渠道往往更加有利于产品销售,原因是自己培养的销售队伍更加了解自己的产品,销售员的个人利益与公司利益密切相关,而且顾客往往更愿意直接跟公司打交道。但是,不可否认的是,自建营销渠道往往也意味着更高的销售成本。因此,在某种情形之下,使用中间商更有利于快速和低成本地推广公司产品,因为中间商往往有着非常完善和专业化的营销渠道和网络。

那么,到底该如何选择呢?关键是要评估每一种营销渠道带来的销售额和渠道销售成本。使用中间商的固定成本比较低,但销售费用增长很快。如图7-6所示,随着销售额的增加,在某一个销售额水平 S_0 上,两种渠道销售成本相等。在销售额小于 S_0 时,使用中间商较为有利;而在销售额大于 S_0 时,自建营销渠道更划算。

2.控制准则

在进行渠道评价时,还需考虑渠道的控制问题。使用中间商存在的控制问题将会很

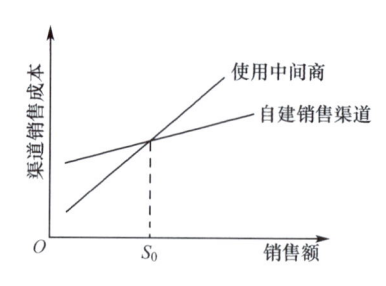

图 7-6 营销渠道的损益临界示意图

多,因为中间商是独立法人,它们往往会为追求自身利益的最大化,甚至不惜牺牲其他渠道成员的利益。此外,中间商可能因不能很好地把握公司产品的"卖点",因而不能很好地促进产品的销售。

3.适应准则

在一个特定的时期内渠道成员间会有某种程度的承诺,这种承诺往往会影响制造商的应变能力。在瞬息万变的市场环境中,生产商往往快速调整其营销策略,以期获得对渠道的最大控制。

任务三　管理营销渠道

——"理、利、情""三"管齐下

良好的营销渠道管理是规范市场秩序,保证所有渠道成员利益得以实现的重要条件。但在营销实践中,有的渠道成员为追求自身的短期利益,往往不惜牺牲其他成员的利益和渠道的长远利益。那么如何才能实现营销渠道的规范管理,以保证所有渠道成员的利益得以实现呢?实践表明,合同(理)、利益(利)、客情关系(情)是有效管理渠道的三支"令箭"。换句话说,要规范营销渠道管理,需"理、利、情""三"管齐下。

具体而言,营销渠道管理涉及以下五个方面的内容:

一、中间商的选择

小链接

老锁匠和两个徒弟的故事

一个老锁匠的手艺远近闻名,更为可贵的是他有着正直的人品。每次为别人配完钥匙后,他都会将自己的姓名和地址告诉别人,并且会说:"如果发生用钥匙打开门的盗窃,你就来找我!"

为使手艺不失传,老锁匠决定在两个年轻人中选一个做自己的接班人。他在两个房间分别放了两个保险箱,并规定:谁在最短的时间内打开,谁就有资格得到自己的衣钵真传。

大徒弟不到十分钟就打开了保险箱,而二徒弟花了整整半个钟头才完成。当人们都以为大徒弟当选时,老锁匠却向两人分别提了同样一个问题:"保险箱里有什么?"

大徒弟连忙答道:"里面有很多钱,而且都是一百元面额的。"而二徒弟却支吾了半天,不好意思地说:"我只顾开锁了,没注意里面有什么。"

老锁匠把保险箱里的钱给了大徒弟,让他走人。留下二徒弟,把一生的技艺都教给了他。

焦点问题:老锁匠择徒的标准是什么?对企业选择经销商方面有什么启示?

通过以上这则故事,我们可以看出企业选择中间商就犹如女孩子选夫婿一样,不同的人会有不同的标准。因此,在中间商选择的问题上,我们可以用一句话概括:适合的就是最好的。尽管如此,仍不妨碍我们列出在选择中间商时一般应考虑的因素。

1.市场覆盖范围

市场覆盖范围是选择分销商时最关键的因素。首先,要考虑分销商经营的地区范围是否和企业产品的目标销售区域一致。其次,分销商的销售对象是否是企业的目标客户群体。

2.声誉

在目前市场秩序不太规范的情况下,声誉是我们在选择中间商时非常重要的参考因素。因为其不仅直接影响企业货款的安全,还关系到其他中间商及成员对企业的看法。

3.中间商的历史经验

许多企业在选择分销商时很看重历史经验,往往会认真考察其一贯的表现和赢利记录。若中间商以往经营状况不佳,则将其纳入营销渠道系统的风险就大。而且,经营某种商品的历史成功经验是中间商自身优势的一个来源。

4.合作意愿

分销商与企业合作得好,会积极主动地推销产品,这对双方都有利。态度决定销售的业绩,因此,企业应该根据销售产品的需要,考察分销商对企业产品销售的重视程度和合作态度,然后再考虑合作的具体方式。

5.产品组合情况

在经销产品的组合关系中,如果经销商经销的产品与自己的产品是竞争产品,应避免选用该经销商。但如果该经销商产品组合有空当,或自己产品的竞争优势非常明显,选取其作为经销商也未尝不可。

6.财务状况

生产商往往倾向于选择资金实力雄厚、财务状况良好的分销商,因为这样既可以有还款保证,还可能在财务上给生产商一些支持,从而有助于扩大产品生产和销售。

7.中间商区位优势

对零售商而言,理想的位置应该是客流量大的地方;而对于批发商的选择则要考虑其所处的位置是否有利于产品的储运和流通。

8.中间商的促销能力

分销商推销产品的方式以及促销手段的运用,直接影响到销售效果。要考虑分销商是否具有促销经验且愿意承担一定的促销费用,有没有必要的物质、技术和人才资源。

二、中间商的激励

美国哈佛大学心理学家威廉·詹姆士在《行为管理学》一书中认为,合同关系仅能使人的潜力发挥20%~30%;而如果受到充分激励,其潜力可发挥至80%~90%。但是,在国内,不少企业把大量的精力放在了增加网点、调整营销渠道模式上,而常常忽略对经销商的激励。

常言道:"无利不起早。"要确保经销商能够按照企业的意愿行事,首先要确保企业能够给经销商带来利益。如果企业带来的利益在经销商的利益中占的比重很小,那么企业所说的一切,经销商都可能会当成耳旁风。有一位经销商说得好:"如果企业的产品销售状况好,企业就是上帝;如果企业的产品销售状况不好,经销商就是上帝。"这句话一针见血。中间商作为独立的法人,赢利是其第一目标。因此,对不同的中间商应采取相应的激励手段。对中间商的激励,可以从以下四个方面考虑:

1. 开展促销活动

制造商通过开展促销活动,如广告宣传、商品展示、人员促销等,帮助中间商销售产品。

2. 提供市场信息

企业可以通过各种形式向中间商提供市场信息,使其做到心中有数,并帮助中间商制订销售计划。

3. 提供融资支持

企业可以采取先提货、后付款的方式,为中间商提供资金方面的帮助。

4. 与中间商建立长期的伙伴关系

通过建立长期的伙伴关系,达到企业与中间商双赢的目的。

小案例

宝洁、卡夫对中间商的激励

宝洁公司指派了20名经理与沃尔玛总部进行合作,一起探讨减少合作成本和共同减少损失的方法。最终,宝洁公司建立了定制化的订单过程和自动库存补偿程序,使合伙人的库存降到最低点。因为能更精确地预测交货数,宝洁公司也得到了更好的生产安排计划并减少了对经销商的促销费用。

卡夫在奶酪上有很多专门技术,致使零售商非常需要它的帮助。卡夫使用软件专家系统,建议连锁零售商根据邻近商店的经营特征,确定自己的奶酪产品组合以及货架摆放。卡夫总部管理每个合作连锁店的数据,并培养当地的销售员工使用该数据库,以便为每个商店提供最佳的卡夫产品组合。

焦点问题:宝洁和卡夫食品公司采用了哪些方法对中间商进行激励?

有些情况下,正面激励并非总是有效,这时需要一些负面强化激励。中间商如果不能很好合作的话,制造商可以通过减少毛利、放慢供货,甚至终止合作关系等方式对中间商进行惩戒。在分销商对制造商高度依赖的情况下,这种方法尤其有效。

三、营销渠道冲突的管理

由于渠道成员各自的利益不同,在渠道运作的过程中,系统中的个别成员会因自身利益而采取不合作行为,这就是营销渠道冲突。加强营销渠道冲突的管理,是营销渠道管理的重要内容。

(一)营销渠道冲突的类型

(1)垂直冲突。这是指同一渠道上的前后环节之间的不协调与冲突。如生产商与批发商、批发商与零售商之间的矛盾。这种矛盾与冲突可能来自渠道成员之间的目标差异或企业的错误预期。

(2)水平冲突。这是指同一营销渠道上的同一层次的中间商之间的矛盾与冲突。如零售商为了在市场竞争中取得优势地位,互相降价,以期战胜其他零售商。

(3)交叉冲突。这是指在营销渠道中不同环节和层次之间的矛盾与冲突。

(二)解决营销渠道冲突的方法

(1)促进合作,树立共同的价值观。这是消除冲突的根本方法。要取得销售的成功,渠道的管理者和其他成员必须认识到销售网络是一个体系,一个成员的行动可能会影响到其他成员目标的实现。如果成员之间互相支持,其营销效率会很高;反之,则会阻碍其他成员实现目标。

(2)渠道管理者要随时关注渠道的潜在矛盾,并且及时解决。如关注渠道成员之间的抱怨等。

(3)设计解决冲突的渠道策略。如让渠道成员分享管理权,提高渠道成员的满意度;还可以通过讨价还价、说服、协商或奖惩的办法促使渠道成员服从整体利益。

(4)渠道成员之间要相互沟通,这是合作的基础和前提。

在不得已的情况下,有时也要采用一些消极的方法,如谈判、调解、仲裁、诉讼,甚至依据经销合同的有关规定直接清理渠道成员等方法来解决渠道冲突。

四、窜货管理

窜货是一种非正常的商业行为,其目的是赢利。中间商跨过自身覆盖的销售区域而进行的有意识销售就是窜货,也称冲货。

(一)窜货的类型

1. 类型 I

(1)恶性窜货。经销商为了牟取非正常利润,蓄意向非辖区倾销货物。

(2)自然性窜货。一般发生在辖区临界处或物流过程中,非经销商恶意所为。

(3)良性窜货。经销商的流通性很强,货物经常流向非目标市场。

2. 类型 II

(1)同一市场内部的窜货。甲乙互相倒货。

(2)不同市场之间的窜货。两个同一级别的经销商之间相互倒货。

(3)交叉市场之间的窜货。经销区域重叠。

(二)窜货的危害

(1)一旦价格混乱,将使中间商的利润受损,导致中间商对厂家不信任,对经销其产品失去信心,甚至拒售。

(2)供应商对假货和窜货现象监控不力,地区差价悬殊,使消费者怕买到假货、怕吃亏上当而不敢问津。

(3)损害品牌形象,使前期投入无法得到合理的回报。
(4)竞争品牌会乘虚而入,取而代之。

(三)窜货的原因
(1)中间商为了多拿返利,抢占市场。
(2)供货商给予中间商的优惠政策不同。
(3)供应商对中间商的销货情况把握不准。
(4)辖区销货不畅,造成存货积压,厂家又不予退货,经销商只好拿到畅销市场去销售。
(5)运输成本不同,自己提货的成本较低,有窜货空间。
(6)厂家规定的销售任务过高,迫使经销商去窜货。
(7)市场报复,目的是恶意破坏对方市场。

(四)解决窜货问题的措施

要从根源上解决窜货问题,首先必须消除窜货产生的条件。窜货的发生需要具备三个条件:窜货主体、环境、诱因。因此,解决窜货问题需围绕以下三个方面展开:

1.选择好经销商

在制定、执行招商策略时要注意避免窜货主体出现或增加,这就要求企业详细考察经销商的资产、信誉和职业操守,除了从经销规模、经销体系、发展历史等方面考察外,还要考察经销商的品德和财务状况,防止有窜货记录的经销商混入营销渠道。

2.创造良好的销售环境

(1)制订科学的销售计划。企业应建立一套市场调查预测系统,通过准确的市场调研,搜集尽可能多的市场信息,建立市场信息数据库,然后通过估算各个区域市场的未来进货量区间,确定合理的任务量。如果个别区域市场进货量发生暴涨或暴跌,超出了企业的估算范围,就可初步判定该市场存在问题,并马上对此做出反应。

(2)合理划分销售区域。合理划分销售区域,保证每一个经销区域的经销商密度合理,防止整体竞争过于激烈,产品供过于求,引起窜货;保证经销区域布局合理,避免经销区域重合,或部分区域竞争激烈而发生向其他区域窜货的现象;保证经销区域均衡,按不同实力规模划分经销区域、下派销售任务。对于新经销商,要不断对其进行考察和调整,防止出现片面判断。

3.制定完善的销售政策

(1)完善价格政策。制定价格政策时不仅要考虑出厂价,而且要考虑一批出手价、二批出手价、终端出手价。每一级别的利润设置不可过高,也不可过低。过高容易引发降价竞争,造成倒货;过低调动不了经销商的积极性。在制定了价格以后,企业还要监控价格体系的执行情况,并制定对违反价格政策行为的处理办法。

(2)完善促销政策。制定促销政策时应当考虑合理的促销目标、适度的奖励规则、严格的兑奖措施和市场监控。

(3)完善专营权政策。企业在制定专营权政策时,要对跨区域销售问题做出明确的规定,即什么样的行为应受什么样的政策约束,使其产生法律约束力。

此外,为有效地防止窜货,还应制定合理的预防、惩罚措施(如交纳保证金、加大对窜货行为的惩罚力度等),建立监督管理体系,杜绝渠道拓展人员参与窜货,培养和提高中间商的忠诚度,利用技术手段进行配货管理等。

五、营销渠道的调整

营销渠道系统建立起来以后,并非是一成不变的。随着企业内外部环境的变化,营销渠道也应作相应的调整,以适应形势的变化。从经营层面上看,涉及增加或剔除某些渠道成员;从特定市场的规划层面上看,涉及增加或剔除某些特定的营销渠道;从企业系统规划层面上看,涉及整个渠道模式的调整。由于营销渠道的调整涉及面广、过程复杂,在此不详细讨论。

知识巩固

1. 名词解释

营销渠道　直接渠道与间接渠道　长渠道与短渠道　宽渠道与窄渠道　单渠道与多渠道　经销商与代理商　批发商与零售商　窜货

2. 简答题

(1) 营销渠道有哪些功能?
(2) 营销渠道的一般流程是怎样的?
(3) 消费品市场和产业市场渠道构成有何不同?
(4) 影响营销渠道选择的因素有哪些?
(5) 试述营销渠道方案的评估标准。
(6) 选择中间商时一般应考虑哪些因素?
(7) 如何对中间商进行激励?
(8) 试述营销渠道冲突的类型及解决营销渠道冲突的方法。
(9) 试述窜货的成因及解决窜货问题的方法。

项目案例

做好渠道顶层设计,何须厂商钩心斗角

让人大跌眼镜的达利

十年前,达利开始做饮料,业内一片看衰。达利是做糕点饼干起家的,在渠道管理上又特别粗放,当时大概十几个销售人员,却有十几亿的销售。用经销商的话来说,达利的业务就知道"压指标、催款、压货"。而饮料行业,都是可乐、娃哈哈、康师傅等大咖,它们的渠道管理工作精细而又落地。很多人预测达利会在这上面栽跟头。

网上还能查到当时业内人士对达利的预测:"光会打广告是不行的""饮料不是这么玩的"等,一个看好的分析都没有。

结果,达利"抽了很多人的脸"。达利的饮料还是一如既往的"粗放",几百人做上百亿的销售,经销商还是说达利的业务只会"压指标、催款、压货",而且达利当时找的经销商也多不是做饮料的所谓"专业"经销商。

相对那些仅仅渠道手法上不符合"常规"就看衰者,达利的格局明显高很多,深谙渠道运作之本质。

达利从渠道的顶层设计入手，让经销商承担了主要的区域推广职能，同时给了经销商更大的激励，给经销商设定更高的门槛和更高的指标，引入大量的非饮料经销商（很多所谓的饮料专业经销商其实已经"堕落"为配送商，手里虽有大品牌的产品，但并没有真正的竞争力，对达利而言也没有太多价值）。

纲举目张，经销商的潜力被释放了出来，一些原本"不会"卖饮料的经销商也开始会卖饮料了。

说起来也简单，不跟其他大型饮料企业邯郸学步，企业干企业该干的事，出好的产品，打造品牌，做消费者沟通，不越俎代庖，让经销商干经销商该干的事，区域的经营就交给经销商做，但给经销商设很高的标准。厂商之间责权利特别清晰，经销商能动性做起来了，企业自己也省心。

也许有人会问，那么"牛"的康师傅做通路精耕，更"牛"的可口可乐做了直营终端，都很成功啊，难道都是错的？

时过境迁，你还在刻舟求剑吗

企业当年做通路精耕和直营终端能够成功有两大前提：

第一是经销商不专业。当时的经销商普遍是"坐商"，是不具备市场经营能力的，品牌商先动手做起来，至少示范给它们看。而一旦经销商懂了"经销"，企业来运营区域市场的成本一定比经销商高很多，而且多数企业在专业上比经销商也要差。

第二是人员成本低。找个刚毕业的大学生，给他培训，让他为自己身处的大公司骄傲，然后每个月800块，让他骑自行车每天必须铺出多少可乐，否则自己放家里喝——这样的日子永远不可能再有了。

当然企业打的另外一个"小算盘"是，把经销商的核心职能拿来，以后这个经销商就"任我宰割"了。在营销界，最极端的例子并不是可口可乐和康师傅，而是20世纪90年代的保健品。

1996年，三株号称做了80亿的销售，但它的经销商是"医药公司"那些老爷们，几乎啥都不干，企业必须自己来。所以三株在全国有600多家分公司，15万营销人员，人均年销售额也就5万多块钱，但在那个时候已经非常"爽"了，换现在只有"死路一条"。

"上帝的归上帝，恺撒的归恺撒"

康师傅、可口可乐、三株、红桃K等企业的渠道顶层设计，是基于经销商不专业或者不作为的大前提，抓住了当时人力成本极低的机遇，用强硬的执行和"人海"战术完成了本该渠道商做的推广职能，并由此建立了对渠道商的话语权。是特殊市场阶段的非常之举，取得了非常之效，所以后人邯郸学步，基本是"掉沟里"的，市场环境变了。

达利的成功虽然在当时的人们看来不同寻常，其实是最按常理出牌的。即"上帝的归上帝，恺撒的归恺撒"，厂家做好厂家的，经销商做好经销商的，责权利清晰，万物自有其属，顺其规律而成功。这在渠道运营上有一个专业名词，叫作"垂直营销系统"。当然，借助自己品牌的强大，达利的"高标准、严要求"也让经销商们压力山大。

垂直营销系统这些年迅速发展，并成为欧美渠道发展的主流，得益于它解决了一个根本矛盾。上面我们讲过，生产商、渠道商、零售商，是三个独立的经营体，松散组合，矛盾众多，三者反复博弈，产生了大量内耗，品牌和整个渠道系统容易陷入"公用品悲剧"。

而垂直营销系统是,生产商和渠道商(甚至包括零售商),组成统一的联合体,联合体可以是紧密的公司式,也可以是管理式,还可以再松散点,采用合同式。一旦这个垂直系统形成,则厂家和渠道商就有了更多的共同利益。大代理商和经销商逐渐变成厂家的"分公司"了,其渠道效率自然大幅度提升。

渠道顶层设计

通过上面的总结,我们再把看似高大上的渠道顶层设计来梳理一下,前提是你的渠道目标和与产品匹配的适销渠道已经选择好。

第一步:选择渠道级数和定义渠道性质。

第二步:制定销售政策。

第三步:设计跟销售政策匹配的价格体系。

第四步:确定整合方向。

看似高大上的顶层设计其实就是这些平实的内容。一个科学的顶层设计要达到如下要求:厂商之间责权利清晰;充分调动渠道商的积极性;能充分利用渠道商的资源;有利可图;保持连贯性,双方的共同利益越来越多,而不是逐渐变成博弈格局;最后才是,渠道评估和管理。

管理中有激励和惩罚,很多人乐此不疲地进行返利、铺底、各种奖励等。其实,如果渠道的顶层设计通畅,哪需要这么繁花似锦的"销售激励"啊?

在中国做实业,团队建设、市场营销和厂商联盟是三大法宝。少一些钩心斗角、互相挖坑,建立科学的渠道顶层设计,才能充分发挥"统一战线"的威力。

问题:

1. 试分析达利渠道管理成功的原因。
2. 实施达利渠道管理模式的前提条件有哪些?
3. 你认为达利渠道管理模式适合哪些企业采用?为什么?

实训项目

营销渠道设计

【实训目的】

通过实训,实现理论知识向实践技能的转化,使学生能够运用所学知识为具体产品设计营销渠道。

【实训内容】

以某一企业为背景,结合其具体产品,为该产品设计一个切实可行的渠道方案。

【实训步骤】

(1)以 6~8 个人为单位组成一个团队。

(2)由团队成员共同讨论确定选题。

(3)通过文献调查、深度访谈、企业实习等方式,了解该产品的产品特性、市场环境、企业状况等。

(4)根据环境分析的结果,为该产品设计一个切实可行的渠道方案。
(5)各团队派代表展示其成果。
(6)考核实训成果,评定实训成绩。

【实训要求】

(1)考虑到课堂时间有限,项目实施可采取"课外+课内"的方式进行,即团队组成、分工、讨论和方案形成在课外完成,成果展示安排在课内。
(2)每组提交的方案中,必须详细说明团队的分工情况,以及每个成员的完成情况。
(3)每个团队方案展示时间为10分钟左右,老师和学生提问时间为5分钟左右。

【实训考核】

(1)成果评价指标体系

表 7-5　　　　　　　　　　　　　　成果评价指标体系

一级指标	分值	二级指标	分值	评分标准					得分
工作态度	30	工作计划性	10	5(不及格)	6(及格)	7(中)	8(良)	10(优)	
		工作主动性	10	5	6	7	8	10	
		工作责任感	10	5	6	7	8	10	
方案质量	70	内容充实性	20	10	12	14	16	20	
		内容严整性	20	10	12	14	16	20	
		PPT课件生动性	20	10	12	14	16	20	
		表述逻辑性	10	5	6	7	8	10	
总评分									

评分说明:
①对各队成绩评定采取自评、同行评价和老师评价三者相结合的方式,三者各占10%、20%和70%的分值。
②评分时可根据实际情况选择两个等级之间的分数,如8.5分、9分和9.5分等。
③同行评分以组为单位,由本小组成员讨论确定对其他组的各项评分及总评分。

(2)团队信息

队名:

成员:

说明:本表上交时,每队队长须在每个成员名字后标注分数,以考核该成员参与项目的情况。

(3)评分表

表 7-6　　　　　　　　　　　　　　评分表

评价主体	工作计划性得分(10%)	工作主动性得分(10%)	工作责任感得分(10%)	内容充实性得分(20%)	内容严整性得分(20%)	PPT课件生动性得分(20%)	表述逻辑性得分(10%)	总评分(100%)
自评								
教师评								
本队对其他队的评分								
第1队								
第2队								
第3队								

（续表）

评价主体	工作计划性得分（10%）	工作主动性得分（10%）	工作责任感得分（10%）	内容充实性得分（20%）	内容严整性得分（20%）	PPT课件生动性得分（20%）	表述逻辑性得分（10%）	总评分（100%）
第4队								
第5队								
第6队								
第7队								
第8队								
第9队								
第10队								

项目八 促销策略

——"临门一脚"的营销战术

知识目标

- 了解影响促销组合决策的因素及促销组合决策的程序。
- 理解促销组合的四种方式,即人员推销、广告、销售促进和公共关系的内涵和适用范围。
- 理解人员推销的步骤、广告的决策流程、销售促进的管理流程和公共关系的决策流程。
- 掌握推销人员管理、广告决策、常用的销售促进工具和"PENCILS"公关的主要内容。

能力目标

- 能够运用促销策略的理论知识去解释和分析企业的促销策略和行为。
- 能够列举在促销策略方面运用得比较好的企业实例。
- 能够分析、归纳某行业(如通信产品行业)常用的促销策略。
- 能够针对某一节日,为某产品策划一个促销方案。

职业素养目标

- 树立社会主义法制观念,在开展促销活动时必须合规合法,不得有扰乱市场秩序的行为。
- 树立正确的竞争观念,在开展促销活动时不得实施不正当竞争行为。
- 树立以顾客为中心的现代营销观念,在制定和执行促销策略时不得欺骗消费者。

情境引入

某主播的个人品牌营销

一、"东方古风田园"的独特品牌定位

"东方古风田园"指中国古代所具有的真实、古朴的田园生活,远离闹市,遗世独立。在某主播的视频中,她身穿汉服、手拿农具,穿梭在田间耕种作物,或在家中制作番茄酱,从人物服装到道具,再到场景,均为风格统一的古风路线。

二、以短视频为主,建立传播矩阵

该主播的内容营销中,短视频是内容的载体,也是传播的手段。在短视频的拍摄过程中,注重画面的唯美意境。构图以特写近景居多,清楚的展现自然食材。拍摄手法以俯拍为主,完整展现食材的种类以及食物制作的过程。

剪辑上,画面过渡自然流畅,注重景别切换。配乐选择上,以古典纯音乐为主。画面和配乐相得益彰,展现了田园式生活的美好状态。

该主播的内容投放平台有微信,微博,B站,美拍,秒拍等多个媒体平台,其中社交媒体平台运用的最多。

在品牌内容营销的过程中,各个平台互相关联,打破信息孤岛,通过不断的分享,形成了传播矩阵,以微博,微信为主导,其他媒体平台做辅助,进行营销传播,达到最终的促销目的。

三、与跨界IP合作,实现品牌推广

2019年,该主播与"朕的心意·故宫食品"在北京进行了签约仪式,开始了正式的合作。

故宫本身蕴藏着千年文化沉淀以及百万件珍品,可开发利用的文化内容有目共睹,该主播发布的内容也有着极高的文化价值,在年轻群体中有着很大的影响力。

因此,双方合作是互利共赢的,更重要的是让年轻用户产生对传统文化价值观念的转变。该主播与跨界IP合作,在达到商业目的的同时,更加能够实现品牌的社会价值。

试问:数字营销时代如何进行更加有效地传播?

促销作为产品终端的销售,就像足球比赛中的临门一脚一样重要。一个企业,即使产品质量再好,价格再公道,如果不懂得怎样将产品信息精准地传达给目标消费者,也是不可能实现产品销售的。

任务一　促销组合

——推动或是拉动,关键在于谋定而后动

在学习促销组合的相关内容之前,我们先来了解一下什么是促销。

一、促销的含义

促销是促进销售的简称,是指企业通过人员和非人员的方式,向消费者或用户传递产品信息,引起他们的注意和兴趣,激发他们的购买欲望和购买行为,以达到实现销售的目的。

理解促销的含义,可以从以下三个方面把握:

1.促销的核心是信息沟通

只有将企业提供的产品或服务等信息传递给消费者,才能引起消费者的注意,从而有产生购买欲望的可能。

2.促销的目的是引发、刺激消费者产生购买行为

在消费者可支配收入既定的条件下,消费者是否产生购买行为主要取决于消费者的购买欲望的大小,而消费者的购买欲望又与外界的刺激和诱导密不可分。促销正是针对这一特点,通过各种传播方式把产品或服务的有关信息传递给消费者,激发其购买欲望,

使其产生购买行为。

3.促销的方式有人员促销和非人员促销两类

人员促销是企业利用推销人员向消费者推销商品或服务的一种促销活动。非人员促销是企业通过一定的媒体向消费者传递产品或服务的有关信息，包括广告、公关和营业推广等。通常，企业在促销活动中将人员促销和非人员促销结合运用。

二、促销组合

促销组合，又称为营销传播组合，主要包括人员推销、广告、销售促进（也叫营业推广）和公共关系四种方式。

（一）人员推销

人员推销是指与一个或多个预期顾客进行面对面的接触以展示、介绍产品，回答问题，化解异议和取得订单的活动。

人员推销在购买过程的某个阶段，特别在建立购买者偏好、信任和促使购买者产生购买行为时是最有效的促销工具。与广告相比，人员推销有三个明显特性：

1.与目标顾客面对面地接触和沟通

人员推销是在两个人或更多的人之间，在一种生动的、直接的和相互影响的氛围中进行的。每一方都能在咫尺之间观察对方的需求和特征，在瞬息之间做出调整。

2.注重人际关系的培养

人员推销有利于推销员与顾客关系的升华，从注重实际的销售关系直至深厚的个人友谊。

3.获得即时响应

人员推销是推销员和顾客之间通过面对面的方式进行沟通，这种方式的沟通使双方都可获得即时响应。

（二）广告

广告是由明确的发起者以公开付费的方式，通过各种形式的传播媒体进行的对创意、商品和服务的非人员展示和促销活动。

广告有多种形式和用途，是促销组合中的一个重要组成部分。据统计，在快速消费品促销中，广告的作用占40%。它的主要特性有：

（1）公开展示。广告是一种高度公开的信息传播方式。

（2）渗透性。广告是一种渗透性很强的媒体，它通过多次重复将产品信息渗透到目标消费者心里。

（3）夸张的表现力。广告可通过巧妙地运用平面设计、三维动画、影音效果等方式，将公司及其产品戏剧化地展示给目标受众。

（4）非人格化。广告不像人员推销那样带有强迫性和互动性，受众可以选择注意或不注意广告信息。广告与受众的信息沟通一般是单向的。

（三）销售促进

销售促进（Sales Promotion，SP），也被称为营业推广，是指除了人员推销、广告和宣传报道以外的，刺激消费者购买和提高经销商效益的种种非连续发生的推销方法与手段。简单地说，销售促进就是能直接刺激消费以求短期内达到促销效果的促销方法。

销售促进与其他促销方式相比较,有两个显著特点:一是直接;二是迅速,追求即时效果。这就与公共关系形成了鲜明的对比,公共关系更注重间接的、长期的效果。

(四)公共关系

公共关系是指通过设计面向公众或其他利益相关者的各种方案,以推广或维护公司形象,从而促进产品销售的活动。公共关系有四个明显特征:

(1)可信度高。新闻故事和特写对读者来说要比广告更可靠、更可信。

(2)影响面广。企业产品信息随着新闻媒体的传播而扩散。如果新闻价值高,所有新闻媒体会竞相报道,要比广告影响面广。

(3)广告化。公共关系宣传,像广告一样,有一种能使公司或产品惹人注目的潜力。

(4)费用低。特别是通过新闻稿件的方式进行宣传,相比其他传播工具费用要低得多。

小链接

直复营销

直复营销(Direct Marketing)即直接回应的营销,它是以赢利为目标,通过个性化的沟通媒介向目标市场成员发布发盘信息,以寻求对方直接回应(询问或订购)的管理过程。美国直复营销协会(DMA)给直复营销的定义是:一种互动的营销系统,运用一种或多种广告媒介在任意地点产生可衡量的反应或交易。

直复营销起源于美国。1872年,蒙哥马利·华尔德创办了美国第一家邮购商店,标志着一种全新的营销方式的产生。但20世纪80年代以前,直复营销并不为人所重视,甚至被看成是一种不正当的营销方式。20世纪80年代以后,直复营销得到了飞速的发展,其独有的优势也日益被企业和消费者所了解。

直复营销的形式有很多种,包括直接邮购营销、目录营销、电话营销、电视营销、网络营销和整合互动营销等。

焦点问题:与传统营销方式相比,直复营销有何优势?

三、影响促销组合决策的因素

为提高沟通的针对性和促销效果,企业制定促销组合决策时还需考虑以下因素:

(一)产品种类及市场类型

各种促销方式对不同产品的促销效果是不同的。对消费品市场来说,最有效的促销方式是广告,其次是营业推广,然后才是人员推销。而对生产资料市场来说,企业分配促销预算的次序,首先应当是人员推销,其次是营业推广,然后才是广告。换言之,广告比较适合价值较低、技术不那么复杂、买主多而分散的消费品市场;人员推销比较适合价值较高、技术性强、买主少而集中的产业市场和中间商市场;营业推广和公共关系是相对次要的促销方式,对消费品和生产资料这两类产品的适用性差异不大。

尽管如此,在实践中,各种促销方式往往会结合起来使用。如在对产业用户的营销中,尤其对较复杂的产品,在促销效果方面,人员推销通常比广告更佳。但广告传播信息的范围广,在扩大产品知名度和树立企业形象方面作用很大,因此也是一种不容忽视的补充方式。同样,在消费品的营销过程中,有效的人员推销也能够增强说服力,劝说消费者最终做出购买决策。

(二) 促销目标

一般来讲,促销的目标有三种:

(1) 以告知为目标。当一种新产品上市时,将信息告诉目标顾客,引起其对产品的注意和兴趣,这种目标的促销组合一般以广告和营业推广为主。

(2) 以说服和提示为目标。着眼于说服和提醒顾客购买本企业的产品,这种目标的促销组合以广告和人员推销为主。

(3) 以树立品牌和企业形象为目标。即大力宣传产品品牌和企业本身,努力树立品牌形象和企业声誉,从而有助于企业提高市场占有率。这种目标的促销组合应以公共关系和广告为主,适当配合人员推销。

由于相同的促销方式在实现不同的促销目标时,所支出的费用和取得的效果不同,因此,各种促销目标所对应的促销组合有其不同的侧重点。

(三) 促销策略

从促销方式作用的方向来划分,可将促销策略分为"推式"策略和"拉式"策略两种。"推式"策略,就是以中间商为主要促销对象,把产品推进营销渠道,再由中间商推向市场。而"拉式"策略,则是以最终顾客为主要促销对象,首先设法引起潜在购买者对某种产品的兴趣和需求,然后由最终顾客向中间商询问并购买该产品。"推式"和"拉式"策略的流程如图 8-1 所示。

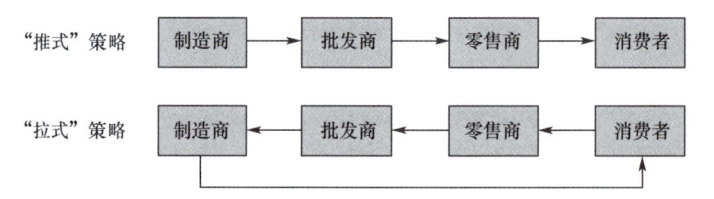

图 8-1 "推式"和"拉式"策略的流程

不同企业对"推式"和"拉式"策略的偏好有所不同。促销策略的选择会影响促销方式的选择,进而影响促销费用的分配。例如,企业采用"推式"策略,就会比较重视人员推销;若企业采用"拉式"策略,则会对广告比较重视。

(四) 顾客购买阶段

在顾客购买的不同阶段,不同的促销工具有着不同的促销效果,顾客购买阶段与促销效果比较如图 8-2 所示。

从图 8-2 中可以看出,在消费者知晓和了解产品阶段,广告与公共关系的促销效果最好;在与消费者建立信任阶段,人员推销的促销效果更佳;在订货阶段,人员推销和销售促进都发挥出较好的作用;在再订货阶段,人员推销和销售促进都能产生较好的促销效果,且销售促进比人员推销的作用更大。

(五) 产品生命周期

处于不同生命周期阶段的产品,使用不同的促销方式,亦会产生不同的效果。

从图 8-3 中可知,当产品处于导入期时,企业需要提高产品的知名度,采用广告与公共关系可获得最佳效果,人员推销也有一定的作用。在成长期,企业应着重宣传产品的特色,树立品牌形象,因而需进一步加强广告与公共关系,销售促进可相对减少。在成熟期,消费者已了解企业的产品,因此可削减广告。为了保持市场份额,销售促进的力度又开始增加。当产品进

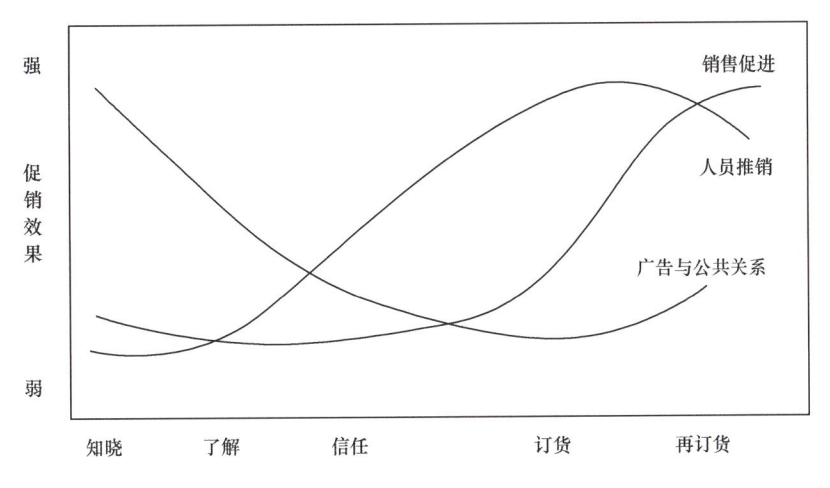

图 8-2　顾客购买阶段与促销效果比较

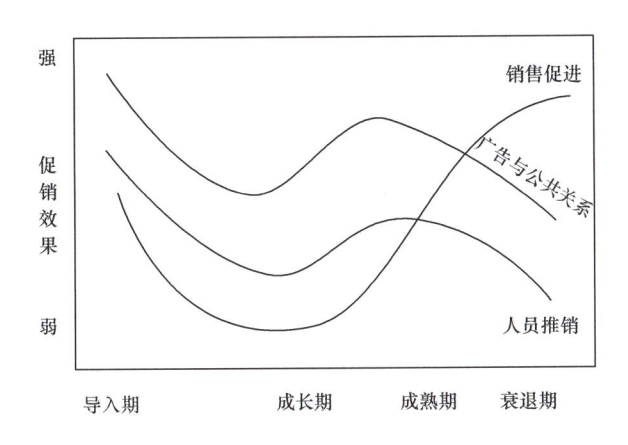

图 8-3　不同促销方式在产品不同生命周期阶段的效果

入衰退期,企业应把沟通的支出降到最低限度,以保证正常的利润收入。此时,广告仅起提示作用,人员推销减至最少,销售促进可以继续开展,至于公共关系则可完全停止。

(六)公司的市场地位

一般而言,市场领导者会较多地采用广告,以维持其品牌的知名度;而实力一般的公司,则宜多用销售促进和人员推销来实现销售。

四、促销组合决策程序

一般来讲,促销组合决策程序可分为确定目标受众、确定促销目标、确定促销组合、设计信息、选择信息传播媒介、编制促销预算和促销效果评估七个阶段。促销组合决策程序如图 8-4 所示。

任务二　人员推销

——推销能力要修炼,能抓老鼠的才是好猫

人员推销是最古老的促销方式之一,但直至今天仍为企业广为采用。特别是在产业

209

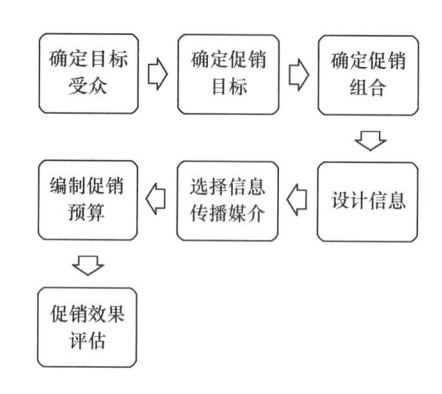

图 8-4 促销组合决策程序

市场和中间商市场上,人员推销有着不可替代的优势。

一、人员推销的优势

人员推销的优势体现在以下四个方面:

(1)人员推销作为一种面对面的双向信息沟通方式,有很大的灵活性。

(2)人员推销的选择性强。推销员大多一次访问一位潜在客户,完全可以根据目标顾客的特点选择每位被访者,并在访问前对其作一番研究,拟订具体的推销方案。

(3)人员推销具有完整性。推销人员的任务不仅包括访问客户、传递信息、说服顾客购买,还包括提供各种服务,最后达成交易。特别是对于一些结构复杂的产品,人员推销的效果更优。此外,推销人员大多还承担着为企业搜集市场信息的任务。

(4)人员推销具有公关效应。好的推销员不但能促成交易,而且还能与客户建立起长期的合作伙伴关系,为企业赢得一批忠实的客户,这实际上起到了企业公关的作用。

但是,人员推销并非处处适用,其最大的局限性在于访问客户的数量受到时间和空间的限制。因此,人员推销主要适用于客户数量有限、分布区域集中或购买批量大的情况。而在买者众多、分布范围广的消费者市场上,显然不适合采用大量推销员进行推销。

二、推销人员的任务

推销人员的任务可归纳为以下六个方面的内容:

(1)寻找潜在顾客,确定访问对象,培养新客户。

(2)向目标顾客传递有关企业和产品的信息。

(3)推销产品。包括接近顾客,回答顾客的问题,解除顾客疑虑,促成交易。

(4)提供服务。推销员有责任为顾客提供各种服务,包括咨询服务、技术支持、送货、安装调试等。

(5)搜集信息。主要是为企业进行市场调研和搜集信息情报。

(6)分配货源。主要在货源短缺时,根据顾客的信誉和急需程度,合理分配货源,调剂余缺。

> **小链接**
>
> **推销的十大步骤**
>
> 1. 推销准备
> 2. 客户开发

3.快速与客户建立信赖感

4.了解顾客需求

5.介绍产品并塑造产品价值

6.作竞争对手比较

7.处理顾客意见

8.成交

9.转介绍

10.顾客服务

微课
人员推销的十大步骤和关键要领

三、推销人员的管理

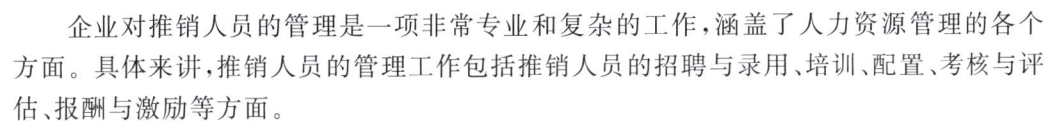

企业对推销人员的管理是一项非常专业和复杂的工作,涵盖了人力资源管理的各个方面。具体来讲,推销人员的管理工作包括推销人员的招聘与录用、培训、配置、考核与评估、报酬与激励等方面。

(一)推销人员的招聘与录用

关于优秀推销人员的基本特征有很多种描述,我们通过长期的实践跟踪和研究,将其归纳为以下三个方面:态度(Attitude)、技能(Skill)和知识(Knowledge)。因这三个单词的首写字母组合在一起就构成新的英文单词"ASK",因此我们称之为"ASK模型"。

(1)态度(Attitude)。一个优秀的推销人员应该乐观、勤奋、耐心、宽容和坚强。

(2)技能(Skill)。一个优秀的推销人员应该具有良好的应变能力、表达能力和观察能力等。

(3)知识(Knowledge)。一个优秀的推销人员应该具有广阔的知识面,扎实地掌握产品知识、企业知识、市场知识、营销知识和社会知识等。

(二)推销人员的培训

推销人员仅有较好的个人素质还不够,在其上岗前企业还需对他们进行系统的知识和技能培训。培训的内容主要包括:

(1)企业知识,包括企业的历史、战略目标、职能机构、财务状况、经营范围等。

(2)产品知识,包括产品的性能、结构、质量、制作过程、用途和使用方法等。

(3)市场知识,包括目标顾客的类型、需求特点、购买动机与购买行为特点等。

(4)竞争对手的情况,如竞争者的产品、实力、营销策略等。

(5)推销技巧,包括了解推销人员的工作任务,推销的工作程序,如何制订推销计划,如何分配工作时间,如何选择访问对象,如何介绍产品、说服顾客、揣摩顾客心理和运用语言艺术等。

(6)必要的法律知识和商务知识。

小思考

有人说:"让没有经过培训的推销人员去向顾客推销产品,就像让士兵不带枪就上战场一样,其结果必然是白白送死。"你怎么理解这句话的含意?

(三)推销人员的配置

推销人员的配置,是指如何将推销人员分配至适合的地区、产品或客户,以确保推销工作的顺利开展。推销人员的配置主要有以下三种方式：

1.按地区配置

按地区配置推销人员是最常见、最简单的组织结构。通常给每位推销员划分一个责任辖区,全面负责该地区内所有客户和产品的推销。由于不同地区的市场集中度、销售潜力和工作量不等,每位推销人员负责的地区范围应该有所不同。

2.按产品配置

地域型组织主要适用于产品和市场都较简单的企业,当企业经营的产品比较多,且这些产品的技术性较强时,较好的选择就是产品型组织形式,即由一位或几位推销人员负责一种产品在所有地区的销售。

3.按顾客配置

对采取多元化经营战略的企业来说,产品型组织形式不一定是最好的选择。如果该企业生产的多种产品都被相同的顾客买去了,按产品分工,就会出现分属不同部门的推销人员都跑到同一位客户那里去推销产品的情况。此时,按用户所属的行业或为某个大用户单独组建销售队伍更为合理。如联想电脑公司分别为金融、税务、教育等客户配置了销售人员。

企业还可根据实际情况采取复合式推销结构,即混合运用上述三种方式,并根据市场和经营范围的变化,重新配置推销人员。此外,推销人员的配置方式还有职能式组织和团队式组织两种。

职能式组织是指在销售组织中实行更专业化的分工,如按职能分别设置销售代表、服务代表和技术代表;在销售组织中设置大客户部、市场推广部和呼叫中心,分别承担部分销售任务。团队式组织更适合重点客户的复杂购买,如一家大型企业购买IBM的信息系统解决方案,一家跨国公司购买某广告公司的全球广告服务等。这种购买通常需要双方的团队在长达数年的时间里共同合作,完成项目并做好售后的维护。

（四）推销人员的考核与评估

推销人员的考核与评估包括以下三个方面的内容：

1.规定对客户访问的次数

一般来说,销售量的增长与访问客户的次数成正比,特别是对消费品销售而言。企业可根据购买潜力将客户分类,然后规定一定时期内对各类客户的访问次数。

2.规定开发新客户的数量

企业只有不断发展新客户才能有效地增加销售,但开发一个新客户往往需要推销人员付出极大的努力。因此,若任其自然发展,推销人员可能会把大部分时间用于访问老客户,而忽视或是不愿去开发新客户。

3.制定一定期间内访问客户和组织专门活动的时间表

如一年组织两次研讨会,以督促推销人员提高时间利用率。

要激发推销人员的工作积极性,必须将其报酬与工作业绩挂钩。因此,需建立一套行之有效的绩效考核体系,以客观地评价每个推销人员的业绩。常见的业绩评价标准有：完成的销售额、毛利、销售访问次数、访问成功率、每次访问成本、平均客户数、新客户数、流失客户数、销售总费用与费用率等。不过,由于各销售区域的销售潜力及单个客户的购买规模、分布状况不同,很难用同一数量标准衡量不同推销人员的工作。因此,在对推销人员进行绩效考核时,既要对不同推销人员在同一时期的销售业绩进行比较,还要对同一推销人员不同时期的销售业绩进行比较,以确保评价的客观性。

(五)推销人员的报酬与激励

企业能够吸引、激励并留住推销人员的关键在于企业是否有一套合理的、能激发其积极性的薪酬体系与激励机制。企业应根据其所处的内、外部环境状况,设计和制定一套公平合理、与成果密切相关并易操作的薪酬体系。推销人员的薪酬主要包括工资、奖金、福利、津贴等。推销人员的激励分物质激励和精神激励两种。

小思考

试分析"军无财,士不来;军无赏,士不往"的含意。

推销人员的报酬有以下三种基本形式:

1.薪金制

薪金制即固定工资制,适用于非推销工作占很大比重的情况。这种形式的优点是便于管理,给推销人员以安全感,容易根据企业需要调整推销人员的工作。缺点是激励作用差,不利于工作效率的提高。

2.提成制

提成制即推销人员按销售额或利润额的一定比例获得提成。提成制可最大限度地调动推销人员的工作积极性,形成竞争机制。缺点是可能造成推销人员只顾追求销售额,忽视服务和企业的长期利益。

3.薪金与提成混合制

此形式将薪金制和提成制结合起来,力图避免两者的缺点而兼有两者的优点。至于两者各占多大比例,则依具体情况而定。

小链接

何为激励机制

激励机制就是在激励中起关键性作用的一些因素相互作用的过程,这些因素包括激励时机、激励频率、激励程度、激励方向等。它的功能集中表现在对激励的效果有直接和显著的影响,因此认识和了解激励机制,对激励工作是大有益处的。

激励时机是激励机制的一个重要因素。激励在不同时间进行,其作用与效果是有很大差别的。这就如同厨师炒菜,不同的时间放入调味料,菜的味道和质量是不一样的。

激励频率是指在一定时间里进行激励的次数。激励频率的高低是由一个工作周期里激励次数的多少决定的,激励频率与激励效果之间并不完全是正相关关系。

激励程度是指激励量的大小,即奖赏或惩罚标准的高低。它是激励机制的重要因素之一,与激励效果有着极为密切的联系。能否恰当地掌握激励程度,直接影响激励的效果。超量激励和欠量激励不但起不到激励的真正作用,有时甚至还会起反作用。

激励方向是指激励的针对性,即针对什么样的内容来实施激励,它对激励效果也有显著影响。比如对一个具有强烈自我表现欲望的员工来说,如果要对他所取得的成绩予以奖励,奖给他奖金和实物不如为他创造一次能充分表现自己才能的机会,使他从中得到更大的鼓励。

任务三　广告策略

——没有人知道的产品是没人要的

一、广告及其作用

广告是广告主为了某种特定的需要,通过一定的表现形式和媒体,公开而广泛地向公众传递信息的宣传手段。广告有广义和狭义之分,广义广告包括非经济广告和经济广告。非经济广告指不以赢利为目的的广告,又称效应广告,如政府行政部门、社会事业单位乃至个人的各种公告、启事、声明等,主要目的是告知。狭义广告仅指经济广告,又称商业广告,是指以赢利为目的的广告,通常是商品生产者、经营者和消费者之间沟通信息的重要手段,也是企业占领市场、推销产品、提供服务的重要形式,主要目的是扩大经济效益。

广告的作用如图 8-5 所示。

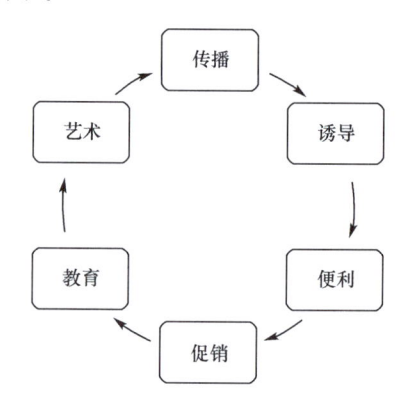

图 8-5　广告的作用

小案例

作家毛姆成名的秘诀

毛姆在成名之前,生活很清苦。为了把作品卖个好价,有一次写完一部小说后,他在报纸上刊登了这样一则征婚启事:

本人喜欢音乐和运动,是个年轻又有教养的百万富翁,希望能和毛姆的小说中的女主角一样的女性结婚。

广告刊登后数十日,毛姆的这部小说便被抢购一空。

焦点问题:你从毛姆成名的故事中得到什么样的启示?

二、广告决策的流程

一般来讲,企业广告决策的流程包括以下五个阶段:确定广告目标(Mission)、制定广告预算（Money）、设计广告信息（Message）、选择广告媒体（Media）和评估广告效果（Measurement），即所谓的5M模型。广告决策的流程如图8-6所示。

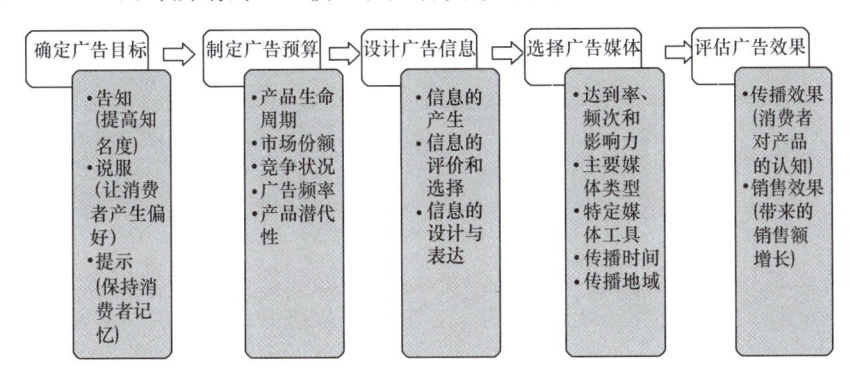

图 8-6　广告决策的流程

三、广告决策的主要内容

实际上，5M所涉及的都是广告决策的内容，在此我们主要讨论三个方面，即确定广告主题、选择广告表现形式和选择广告媒体。

（一）确定广告主题

确定广告主题就是寻找目标受众购买产品的理由，即"买点"（非"卖点"）。广告信息的传播对象是一个个有着各自心理活动和行为特征的人，因此，广告主题必须把握目标消费者的心理与行为产生及变化的一般规律。具体来说，一个优秀的广告主题应包含以下五个要点：

1.区隔点

最有效的广告主题语来自对产品本身的清晰定位。产品的清晰定位就意味着自身与其他产品有明显的区隔效应，而优秀的广告语也应该像"七喜，非可乐"这样，产生强大的区隔作用。宝洁海飞丝洗发水广告语"You never get a second chance to leave a first impression!（你不会有第二次机会给人留下第一印象！）"也同样道出了"区隔效应"对广告主题的重要意义。

广告主题语优不优美并不是第一位的，重要的是要与众不同。正如国外广告业流行的观点所言："如果你站着，而周围的人都在跳舞，你就会受到注意。"

2.记忆点

目标受众从注意广告信息到发生购买行为，往往要经历一段时间，因此好的广告主题应该做到让消费者"过目不忘"。记忆在消费者心理活动中，起着极其重要的作用，它不但帮助发展、深化认识过程，而且能把认识过程与情感过程联系起来。盘点中国营销史上最让人记忆深刻的广告主题语，如"恒源祥，羊羊羊""保护嗓了，请选用金嗓子喉宝""孔府家酒，叫人想家""农夫山泉有点甜"等，无一例外都是在记忆点上把握得极好的例子。

3.利益点

英国学者塞缪•约翰逊博士（Dr.Samuel Johnson）说："承诺！大大的承诺，是广告的灵魂。"真正决定消费者是否购买的，不是广告的形式，而是广告的内容。一条好的广告主题语，应该承诺为消费者提供利益或帮助消费者解决问题。如白丽美容香皂的"今年二十,明年十八"就抓住了消费者追求"越活越漂亮,越活越年轻"的利益诉求点。

4.支持点

当广告向消费者做出承诺后,要最终打动其心,必须还得有支持点。消费者不再轻易相信口头的承诺,他们需要将所承诺的东西证明给他们看。如沃尔沃宣传它的汽车"安全与耐用",就应该用事实来证明它确实比别的汽车更安全、更耐用;海飞丝的广告承诺其可以让消费者"免去头屑烦恼",那就应该用事实证明它真的有这样的功效,否则将没有人再购买它的产品。

5.沟通点

好的广告主题语不应该是生硬的说教或苍白的劝说,而应该是与消费者建立有效的沟通。《孙子兵法》里说:"上兵伐谋,攻心为上。"好的广告应该能与消费者建立心灵的沟通,或煽动消费者的好奇心,或蛊惑其占有欲,或满足其虚荣心,或激发其情感……总之,广告是否有效的关键在于能否与目标消费群实现有效沟通。如"女人四十是花还是豆腐渣"——某保健品广告(煽动消费者的好奇心);"你腾出两个小时,我们让你化身上海上流淑女"——某形象设计公司的广告(满足消费者的虚荣心);"今夜,她是属于你一个人的"——某啤酒广告(蛊惑消费者的占有欲);"亲情、友情和爱情一个都不能少"——商务通广告(激发消费者的情感)等,都是成功与消费者建立沟通的典范。

小思考

试根据优秀广告主题应包含的五个要点,设计一条广告语。

(二)选择广告表现形式

广告表现是对广告主题创意的具体展现,其具体形式就是与广告的目标受众见面的、用来影响和改变目标受众态度和行为的广告作品。由于广告表现在很大程度上决定广告信息能否实现有效的传递,让目标受众顺利完成认知过程、情绪过程和意志过程,因而广告表现在影响、改变目标受众的行为和态度的过程中起着非常重要的作用。广告主题和广告表现的关系就如同是足球比赛中技术、战术和临场发挥的关系。技术精湛、战术对路是赢得比赛的基础,但如果没有临门一脚的精彩表现,很多得分机会都只能白白浪费掉。那么,到底什么样的广告表现才是好的呢?

1.突出广告主题

形式永远要为内容服务,广告表现如果不能将广告的主题以最佳的形式展现在目标受众面前,广告基本已经宣告失败,几乎不可能实现销售的目标。

2.引起目标受众的注意

注意是人的心理活动对外界一定事物的指向和集中,好的广告表现应该能让目标受众从海量的广告信息中挣脱出来,对其广告主题形成一定的指向性和集中性。

3.唤起目标受众的兴趣

兴趣是指一个人积极探究某种事物的认识倾向。从心理学角度看,兴趣是人对客观事物的选择性态度,是由客观事物的意义引起的肯定性的情绪和态度形成的。让目标受众对广告本身产生积极、肯定的情绪是其接受广告的先决条件,因此好的广告表现形式必须能唤起目标受众的兴趣。

4.能被目标受众准确理解

理解是产生记忆和加深记忆的前提,要让目标受众记住广告主题,首先要通过良好的表现形式帮助其理解广告本身。

5.能帮助目标受众有效记忆

记忆是人脑的重要机能之一,也是广告目标受众认识广告过程中极其重要的心理因素,它在目标受众的心理和行为活动中具有重要作用。正因为有了记忆,目标受众才能把过去的经验保存起来,经验的逐渐积累会推动目标受众心理和行为的发展。

6.能启发目标受众联想

联想是一种由正在经历的或想起的某一事物所引起的,又回想起另一事物的心理活动过程。联想可以由当时的情景引起,也可以由内心的记忆引起。好的广告表现形式应该能帮助目标受众对商品产生好的联想。

小链接

评价广告表现的"SCORE"原则

与优秀广告主题包含的五个"点"相对应,好的广告表现应遵循五大原则。因为代表这五大原则的英文单词的第一个字母合起来正好组成英文单词"SCORE",所以我们称其为评价广告表现的"SCORE"原则。其中:

S代表Simplicity,即简洁。愈是简洁的广告,愈能给人留下深刻的印象。广告表现形式力求简洁的出发点就是为了突出广告主题的记忆点。

C代表Credibility,即可信度。广告必须讲真话,不能随意夸大事实。要增强广告表现的可信度,就必须要求广告表现形式围绕广告主题的支持点展开诉求。

O代表Originality,即创新。无论是广告理念还是表现手法,必须给人以新的感受。广告表现的创新性要求主要是为了建立广告主题的区隔点。

R代表Relevance,即切题。所切之题,在于介绍商品,以发挥其广告功能。广告表现形式可以不拘一格,但必须遵循"形散而神聚"的原则,也就是必须围绕商品的核心部分即利益点来进行。

E代表Empathy,即共鸣。需使听众对商品广告产生认同和好感。广告表现功能实现的关键在于能否与目标消费群实现有效沟通,在目标受众心中引起共鸣。

(三)选择广告媒体

任何信息都必须借助于一定的媒体才能传播出去,广告也不例外。广告媒体种类繁多,几乎一切使广告受众产生反应的手段和方法都包括在内。一般来说,不同的广告传播媒体和传播方式会对目标受众产生不同的心理刺激和影响。因此,从目标受众接受广告媒体的心理和习惯入手来选择广告传播媒体,是提高广告传播效果的关键。

1.常见的广告媒体

提到广告媒体,我们自然会想到电视、广播、报纸、杂志这四大最有影响力的传统媒体。之所以这四大媒体最受瞩目,就是因为其具有传播面广、覆盖率高的特点。其实,在四大媒体之外,还有众多的广告传播媒体可供选择。常见广告媒体的比较见表8-1。

表 8-1　　　　　　　　　　　常见广告媒体的比较

媒体	优点	缺点
报纸	灵活,及时,当地市场覆盖率高,能广泛地被接受,可信度高	保存性差,印制质量低,传阅者少
杂志	地理和人口方面的选择性强,可信度高并有一定的权威性,印刷质量高,保存期长,传阅者多	广告截止时间长,有些发行数是无效的,无法保证版面
广播	大众化宣传,地理和人口方面的选择性较强,成本低	只有声音,不如电视那样引人注意,收费结构不规范,曝光时间短
电视	综合视觉、听觉和动作表达,富有感染力,能引起高度注意,触及面广,到达率高	绝对成本高,干扰多,曝光时间短,观众选择性差
直接邮寄	受众选择性高,灵活,在同一媒体内没有广告竞争,个性化	相对成本高,给人以"垃圾邮件"的印象
户外广告	灵活,重复曝光率高,成本低,竞争少	受众选择性低,创意有限
黄页	本地市场覆盖率高,可信度高,到达率高,成本低	竞争多,广告截止时间长,创意有限
广告册	灵活性强,易控制,可以通过戏剧化的手法强化效果	过量制作会导致成本过高
电话	使用者众多,有接触每个人的机会	成本相对较高,除非利用志愿者
网络	选择性高,互动性强,成本相对较低	对用户电脑技能有一定要求

2.选择广告媒体时应考虑的因素

在选择媒体前企业必须了解各类主要媒体的触及面(在一定时期内,某一特定媒体一次最少能触及的不同的人或家庭数目)、频率(在一定时期内,平均每人或每个家庭见到广告信息的次数)和影响(通过某一特定媒体进行一次展露的有效价值)等。具体而言,在选择媒体时应考虑的因素有：

(1)目标受众的媒体习惯。例如,儿童识字率不高,报纸广告就很难奏效,电视则是理想的儿童用品广告媒体。

(2)产品特征。技术复杂的产品,可以用报纸、杂志等媒体；而时尚女装广告登在彩色印刷的时装杂志上最吸引人。

(3)广告信息量大小。如一条包含大量技术资料的广告信息,就要求选用专业性杂志或者直接邮寄。

(4)费用。电视媒体费用非常昂贵,而报纸广告则相对便宜。当然,应该考虑的是覆盖每千人的平均成本,而不仅仅是总成本。

从本质上讲,任何媒体都是广告信息的载体。反之,任何能承载广告信息的东西都可称为广告媒体。

小链接

智能投放,告别无效营销

对于品牌主来说,做投放决策时最关注的就是自己的目标群体是哪些人,如何选择渠道才能覆盖到目标人群,投放的时长和频率又该如何依据人群特性进行配置等问题。

1.数字技术赋能将成为智能投放与触发的关键

在数字技术的赋能之下,通过管理数据和数据应用,打通多渠道数据,将碎片化的数据点连接起来,形成完整的数据拼图,赋予用户更加精准的定位,制定出有针对性的营销策略,以此来触达用户、引导用户,帮助品牌主解决上述的投放难题。其中最值得关注的两大技术便是用户行为数据分析和场景化投放。

2.用户行为数据分析

用户行为数据其实有很大的商业价值,只是很多企业不知道如何进行应用。其实通过用户行为数据分析,可以还原完整的用户画像(比如,该人群都从哪儿来,都做了什么,都对什么感兴趣等),为品牌主带来立体、全景的用户洞察,从而展开精准投放,有力地避免广告投放费用的无谓消耗。

3.场景化投放

消费者外出时会出现手机没电的情况,这种场景下显然是充电宝发力的最佳时机;或者消费者刚刚预订了海边度假酒店,这个时候防晒霜、遮阳帽的广告就要及时跟上……

这样的场景被称为"关键的微时刻",也就是说总有那么一些特别的瞬间,极易诱发消费者对于某类商品的购买倾向。而能够把握住这些微时刻,展开有效的场景化投放的广告主,将在营销战中获得巨大的优势。

数字技术能够帮助企业在"以数据分析为导向,以场景化为主策略"的指导下,基于平台数据分析能力,提炼出用户特征画像,更精准地聚焦人群,打通平台上的多元场景,最终实现广告的高效转化。

资料来源:通过智能投放与触发,提高广告投放效率.知乎.2020-06-16.

任务四　销售促进

——促销工具千千种,有效才是硬道理

按照工作流程,销售促进管理主要包括确定销售促进目标,选择销售促进工具,制订销售促进方案,预试、实施和控制方案,评价销售促进效果五个环节。

一、确定销售促进目标

销售促进的目标需要根据促销对象来确定。

(1)针对消费者的促销,其目标主要是鼓励消费者更多地选购和使用本公司商品,减少对竞争者商品的购买和使用。

(2)针对零售商的促销,其目标主要是吸引零售商经营新的商品品项和维持较高水平的进货量,建立零售商的品牌忠诚度和获得进入新的零售网点的机会。

(3)针对业务和销售队伍的促销,其目标主要是鼓励销售人员积极向潜在顾客和现有顾客促销产品,最大限度地达成销售,同时维护好市场秩序,做好客户服务。

二、选择销售促进工具

销售促进工具的选择要考虑促销对象、促销目标、竞争条件以及每一种促销工具的成本效益。

根据促销对象的不同,销售促进的工具分为三类:针对消费者的促销工具、针对中间商的促销工具和针对业务及销售队伍的促销工具。

(一)针对消费者的促销工具

针对消费者的促销工具有很多,在此,我们归纳了12种常用的促销工具(表8-2)。

表8-2　　　　　　　　　针对消费者的常用促销工具

促销工具	简要说明	应用举例
样品	样品是指向消费者免费提供的供其使用的产品。样品可以挨家挨户地送上门,邮寄发送,在商店内提供,附在其他产品上赠送,或作为广告品。赠送样品是最有效也是最昂贵的介绍新产品的方式	利佛兄弟公司非常相信其新颖的浪花牌洗涤剂会受到消费者的青睐,以它分送了价值4 300万美元的免费样品给4/5的美国家庭
优惠券	持有者在购买某特定产品时可凭此优惠券按规定少付若干价钱。优惠券可以邮寄、包进其他产品内或附在其他产品上,也可刊登在杂志和报纸广告上。优惠券可以有效地刺激成熟期产品的销售和新产品的早期销售。研究表明,优惠券必须提供15%~20%的价格减让才有效	宝洁公司将福佳牌咖啡打入匹兹堡市场时,通过邮寄的方法向该区域的家庭提供一种优惠券,当顾客购买一磅重罐装咖啡时可获35美分的价格折扣,并在罐内还装有一张减价10美分的优惠券
现金折扣	折扣是在购物完毕后提供减价,而不是在零售店购买之时。消费者购物后将一张指定的"购物证明"寄给制造商,制造商用邮寄的方式"退还"部分购物款项	托勒公司选择了在冬季尚未来临之际发起一场铲雪机的促销攻势,声称如果届时在买主所在地的降雪量低于平均水平,则予以退款
特价包	以低于正常价格向消费者提供一组商品的促销方法,即将商品单独包装起来减价出售(譬如原来买一件商品的价格现可以买两件),或者采取组合包的形式,即将两件相关的商品并在一起(譬如牙刷和牙膏)。特价包在刺激短期销售方面甚至比折价券更有效	空气清新剂公司有时在特价包中把几种空气清新剂放在一起
赠品(礼品)	以较低的代价或免费向消费者提供赠品,以刺激其购买某一特定产品。一种是附包装赠品,即将赠品附在产品内,或附在包装上面;另一种是免费邮寄赠品,即消费者交上购物证据就可获得一份寄赠品;还有一种是自我清偿性赠品,即以低于一般零售价的价格向需要此种商品的消费者出售的商品。目前,制造商给予消费者品目繁多的赠品,这些赠品上一般都印有公司的名字	桂格麦片公司举行了一次促销活动,它在健尔·拉森牌狗食品的包装内放入了价值500万美元的金币和银币
奖品(竞赛、抽奖、游戏)	奖品是指消费者在购买某些物品后,向他们提供赢得现金、旅游或物品的各种获奖机会。竞赛要求消费者参加一个参赛项目然后由一个评判小组确定哪些人被选为最佳参赛者。抽奖则要求消费者将写有其名字的纸条放入一个抽签箱中抽签。游戏则在消费者每次购买某商品时送给他们某样东西,如纸牌号码、字母填空等,这些有可能中奖,也可能一无所获。所有这些将比优惠券或者几件小礼品赢得更多的注意	一家英国烟草公司在每一产品包装内放一张奖券,如果中奖的话,中奖人可获得一万美元的奖金。有时候奖品只给一个人,如加拿大德拉公司向中奖者提供的奖赏可以是一百万美元

(续表)

促销工具	简要说明	应用举例
光顾奖	是指以现金或其他形式按比例来奖励某一主顾或主顾集团。如购买积分卡也是一种光顾奖励	大多数航空公司搞的"经常乘机者计划"是为航空旅行达到一定里程的乘客提供免费航空旅游
免费试用	邀请潜在顾客免费试用产品,以期他们购买此产品	汽车经销商鼓励人们免费试乘或试驾,以刺激人们的购买兴趣
联合促销（捆绑促销）	两个或两个以上的品牌或公司在优惠券、销售折扣和竞赛中进行合作,以扩大它们的影响力。相关企业的推销人员合力把这些联合促销活动介绍给零售商,使其参与这些促销活动,从而增加商品陈列和广告面积使它们的商品在销售点能更好地显露出来	购买几箱罐装水晶牌淡软饮料和凯布勒牌饼干后,MCI为长途电话用户提供十分钟免费电话
交叉促销	用一种品牌来为另一种非竞争的品牌做广告	美国饼干公司的饼干广告说,它们包装盒中有赫尔希巧克力棒,并且该包装盒中还有一个购买赫尔希产品的优惠券
售点陈列和商品示范（POP）	售点陈列和商品示范出现在购买现场或销售现场。但是许多零售商不喜欢放置来自制造商的数以百计的陈列品、广告牌和广告招贴。对此,制造商做出的反应是提供较好的售点陈列资料,并将它们与电视或者印刷品宣传结合起来运用	雷格女用连袜裤展示是有史以来最有创造性的售点陈列之一,也是这个品牌获得成功的一个主要因素
产品保证	销售者或明或暗保证产品在一定时期将达到规定要求;否则销售者将会修理产品或退款给顾客	克莱斯勒汽车公司提供了为期五年的汽车保证期,其保证期之长超过通用汽车公司和福汽车公司,因此引起消费者的注意

(二) 针对中间商的促销工具

针对中间商的促销工具见表8-3。

表8-3　　　　　　　　　针对中间商的促销工具

促销工具	简要说明
价格折扣（又称发票折扣或价目单折扣）	在某段指定的时期内,每次购货都给予低于价目单定价的直接折扣。这一优待鼓励了经销商去购买一般情况下不愿购买的数量或新产品。中间商可将购货补贴用作直接利润、广告费用或零售价减价
补贴或津贴	制造商提供补贴,以此作为零售商同意以某种方式突出宣传制造商产品的报偿。广告补贴用以补偿为制造商的产品做广告宣传的零售商,陈列补贴则用以补偿对产品进行特别陈列的零售商等
免费商品	制造商给购买达到一定数量的中间商额外赠送几箱产品,或向零售商提供促销资金或免费广告礼品。如制造商免费赠送附有公司名字的特别广告赠品,譬如钢笔、铅笔、年历、备忘录等

(三) 针对业务及销售队伍的促销工具

针对业务及销售队伍的促销工具见表8-4。

表 8-4　　　　　　　　　针对业务及销售队伍的促销工具

促销工具	简要说明
贸易展览会和集会	行业协会一般都组织年度商品展览会和集会。向该行业出售产品和服务的公司在商品展览会上租用摊位,陈列和演示它们的产品
销售竞赛	销售竞赛是一种包括推销员和经销商参加的竞赛,其目的在于刺激它们在某一段时期内增加销售量。如许多公司用刺激性项目来激励经销商或业务员完成较高的公司指标。优胜者可以获得免费旅游、现金或礼品等
纪念品广告	纪念品广告是指由推销员向潜在消费者或顾客赠送一些有用的低成本的物品,条件是换取对方的姓名和地址,有时还要送给顾客一条广告信息。常用的物品有圆珠笔、日历、打火机和笔记本等。这些物品使潜在顾客记住公司名字,并由于这些物品的实用性而引起对公司的好感。一份研究报告指出,超过86%的制造商供应给它们的销售员这些特定的物品

三、制订销售促进方案

在制订销售促进方案时,必须对以下六个问题做出决策:

1.刺激大小

对销售促进对象的激励规模,要根据费用与效果的最优比例来确定。

2.刺激对象

在制订销售促进方案时,首先必须确定参与对象,否则就达不到激励的效果。通常,某种赠品可能只送给那些寄回包装物的购买者;抽奖不允许企业员工的家属或一定年龄以下的人参加。

3.刺激期限

任何促销方式,在实行时都必须规定一定的期限,不宜过长或过短。具体的活动期限应综合考虑产品的特点、消费者购买习惯、促销目标、竞争者策略及其他因素,按照实际需求而定。

4.送达方式

企业要根据激励对象,以及每一种渠道的成本和效率来选择送达方式。如赠券有四种送达方式:附在包装内、邮寄、零售店分发和附在广告媒体上。

5.时机选择

通常,促销时机的选择应根据消费需求时间的特点,结合企业整体营销战略来定。如一般节假日或者某种产品销售旺季到来前以及热销过程中都是不错的时机。

6.预算及分配

有两种方法可供选择:一种是从基层做起(自下而上的方式),营销人员根据所选用的各种促销办法来估计它们的总费用。促销成本是由管理成本(印刷费、邮费等)和刺激成本(奖品、减价成本等)构成的。另一种是按照习惯比例来确定各项销售促进预算的比例。

四、预试、实施和控制方案

销售促进方案制订后一般要经过试验才能予以实施,以降低方案风险。同时,对于每一项销售促进工作都应该确定实施和控制方案。在实施方案的过程中,应有相应的监控机制保障,应有专人负责控制事态的进展,一旦出现偏差或意外情况应及时予以纠正。

五、评价销售促进效果

每一次促销活动结束后,都应对其实施效果进行细致科学的评价,为后面的活动提供参考。促销效果的评价方法有三种:销售数据、消费者调查和经验。

要正确对待销售数据。如一个公司在促销前有6%的市场份额,促销期间升到了10%的市场份额,促销后跌到5%的市场份额,过些时间后又回升到7%的市场份额。显然,促销吸引了新的试用者,也刺激了原有的消费者。促销后销售量下降是由于顾客在消费他们已购的存货,这是正常的。关键看过些时间后,市场份额是否超过了促销前。本例中的7%就说明促销是有效的,因为通过促销产生了新的长期客户。

任务五　公共关系

——纵横捭阖,安内攘外

菲利普·科特勒在其《营销管理》一书中曾提到,公共宣传对消费者的影响大约相当于广告的五倍。良好的公关策略可以处理好和各类公众的关系,达到"安内攘外"的效果,为企业营造一个良好的经营环境。与此相适应,近年来企业用在公共关系上的费用呈逐年增加的趋势,大企业尤甚。

一、公共关系决策

公共关系决策包括确立营销公关目标、选择公关信息和载体两个方面。

(一)确立营销公关目标

一般而言,营销公关目标有以下四个方面:

1. 树立知名度

公共关系可以借助媒体讲述一些情节,吸引人们对某产品、服务、人员、组织或创意的注意。

2. 树立可信性和美誉度

公共关系借助于权威媒体传播信息以增加可信性和美誉度。

3. 刺激销售队伍和经销商

在新产品公开上市前以公共宣传方式传播信息,有助于提升销售队伍和经销商的销售信心。

4. 降低促销成本

公共宣传的成本比直接邮寄和广告成本低得多,对于促销预算少的企业,更应该运用这种手段。

(二)选择公关信息和载体

企业在执行公关决策时,必须寻找甚至创造一些信息,并选择恰当的媒体把信息传递给公众。常用的公关信息和载体包括公开出版物(Publication)、事件(Event)、新闻(News)、社区关系(Community relationship)、形象识别媒体(Identity media)、游说(Lobby)、公益服务活动(Social clause)等(常用的公关信息和载体见表8-5),因这些词组首写字母组合在一起就是PENCILS,菲利普·科特勒称其为"PENCILS"公关(铅笔公关)。

表 8-5　　　　　　　　　　　　　　常用的公关信息和载体

公关信息和载体	简要说明
公开出版物 （Publication）	公司大量依靠各种公开出版物去接近和影响其目标市场。它们包括关于企业事迹的书籍、年度报告、小册子、文章、视听材料以及公司的商业信件和杂志。如《蒙牛内幕》《联想风云》《新东方马车》《海尔是海》等，都起到了宣传企业的作用。视听材料如电影、幻灯、录像等越来越多地被用于促销。视听材料的成本通常高于印刷材料，但是给人的印象也相应较深
事件 （Event）	指经营者在忠于事实和不损害公众利益的前提下，有计划地策划、组织、举办和利用具有新闻价值的活动，通过制造有"新闻"效应的事件，吸引媒体和社会公众的注意与兴趣，以达到提高社会知名度、塑造企业良好形象和最终促进产品销售的目的
新闻 （News）	是指挖掘对公司、产品和公司人员有利的新闻，然后吸引媒体对此进行宣传
社区关系 （Community relationship）	通过和某种社会组织建立一种良好的关系达到提高企业形象的目的，这些组织如社区公众、宗教团体、行业协会等。可以主动承担社区内的一些公益事业，以提升企业美誉度
形象识别媒体 （Identity media）	公司需要创造一个公众能迅速辨认的视觉形象。视觉形象可通过公司的持久性媒体（广告标志、文件、小册子、招牌、企业模型、业务名片、建筑物、制服标记等）来传播
游说 （Lobby）	由专业人员直接面对特定的公众，利用充分的理由和娴熟的谈话技巧，使他们或改变初衷，或与说服方保持一致
公益服务活动 （Social clause）	通过向某些公益事业捐赠或参加一些义工活动提升公司形象。越来越多的公司正在运用一种所谓的"事业相关营销"（Cause-related marketing），来建立公众信誉和亲切感（Goodwill）

小案例

"英雄"啤酒

比利时一家啤酒厂研发出一种新型啤酒，为迅速打开市场，厂家想了很多办法，但收效甚微。一天，厂家促销策划人员来到布鲁塞尔市区的一个公园里游玩，这里有一个大广场，经常人山人海，广场中央有一尊小男孩撒尿的雕像。关于这尊雕像有一个传说，早在比利时抗法战争时，法军安放炸药要毁灭这座城市，导火线点燃后，恰巧一个小男孩路过这里，情急之下，这个小男孩立即撒尿将导火线浇灭，从而保全了城市。人们为了纪念这位小英雄而立了这尊雕像。面对此景，厂家促销策划人员茅塞顿开，想出了一个促销创意。该啤酒厂经有关部门同意，将小男孩雕像清洗干净，选择一个夏天的节日，做好了准备。节日这天，广场上无比热闹，天气很热，许多人口渴难耐。忽然，人们闻到从小男孩雕像处飘来啤酒的芳香。有人大呼："小男孩雕像处流出的是啤酒（厂家安排的）!"有人试着用杯子接着，一尝，大呼："好啤酒！"消息传开，大家蜂拥而至，附近专门有人免费发放一次性纸杯。这一举动轰动了全城，很快这种啤酒就为市场所接受。

焦点问题：请问案例中的啤酒厂运用了哪种公关工具？

二、危机公关

(一) 危机的处置

危机公关是指当企业遭遇突发事件或重大变故、其正常的生产经营活动受到影响,特别是原有的良好形象受到破坏时,如何从公共关系的角度应对、处理,使企业以尽可能低的成本度过经营危机的公关活动。

危机的出现是任何一个公司都无法避免的,墨非定律指出:"如果坏事有可能发生,不管这种可能性多么小,它总会发生。"《危机管理》一书的作者 Steven Fink 所做的调查发现:80%的《财富》500强公司的CEO认为,危机对企业而言,就如同死亡一样,几乎是不可避免的事。面对危机,积极成熟的公司总是能够预防可能发生的,延迟不可避免的,减轻已经发生的,最厉害的是把危机转化为公关机会。

企业在进行危机公关时,必须遵守以下规则:

(1) 企业管理层应该有强烈的危机公关意识。
(2) 危机公关的基本原则是诚心和责任。
(3) 危机出现后临危不乱,迅速成立危机处理机构。
(4) 坚持企业形象高于一切的理念。
(5) 搞好内部和外部公关。
(6) 切实做好与媒体的沟通工作。

(二) 商业谣言的处置

企业时常遇到的另一种威胁是商业谣言,它是有关产品、品牌、公司的广为传播但无从证实的说法。如何处理谣言是公关人员面临的重要难题。有人认为,置之不理是对付谣言的最好办法,理由是,打击谣言,反而会使谣言更加引人注目。但是,一位公关方面的专家认为,谣言就像火,在对付火时,时间是最大的敌人。他的建议是,不能坐等谣言自生自灭,而是要和时间赛跑,迅速将其扑灭。

小思考

面对商业谣言,有哪些处理方式?

知识巩固

1. 名词解释

促销　人员推销　广告　销售促进(或营业推广)　公共关系

2. 简答题

(1) 影响促销组合决策的因素有哪些?
(2) 简述促销组合决策程序。
(3) 简述推销人员管理的主要内容。
(4) 简述推销的十大步骤。

(5)试述广告决策的流程。
(6)试述广告决策的主要内容
(7)试述销售促进的主要内容。
(8)企业常用的销售促进工具有哪些?
(9)试述公共关系决策的主要内容。

项目案例

星巴克的营销秘密

星巴克的咖啡店铺内隐藏着许多不为人知的营销秘密。

1.星享卡的"升级"体系

在全球做咖啡厅生意,效果最好的企业有两家,星巴克和COSTA,二者的店铺或者相对,或者相邻。某天,星巴克发现最近生意不太好,而COSTA却一直稳步提升。于是派人打探,原来COSTA采用了新营销策略——会员打折卡。

一张会员打折卡,能有什么威力?周边很多店铺的会员卡好像都没什么用,但COSTA的玩法不同。

当顾客走进COSTA点了一杯36元的拿铁并准备付款时,服务员告诉顾客:"先生,你这杯价格36元的咖啡,今天可以免费得到。""怎么得到?""很简单,你办理一张88元的打折卡,这杯咖啡今天就是免费的,并且这张卡全国通用,任何时候到COSTA消费,都享受9折优惠哦。"

经统计,70%左右的客户都会购买这张打折卡。你有没有发现这个一箭双雕之计,有多么巧妙?

第一,扩充了顾客第一次消费的单价。我们来算一笔账:如果每天有100位顾客,每位顾客消费36元,销售额就是3 600元,如果每杯咖啡的成本是4元,利润就是3 200元。

那么推出打折卡之后呢?如果向100位顾客介绍后有70位顾客购买了打折卡,就是(36元/人×30人)+(88元/人×70人)=7 240元,如果每张卡的制作成本是2元,那么利润就是6 700元。在顾客数量不变的情况下,利润增加了超过一倍。

关键是,顾客还感觉自己占了便宜。对于顾客来说,咖啡的价值是36元,所以办一张打折卡88元,送一杯咖啡,相当于花了88元-36元=53元,然后这张卡以后还可以持续打折,很好。

真实的情况是什么?其实就是多花了53元,什么都没有买到。打折是建立在你消费的基础上,你不消费,这张卡对你没有半毛钱用,就算你消费,也是给咖啡店持续贡献利润。

第二,锁住了顾客。若顾客响应了COSTA的主张,获得了一张打折卡,那么就在拿卡的一瞬间,COSTA已经锁定了该顾客的消费。COSTA与星巴克定价接近,当顾客下一次想喝咖啡的时候,因为有打折卡,所以基本不会考虑去星巴克了。

于是,星巴克的应对策略就是,推出星享卡。虽然形式上星享卡与COSTA的打折卡不同,但营销策略接近,也是在顾客消费的时候,告知咖啡免费,然后售卡给顾客,但是这张卡不能打折,可以积分,还有一些优秀的设计,例如:

亲友邀请券:顾客一次性购买两杯咖啡时,只需要付一杯咖啡的钱(含三张);

早餐咖啡邀请券:顾客早上11点之前购买任意中杯饮品,免费;

升杯邀请券:顾客购买大杯饮品,只需要付中杯的价钱。

这些设计可以让顾客邀请小伙伴一起喝咖啡,其实就是让顾客帮着寻找潜在顾客,后面两张券的设计,主要是让顾客感觉票价值得,并且有了种莫名其妙的"身份"存在感。星享卡的奇妙之处,在于设计了"升级"体系,因为人们天性就喜欢升级。

集齐5颗星时,就会升到玉星级,玉星级又有各种优惠,而玉星级之后又会有金星级。1积分=1块钱,50积分=1颗星,也就是说,顾客得到250积分即5颗星时,可以升为玉星级。

2.你有没有遇到"价格陷阱"?

看到星巴克的点餐牌,能从中发现什么?不错,不管是什么产品,中杯、大杯、特大杯之间的价格差都只有3元。这是为了让顾客在对比中自动前进。

顾客会在内心将价格锚点一步步拔高,然后说"服务员,我要大杯"。注意,服务员没有引导顾客的消费,是顾客自己的决定,这是由大脑本来的运作机制决定的。

第一,人们经常会放大自己的需求。我们经常认为自己是理性的,其实不然。当我们选择"杯型"的时候,几乎会忘记自己能否喝下这么多,只会盲目考虑买哪个更划算。

第二,人们对产品的价格没有认知,只会在可见的空间内对比。

美国《经济学家》杂志做过一次实验。以前该卖杂志都是卖两个版本,一个是实物版本,100美元;另一个是电子版本,内容一样,60美元。通常80%的人会选择电子版本,20%的人会选择实物版本。

如果有100位顾客购买,则销售额为(60美元/人×80人)+(100美元/人×20人)=6 800美元。该杂志的预订量遇到了瓶颈,如果订购人数不增加,要增加销售额只有一种选择,就是增加杂志的单价。

后来,有人为其选择了这样的营销策略:什么都没有改变,还是那两个同样的版本,同样的杂志内容,但是成交主张不一样,销售额瞬间发生变化。方案如下:实物版本100美元,电子版本60美元,实物加电子版本105美元。

如果是你,你会选哪个?结果是,80%的人选择了"实物加电子版本",10%的人选择了实物版本,10%的人选择了电子版本。这样在没有增加任何成本的情况下,还是100位顾客,销售额增长到了10 000美元。

不难发现,其实人们对价值的判断是没有绝对标准的,原本《经济学家》杂志的顾客在60美元和100美元之间做选择,后来加入了"实物加电子版本"这个选项之后,人们就在105美元和160美元之间做比较了。

在有限的时间和空间里,只要展示不同等级,人们就会自动对其进行比对,然后选择那个看似最佳的,以免自己吃亏。

其实《经济学家》杂志后来又调整了一次策略,实物版本 100 美元,电子版本 60 美元,实物加电子版本 100 美元。结果如何?大部分人疯狂下单!

3.你真能分清"大杯"与"特大杯"吗?

请问哪个是大杯?我问过 10 个人,10 个人都认为最上面那个是大杯,但是认真看看杯子下面的文字,竟然写着"特大杯"……

当顾客点咖啡的时候,服务员会问:"先生是要中杯还是大杯?"显然,顾客认为大杯就是最上面那个,并且只比中杯多 3 元,于是回答"大杯"。

这就是人们大脑意识中的"高、中、低""大、中、小",只要是三个东西放在一起,大、中、小就会自动打上标签,不管下面写的是什么。

出于好奇你可能会问:"那小杯呢?"不错,是有小杯的,在抽屉里。如果你说要小杯,店员会拿出来给你看,但当你看到那个杯型的时候,我确保你一定"郁闷"了,不信去试试?

问题:

1.请问星巴克的营销秘密是什么?
2.试总结一下,案例中星巴克都用了哪些针对顾客的促销工具?
3.你从该案例中得到了哪些启示?

实训项目

策划促销方案

【实训目的】

通过实训,实现理论知识向实践技能的转化,使学生能够运用所学知识为具体产品策划促销方案。

【实训内容】

以某一企业为背景,结合其具体产品,针对某一促销场景(如春节)为该产品策划一个切实可行的促销方案。

【实训步骤】

(1)以 6~8 个人为单位组成一个团队。
(2)由团队成员共同讨论确定选题。
(3)通过文献调查、深度访谈、企业实习等方式,了解该产品的产品特性、市场环境、企业状况等。
(4)根据环境分析的结果,为该产品策划一个切实可行的促销方案。
(5)各团队派代表展示其成果。
(6)考核实训成果,评定实训成绩。

【实训要求】

(1)考虑到课堂时间有限,项目实施可采取"课外+课内"的方式进行,即团队组成、分工、讨论和方案形成在课外完成,成果展示安排在课内。
(2)每组提交的方案中,必须详细说明团队的分工情况,以及每个成员的完成情况。

(3)每个团队方案展示时间为10分钟左右,老师和学生提问时间为5分钟左右。

【实训考核】

(1)成果评价指标体系

表 8-6　　　　　　　　　　　　　成果评价指标体系

一级指标	分值	二级指标	分值	评分标准					得分
工作态度	30	工作计划性	10	5(不及格)	6(及格)	7(中)	8(良)	10(优)	
		工作主动性	10	5	6	7	8	10	
		工作责任感	10	5	6	7	8	10	
方案质量	70	内容充实性	20	10	12	14	16	20	
		内容严整性	20	10	12	14	16	20	
		PPT课件生动性	20	10	12	14	16	20	
		表述逻辑性	10	5	6	7	8	10	
总评分									

评分说明：

①对各队成绩评定采取自评、同行评价和老师评价三者相结合的方式,三者各占10%、20%和70%的分值。

②评分时可根据实际情况选择两个等级之间的分数,如8.5分、9分和9.5分等。

③同行评分以组为单位,由本小组成员讨论确定对其他组的各项评分及总评分。

(2)团队信息

队名：

成员：

说明：本表上交时,每队队长须在每个成员名字后标注分数,以考核该成员参与项目的情况。

(3)评分表

表 8-7　　　　　　　　　　　　　评分表

评价主体	工作计划性得分(10%)	工作主动性得分(10%)	工作责任感得分(10%)	内容充实性得分(20%)	内容严整性得分(20%)	PPT课件生动性得分(20%)	表述逻辑性得分(10%)	总评分(100%)
自评								
教师评								
本队对其他队的评分								
第1队								
第2队								
第3队								
第4队								
第5队								
第6队								
第7队								
第8队								
第9队								
第10队								

模块四

营销管控与营销创新

项目九　营销管控

项目十　市场营销的创新与发展

项目九 营销管控

——种瓜得瓜,种豆得豆

知识目标

• 了解营销计划的含义、类型,营销组织的定义,营销部门在企业中的地位,营销控制的含义、必要性,营销组织结构未来发展的趋势。
• 理解营销计划执行过程管理的相关内容、营销组织设计的影响因素和营销组织结构的主要类型。
• 掌握营销计划的内容和营销控制的内容。

能力目标

• 能够运用营销管控的相关知识去解释和分析企业的营销管控行为。
• 能够列举在营销管控方面做得比较好的企业实例。
• 能够分析、归纳某企业营销管控的主要措施和效果。
• 能够针对某一企业,为其制订一个年度营销计划,并制订相应的控制方案。

职业素养目标

• 树立科学发展观,在对营销活动进行管理时要注重规划,提升营销活动的效果和效率。
• 树立正确的人才观,在进行营销管理时要坚持"以人为本",重视员工的发展。
• 树立生态文明观念,在对营销活动进行管理时要遵循人、自然、社会和谐发展这一客观规律。

情境引入

营销费用的控制

龚总在企业里担当营销系统的一把手已经十几年了,可是从来没有像最近这样烦心过。最近这几年来,销量是在一直上升,可营销费用却也如坐直升机般直往上蹿,已经严重地影响到企业的可持续发展! 过去两年,集团总部对营销费用的急剧增长一直是睁只眼闭只眼,在年底的经营总结会上营销系统都是侥幸过关。但今年集团总裁亲自给营销系统下了死命令,要求营销费用的使用数额必须控制在总部要求的范围内!对于总部的死命令,虽然他早已有所预见,却没料到会来得这么快!这应了某位专家的一句话:"市场是最坏的老师,在我们还没准备好的时候,就不得不上交答卷!"

龚总是一个喜欢进攻的狮子型管理者,只喜欢不顾一切地进攻,而很少关注费用的使用,所以整个区域这几年来基本上都是只顾往前冲销量,很少为营销费用担忧。平时,只要是营销费用的问题,龚总都尽量满足一线员工的要求。现在龚总可不敢大意了,既然总部下了死命令,要将营销费用控制当作全年最重要的经营指标来考核,除了开始翻看以前的营销费用审批表之外,龚总还想到了财务部。

龚总想,要想控制费用,肯定由财务部门来控制最好。可是,与总部派过来的财务副总一讨论,财务副总表示财务部门只能负责核算营销费用,很难控制营销费用。例如,每月大量的营销费用报告,事前虽都有审批,但财务部门很难跟踪到每笔费用是否有违规或者变相使用等情况。与龚总关系一直比较紧张的财务副总最后甚至还扔出这样一句话:"营销费用高,当然要由营销系统在事中控制了!"

龚总听后心里虽不是滋味,可是也拿不出什么道理来反驳。这么棘手的问题,他应该如何处理?

试问:在企业里,营销管控究竟是哪个部门负责的呢?

其实,营销费用的控制只是营销管控的冰山一角。企业要按预期实现营销目标,须对营销活动进行系统的计划、组织与控制。

任务一　营销计划

——凡事预则立,不预则废

一、营销计划的含义

营销计划是指在对企业市场营销环境进行调研分析的基础上,制定企业及各业务单位的营销目标以及实现这一目标所应采取的策略、措施和步骤的明确规定和详细说明。

营销计划是企业的战术计划,营销战略对企业而言是"做正确的事",而营销计划则是"正确地做事"。在企业的实际经营过程中,营销计划往往碰到无法有效执行的情况,主要原因有两种:一是营销战略不正确,营销计划只能是"雪上加霜",加速企业的衰败;二是企业缺乏执行力,不能将营销战略转化为有效的战术。

小链接

营销计划与营销目标的关系

两者既有联系又有区别。

联系:营销目标是制订营销计划的前提,营销计划是营销目标的分解和落实;营销计划的实施必须以营销目标为导向。

区别:两者在内容、制订程序和制订方法上都有较大的不同。

二、企业营销计划的类型

(一)按计划时期的长短划分

企业营销计划可分为长期计划、中期计划和短期计划。

(1)长期计划的期限一般在5年以上,主要是确定未来发展方向和奋斗目标的纲领性计划。

(2)中期计划的期限为5年。

(3)短期计划的期限通常为1年或少于1年,如年度计划。

(二)按计划涉及的范围划分

企业营销计划可分为总体营销计划和专项营销计划。

(1)总体营销计划是企业营销活动的全面、综合性计划。

(2)专项营销计划是针对某一产品或特殊问题而制订的计划,如品牌计划、渠道计划、促销计划、定价计划等。

(三)按计划的层次划分

企业营销计划可分为战略计划、策略计划和作业计划。

(1)战略计划是对企业将在未来市场占有的地位及采取的措施所制订的计划。

(2)策略计划是对营销活动某一方面所制订的计划。

(3)作业计划是各项营销活动的具体执行性计划,如一项促销活动,需要对活动的目的、时间、地点、活动方式、费用预算等制订的计划。

三、营销计划的内容

(一)计划概要

计划概要是对主要营销目标和措施的简短说明,目的是使高层主管迅速了解该计划的主要内容,抓住计划的要点。例如,某零售商店年度营销计划的内容概要是:本年度计划销售额为5 000万元,利润目标为500万元,比上年增加10%。这个目标经过改进服务、灵活定价、加强广告和促销努力来实现。为达到这个目标,今年的营销预算要达到100万元,占计划销售额的2%,比上年提高12%。

(二)营销状况分析

这部分主要提供与市场、产品、竞争、分销以及宏观环境因素有关的背景资料。具体内容有:

1.市场状况

列举目标市场的规模及其成长的有关数据、顾客的需求状况等。如目标市场近年来的年销售量及其增长情况、在整个市场中所占的比例等。

2.产品状况

列出企业产品组合中每一种产品近年来的销售价格、市场占有率、成本、费用、利润率等方面的数据。

3.竞争状况

识别出企业的主要竞争者,并列举竞争者的规模、目标、市场份额、产品质量、价格、营销战略及其他的有关信息,以了解竞争者的意图、行为,判断竞争者的变化趋势。

4.分销状况

描述公司产品所选择的分销渠道的类型及其在各种分销渠道上的销售数量。如某产品在百货商店、专业商店、折扣商店、邮寄等各种渠道上的分配比例等。

5.宏观环境状况

对宏观环境的状况及其主要发展趋势做出简要的介绍,包括人口环境、经济环境、技术环境、政治法律环境、社会文化环境等,并从中判断某种产品的市场前景。

(三)机会与风险分析

首先,对计划期内企业营销所面临的主要机会和风险进行分析。其次,要对企业营销资源的优势和劣势进行系统分析。最后,在机会与风险、优劣势分析的基础上,企业可以确定在该计划中所必须注意的主要问题。

(四)拟定营销目标

拟定营销目标是企业营销计划的核心内容,在市场分析基础上对营销目标做出决策。计划应建立财务目标和营销目标,目标要用数量化指标表达,要注意目标的实际、合理,并要有一定的开拓性。

1.财务目标

财务目标即确定每一个战略业务单位的财务报酬目标,包括投资报酬率、利润率、利润额等指标。

2.营销目标

财务目标必须转化为营销目标。营销目标可以由以下指标构成:销售收入、销售增长率、销售量、市场份额、品牌知名度、分销范围等。

(五)营销策略

拟定企业将采用的营销策略,包括目标市场选择、市场定位、营销组合策略等。比如企业营销的目标市场是什么,如何进行市场定位,确定何种市场形象,企业拟采用什么样的产品、渠道、定价和促销策略等。

(六)行动方案

对各种营销策略的实施制订详细的行动方案,即阐述以下问题:将做什么?何时开始?何时完成?谁来做?成本是多少?整个行动计划可以列表说明,如每一时期应执行和完成的活动时间安排、任务要求和费用开支等,使整个营销战略落实于行动,并能循序渐进地贯彻执行。

(七)营销预算

营销预算即列出一张实质性的预计损益表。在收益的一方要说明预计的销售量及平均实现价格,预计出销售收入总额;在支出的一方说明生产成本、实体分销成本和营销费用,以及再细分的明细支出,预计出支出总额。最后得出预计利润,即收入和支出的差额。企业的业务单位编制出营销预算后,送上层主管审批。经批准后,该预算就是材料采购、生产调度、劳动人事以及各项营销活动的依据。

(八)营销控制

对营销计划的执行进行检查和控制,用以监督计划的进度。为便于监督检查,具体做法是将计划规定的营销目标和预算按月或季分别制订。营销主管每期都要审查营销各部门的业务实绩,检查是否完成了预期的营销目标。凡未完成计划的部门,应分析问题原因,并提出改进措施。

四、营销计划执行的过程管理

(一)营销计划过程管理的内容

1.销售报表

销售报表可以反映营销计划执行过程的详细情况,通过销售报表可以看出销售人员有无抓住营销计划实施的重点和在实施过程中存在的问题,同时还可以通过报表了解营销目标的完成情况,掌控营销计划实施的进度。

2.销售工作程序

这是正确执行营销计划的保障。如要完成既定的终端铺货计划和铺货率目标,就要提高拜访客户的效果。如果对销售人员的铺货工作建立一个规范的程序或步骤,就可以在不用增加任何资源的情况下达成目标。可以规定销售人员必须按照以下程序开展工作:整理客户资料、选择目标客户、选择拜访路线、做好拜访准备工作、拜访客户、检查客户卡、检查海报张贴、整理仓库和货架、搜集竞争信息、填写客户卡、建议客户订货、道谢离开等一系列步骤,从而为销售人员提供一个良好的工作规范,增强他们的信心,提高营销计划的实施效率。

3.销售会议

通过召开销售会议,可以对营销计划的执行状况进行双向沟通,及时发现销售人员工作中出现的问题,并提供帮助和指导,同时也教给销售人员一些销售技巧和方法,提高他们的应变能力。另外对于销售人员的反馈信息,尤其是营销计划在实际过程中碰到的困难要给予重新审视,对营销计划进行动态调整。

4.销售培训

销售培训是激励销售队伍、提高工作效率的最佳方法,包括对执行营销计划所需要的技能进行培训,对营销计划的核心思想、营销策略进行灌输,使销售人员能充分领会营销计划的要求,把握营销工作的重点。

(二)确定营销计划执行的业务流程

1.对营销计划重点目标的确定

重点目标决定着业务开展的方向,同时为衡量业务流程优劣提供了一个标准。

2.对关键营销业务流程的界定

关键营销业务流程是关系营销计划目标能否实现的核心流程,比如,营销推广流程、订单处理流程、销售储运流程等,都会直接影响到营销计划目标的实现。当然不同的行业和产品有不同的业务流程,但是在一些关键环节上是有共性的,因此企业一定要重点抓住这些关键业务流程。

(三)对营销计划执行过程的评估

1.目标评估

对营销计划执行过程的综合目标、硬性目标和软性目标的完成程度进行评估,随时掌握营销计划的实施进度。

2.过程评估

对销售人员的工作方式和效率进行评估,了解销售工作中存在的问题,为销售人员提供销售指导。

3. 投入产出评估

对营销计划执行的效率进行评估，同时衡量营销计划为销售培训企业带来的效益，并且对这种效益所体现的价值程度进行判断。

4. 推广效果评估

对执行过程中销售人员营销战术的创造性进行评估，衡量现行推广方式对营销计划所起的作用，并且评估推广方式的价值，有无可能在更大范围内进行推广。

5. 执行政策评估

对销售人员执行营销计划的到位程度进行评估，一方面是了解销售人员对营销计划的认同程度，另一方面则是了解销售人员对营销计划的重点有无把握，同时也评估执行政策是否有助于营销业务活动的开展。

6. 竞争对手评估

对竞争对手的营销工作进行评估，重点是树立标杆，对营销计划的各个环节与竞争对手进行对比，找到差距，进一步提高营销计划的针对性。

小链接

营销计划无法落实的原因

1. 缺乏制度保障

现实中很多企业在实施营销计划时，缺乏相应的制度保障，营销人员找不到开展工作的制度、规范，无法衡量自身业绩的好坏。

2. 缺乏绩效考核的约束

绩效考核制度是企业的基本管理制度，在营销计划执行过程中，必须将绩效考核制度与营销计划的完成效果结合起来，这样才能对营销人员的绩效进行客观公正的评价。

3. 过程管理有疏漏

很多企业在营销计划的执行过程中，往往只关注一些硬指标，比如，销售额、铺货率、知名度等，但是对一些软指标，比如，市场价格体系、市场秩序、与竞争对手的对比等，往往重视不够。

4. 缺乏整合和协调

表现为营销计划的各执行部门各自为战，不同部门对营销计划的理解不同和执行过程中缺乏统一的协调等。

5. 企业业务流程不合理

表现为营销计划执行过程中的业务流程过于复杂，执行过程中的审批环节过多，执行过程中各部门的业务分配不合理等。

任务二　营销组织

——企业的"肌体"，执行力的源泉

管理的四大传统职能包括计划、组织、指挥和控制。在项目一的任务三中，出于分析营销岗位的需要，我们简单介绍了营销组织的相关内容。但营销组织作为营销管控的核心内容，我们有必要在此予以详细叙述。

市场营销部门是执行市场营销计划，服务市场购买者的职能部门。市场营销部门的组织形式，主要受宏观市场营销环境、企业市场营销管理哲学，以及企业自身所处的发展阶段、经营范围、业务特点等因素的影响。

一、营销组织的内涵

营销组织是企业内部从事销售工作的人、事、物、信息、资金的有机结合，通过统一协调行动完成企业既定的营销目标。

营销组织作为企业组织体系的重要组成部分，具有整体性、适应性、稳定性和关联性的特点。在企业内部，每一个组成部分和各个活动之间都是紧密联系在一起的，现代企业的整体性要求企业的营销部门内部各要素之间必须密切配合、协调一致，不能各自为政。适应性是指企业的营销组织机构必须适应外界环境的变化，能够对瞬息万变的市场环境迅速做出反应并采取行动。稳定性是指企业一旦按照其营销目标构建起营销组织，就必须保持相对的稳定性。朝令夕改、内部动荡都不利于营销目标的达成。营销组织的关联性可以从两个方面理解：一是从整合营销的角度讲，企业的营销组织建立起来后，不可能靠单打独斗就能完成销售任务，而必须与其他部门如生产、物流、仓储、财务、市场等保持密切合作。二是营销组织内部各要素之间也不是孤立存在的，只有将部门内部人、事、物、信息、资金有机结合，才能达成营销目标。

二、营销部门在企业中的地位

营销部门在企业中的地位主要受市场发育程度、行业特征、企业规模、营销战略等因素影响。

1.市场化初期营销部门在企业中的地位

在市场化初期，由于市场上产品品种不丰富，供应量也不充足，消费者没有多大的选择权，整个市场处于卖方市场。但在供应者之间，已开始有竞争，因此这个时期很多企业将营销部门放在核心位置，谋划将来的市场地位。"销售量为王"成为这一时期流行的观点，谁把东西卖得出去谁就是市场的王者，而对市场维护、生产质量控制、售后服务等则关注度不够。

但是，一些小企业因为受财力、人力、物力等条件限制，其营销部门在企业中的地位并不如大企业那么显赫，有的企业甚至根本不设专门的营销部门，而是靠产品自身的性价比优势进行市场渗透。

市场化初期营销部门在企业中的地位如图9-1所示。

图9-1 市场化初期营销部门在企业中的地位

2.市场成熟期营销部门在企业中的地位

随着市场日趋成熟,市场上产品明显供过于求,竞争因此也变得越来越激烈。为赢得竞争,以往不被企业所重视的市场维护、生产质量控制、售后服务等日益受到重视。营销部门在企业中处于与生产、物流、财务等其他部门并列的位置。

市场成熟期营销部门在企业中的地位如图9-2所示。

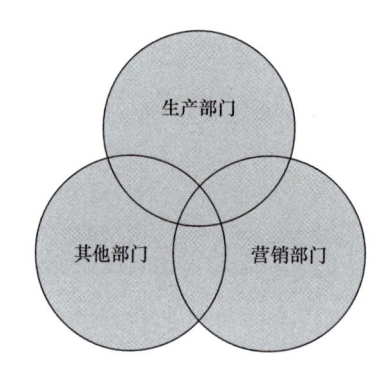

图9-2 市场成熟期营销部门在企业中的地位

三、营销组织设计的影响因素

建立营销组织时,需要考虑产品特征、销售策略、销售区域、渠道特性以及外部环境五个因素,营销组织设计的影响因素如图9-3所示。

图9-3 营销组织设计的影响因素

1.产品特征

当产品结构复杂、采用高水平技术时,按产品专门化组成销售队伍比较合适。反之,按区域设立销售组织就可以了。如柯达公司就为它的胶卷产品和工业用品配备了不同的销售队伍。胶卷产品销售队伍负责密集分销的简单产品,工业用品销售队伍则负责那些具有一定的技术含量的工业用品。

另外,在日用消费品行业,当企业经营的产品线特别宽时,为加强对市场的管理,企业常常以产品线为单位设置相应的组织架构,譬如海尔、美的等家电巨头,在营销组织设计时,按产品线设立了空调事业部、冰箱事业部、小家电事业部等。

小思考

P&G(宝洁)公司的营销组织

P&G(宝洁)公司是一家著名的家用日化用品生产企业,其产品线极其丰富,包括洗衣粉、洗发水、厨房清洁用品及化妆品等多种产品线。P&G产品销售到世界各地,仅在中国就遍布城市与乡村。

焦点问题:P&G公司的营销部门应该采用怎样的组织结构?设计并查阅资料验证。

2. 销售策略

一般来讲,企业可以采用"推式"或"拉式"策略进行产品销售。"推式"即通过人员推销来销售产品;"拉式"是指通过广告等促销手段吸引消费者购买而达到产品销售的目标。企业采取何种销售策略显然影响着销售组织的设计,"推式"比"拉式"策略需要更多的销售人员。

3. 销售区域

销售区域范围对销售组织设计的影响主要体现在两个方面:

一是企业划分给每个销售人员的责任辖区有多大。每个销售人员的责任辖区越大,企业在目标市场管理中所需的销售人员数量越少,因而销售组织结构就越简单。反之,则需要更多的销售人员,销售组织结构也就越复杂。

二是企业对销售区域开发的程度。如果企业采用精耕细作的方式对区域市场进行管理,则组织机构就会变得比较庞杂。反之,则简单。有数据显示,企业销售渠道每"下沉"(即从高一级区域下降到次一级区域,如从市下降至县)一级,销售人员的数量将增加三倍。

4. 渠道特性

渠道特性是指销售渠道的长短和宽窄。显然,销售渠道越长、越窄,销售组织就会越复杂。反之,则越简单。不同的渠道特性对应不同的营销组织形式。

小思考

安利公司的销售组织

安利公司原是一家直销公司,为了适应中国的市场环境,安利公司对经营方式进行了改革,在直销方式之外与其他商品销售方式相融合,建立统一的销售门市。其在直销模式中,主要聘请营业代表进行产品演示、宣传和销售。

焦点问题:试简要画出安利公司销售部门的组织结构图,并查阅资料验证。

5. 外部环境

企业外部环境对营销组织的影响较大。一般来讲,在比较稳定的外部环境中,企业的营销组织结构也会相对稳定。反之,则需要采取一种随机应变的动态结构。

导致营销组织变动的外部因素包括需求状况的变化、竞争状况、政治法律环境的变化和科学技术的发展等。如世界日化巨头安利和雅芳进入我国后,其销售模式由传销向"店铺+直销"模式转型,因而也迫使其对营销组织结构进行重新设计。

四、营销组织结构的主要类型

营销组织结构的主要类型有以下五种：

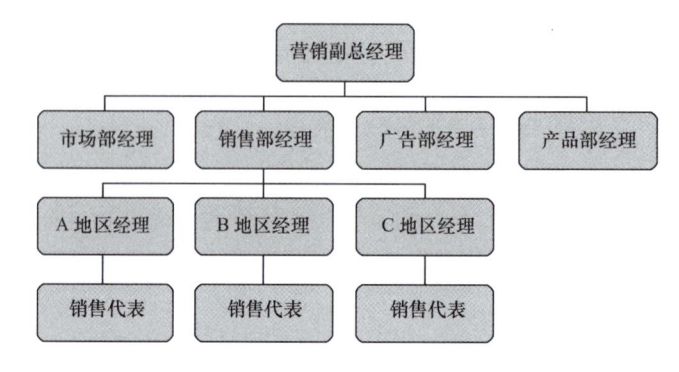

（一）区域型营销组织

区域型营销组织是指企业将营销人员派遣到不同地区，在各地区成立分支机构，全权代表企业开展营销活动。区域型营销组织如图9-4所示。

图 9-4 区域型营销组织

1. 区域型营销组织的优点

（1）区域主管权力相对集中，决策速度快。

（2）地域集中，相对费用低；人员集中，易于管理。

（3）区域负责制提高了销售人员的积极性，激励他们去开发当地业务和培养人际关系。

2. 区域型营销组织的缺点

销售人员要从事所有的销售活动，技术上可能不够专业，不适应种类多、技术含量高的产品。

3. 区域型营销组织的适用范围

（1）企业规模较小。

（2）企业产品种类单一，技术含量不高。

（3）销售渠道单一。

（4）销售部门人数较少，销售部门结构比较简单。

采用区域型营销组织应注意的问题：销售区域须按销售潜力相等或工作负荷相等的原则加以划定，以防销售人员投入产出不成比例的情况出现，从而避免销售人员苦乐不均的现象产生。

（二）产品型营销组织

在产品型营销组织里，企业按产品或产品线分配销售人员，每个销售人员专门负责特定产品或产品线的销售业务。产品型营销组织如图9-5所示。

1. 产品型营销组织的优点

（1）销售队伍与相关的生产线相联系，便于熟悉与产品相关的技术、销售技巧，有利于培养销售专家。

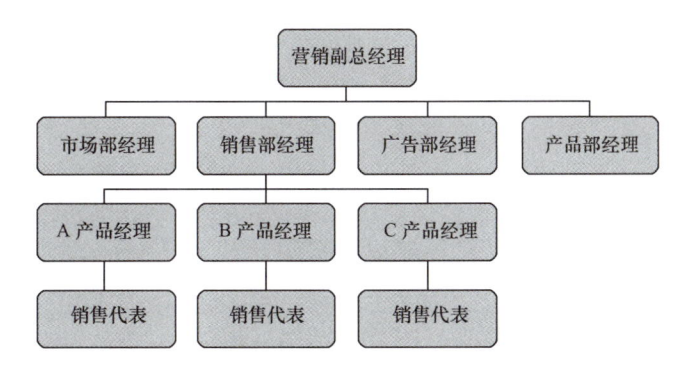

图 9-5　产品型营销组织

(2) 生产与销售联系密切，产品供货及时。

2. 产品型营销组织的缺点

(1) 由于地域重叠，造成工作重复。
(2) 成本高。

3. 产品型营销组织的适用范围

(1) 产品技术复杂，产品之间联系少或数量众多。
(2) 企业的产品种类繁多，如家电行业的海尔、美的等，就是按产品线成立事业部。

采用产品型营销组织应注意的问题：当企业的产品种类繁多时，不同的销售人员会面对同一顾客群。这样不仅使销售成本提高，而且也会引起顾客的反感。例如，庄臣公司设有几个产品分部，每个分部都有自己的销售队伍。很可能在同一天，几个庄臣公司的销售人员到同一家医院去推销。如果只派一个销售人员到该医院推销公司所有的产品，可以省下许多费用。

小案例

IBM 公司的营销组织

IBM 公司是按产品划分销售部门的典范，分别有负责计算机的销售队伍和负责办公设备的销售队伍。这些产品差别很大，需要专业人员来负责。IBM 公司的营销组织如图 9-6 所示。

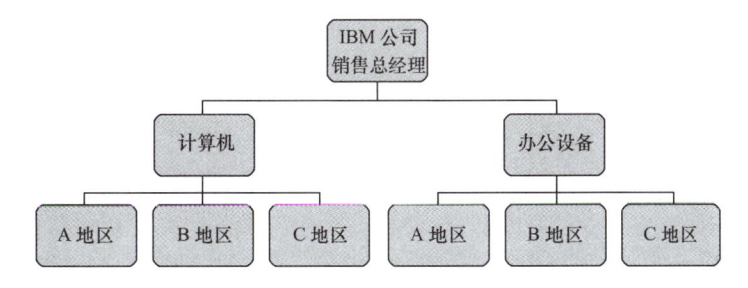

图 9-6　IBM 公司的营销组织

焦点问题：请问 IBM 公司的营销组织结构有何特点？

（三）顾客型营销组织

顾客型营销组织是指企业按市场或顾客类型来组建自己的营销队伍。例如，一家计算机厂商，可以把它的客户按所处的行业如金融、电信等来加以划分。顾客型营销组织如图9-7所示。

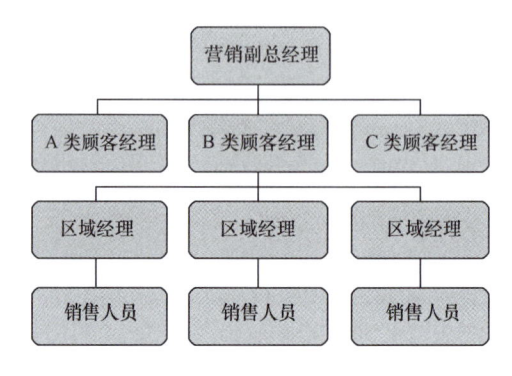

图 9-7　顾客型营销组织

1.顾客型营销组织的优点

(1)更好地满足顾客需要。
(2)减少销售渠道的摩擦。
(3)为新产品开发提供思路。

2.顾客型营销组织的缺点

(1)销售人员必须熟悉所有产品，培训费用高。
(2)主要消费者减少时会带来的威胁。
(3)销售区域重叠，造成工作重复，销售费用高。

3.顾客型营销组织的适用范围

当企业规模扩大，主要采用渠道分销时(前提多是日用消费品)，则要根据渠道的类型设计销售部门的组织结构。

近年来，按市场或顾客类型来建立营销组织的企业逐渐增多，而产品专业化组织在某些行业已经减少了。因为市场专业化与顾客导向理念一致，都强调了营销观念，按市场或顾客类型划分营销组织的公司有施乐、IBM、NCR、惠普、通用食品和通用电气公司等。

采用顾客型营销组织应注意的问题：按市场组织销售队伍最明显的优点是每个销售人员都能了解到消费者的特定需要。有时还能降低销售人员费用，更能减少渠道摩擦，为新产品开发提供思路。但当主要顾客减少时，这种组织类型会给企业造成一定的威胁。

（四）职能型营销组织

职能型营销组织是按工作专门化要求组建的一种组织结构形式。一般而言，营销人员不可能擅长所有的销售活动，但可能是某一类营销活动的专家，基于这种思路有些公司采用职能型营销组织(图9-8)。

```
          营销副总经理
   ┌────────┼────────┬────────┐
市场部经理 销售部经理 广告部经理 产品部经理
```

图9-8　职能型营销组织

1. 职能型营销组织的优点

(1) 分工明确。

(2) 工作专业化，有利于提高工作效率。

(3) 有利于培养销售专家。

2. 职能型营销组织的缺点

费用高，不适合规模较小和实力较弱的公司采用。

3. 职能型营销组织的适用范围

适合规模较大的公司采用，大公司由于销售队伍庞大，很难协调不同的销售职能，较多采用这种模式。

小案例

吉列公司的营销组织模式

吉列公司采用职能型营销组织模式，一个部门负责销售产品及协调产品的价格、促销、展示及分销的有关问题，另一个部门负责辅助零售商，检查它们的商品展示，协助它们销售吉列产品。

焦点问题：请问吉列公司的营销组织模式有何特点？

(五) 围绕大客户规划营销组织结构

有些公司的经营业绩主要由几个大客户来支撑，因此成立专门的销售团队服务于这些大客户。这种组织模式针对性强，不需要过多的管理和销售费用。如中兴公司的大型通信设备，其客户主要为中国电信、联通等。

小案例

"利乐包"的营销组织模式

"利乐包"是瑞典利乐公司(Tetra Pak)开发出的一系列用于液体食品的包装产品。该产品目前在中国的饮料包装市场的占有率达到95%。

早在20世纪50年代，利乐是最先为液态牛奶提供包装的公司之一。后来，它成为世界上牛奶、果汁、饮料和许多其他产品包装系统的大型供货商之一。

在中国，使用"利乐包"的都是一些大型饮料、乳品公司。为服务好这些大客户，利乐公司采用围绕大客户规划组织结构的模式。具体做法是成立大客户销售和服务团队，为某一大客户提供专门化的服务。为了随时了解大客户需求，这些大客户团队甚至将办公室设在大客户公司内部。

焦点问题：请问利乐公司的营销组织模式有何特点？

五、营销组织未来的发展趋势

营销组织未来发展趋势主要体现在两个方面：一是采用复合型营销组织结构的企业逐渐增多；二是团队营销组织结构将成为未来营销组织的主要形式。

1.复合型营销组织

前面几种营销组织建设的基础都是假设企业只按照一种基础划分营销组织，如按区域、产品或顾客。事实上，许多企业使用的是这几种结构的组合。例如，有的企业的营销组织可能就是按产品和区域来划分，或者是按顾客和区域来划分，还可能是按产品和顾客来划分。

当企业在一个广阔的地域范围内向各种类型的消费者销售种类繁多的产品时，通常将以上几种结构方式混合使用。销售人员可以按区域-产品、产品-顾客等方法加以组织，一个销售人员可能同时对一个或多个产品线经理和部门经理负责。

2.团队营销组织

未来营销发展的趋势是由个人销售发展为团队销售，因此以团队为基础设计与建立营销组织将成为必然。

例如，通用电气公司为了更好地为重要客户服务，成立了跨职能和跨公司的大型营销团队。针对南加州爱迪生公司从通用公司购买蒸汽涡轮发电机项目，通用公司专门成立了140人的跨公司团队以减少停工期。这个团队包括60名来自通用的员工，其他成员则来自爱迪生公司。

任务三　营销控制

——有所为而有所不为

一、营销控制的含义

所谓营销控制是指衡量和评估营销策略与计划的成果，以及采取纠正措施以确保营销目标的完成。

小链接

扁鹊的控制观

魏文王问名医扁鹊说："你们家兄弟三人，都精于医术，到底哪一位最好呢？"

扁鹊答说："长兄最好，中兄次之，我最差。"

文王再问："那么为什么你最出名呢？"

扁鹊答说："我长兄治病，是治病于病情发作之前，由于一般人不知道他事先能铲除病因，所以他的名气无法传出去，只有我们家的人才知道。我中兄治病，是治病于病情初起之时，一般人以为他只能治轻微的小病，所以他的名气只及于本乡里。而我扁鹊治病，是治病于病情严重之时，一般人都看到我在经脉上穿针管来放血、在皮肤上敷药等大手术，所以以为我的医术高明，因此传遍全国。"

文王说："你说得好极了。"

焦点问题：上述故事说明了控制的什么原理？

二、营销控制的必要性

1.应对市场环境变化的需要

急剧变化的市场环境，给企业营销目标的实现带来前所未有的挑战。为确保企业营销目标的实现，必须对计划的执行过程进行有效的控制。

2.应对日常工作中出现的偏差的需要

在营销计划的执行过程中，难免会出现一些偏差。如果这些偏差不能及时地被控制和修正，最后可能酿成严重的后果。

营销控制不仅是对企业营销过程的结果进行控制，还必须对企业营销过程本身进行控制，而对过程本身的控制更是对结果控制的重要保证。

小链接

控制与计划的关系

控制与计划之间有着密切的联系，计划是控制的目标，控制是实现计划的手段。一般来说，营销管理程序中的第一步是制订计划，然后是组织实施和控制。控制不仅要按原计划目标对执行情况进行监控，纠正偏差，在必要时，还将对原计划目标进行检查，判断其是否合理。也就是说，要考虑及时修正战略计划，从而产生更合理的新计划。

三、营销控制的内容

营销控制的内容包括年度计划控制、赢利能力控制、营销效率控制和营销战略控制四个方面。

（一）年度计划控制

年度计划控制是由企业高层管理人员负责的，旨在检查年度计划目标是否实现。一般可从四个方面检查计划执行效果。

1.销售差异分析

衡量并评估企业的实际销售额与计划销售额之间的差异情况。

譬如，某公司在苏州、无锡、常州三个地区的计划销售量分别是2 000件、1 500件、1 000件，总计4 500件，而实际总销量是3 800件，三个地区分别是1 200件、1 400件、1 200件，与计划的差距分别为－40%，－6.7%，＋20%。通过分析可知，苏州是造成计划失败的关键地区，因而应进一步查明苏州地区销量减少的原因。

2.市场占有率分析

即衡量并评估企业的市场占有率情况。根据范围不同，市场占有率一般分为三种：

(1)全部市场占有率。企业的销售额（量）占行业销售额（量）的百分比。

(2)目标市场占有率。企业的销售额（量）占其目标市场总销售额（量）的百分比。

(3)相对市场占有率。企业的销售额（量）占几个最大竞争者的销售额（量）的百分比。

3.营销费用率分析

衡量并评估企业的营销费用对销售额的比率，可进一步细分为人员推销费用率、广告费用率、销售促进费用率、市场营销调研费用率、销售管理费用率等。

4.顾客态度追踪

企业通过设置顾客抱怨和建议系统,建立固定的顾客样本或者通过顾客调查等方式,了解顾客对本企业及其产品的态度变化情况,进行衡量并评估。

(二)赢利能力控制

赢利能力控制一般由财务部门负责,旨在测定企业不同产品、不同销售地区、不同顾客群、不同销售渠道以及不同规模订单的赢利情况的控制活动。

赢利能力指标包括资产收益率、销售利润率和资产周转率、现金周转率、存货周转率和应收账款周转率、净资产报酬率等。

企业要取得较高的赢利水平和较好的经济效益,一定要对直接推销费用、促销费用、仓储费用、折旧费、运输费用、其他营销费用,以及生产产品的材料费、人工费和制造费用进行有效控制,全面降低支出水平。

(三)营销效率控制

假如赢利分析发现公司在某些产品、地区或市场方面的赢利不佳,那接下来要解决的问题是寻找更有效的方法来管理销售队伍、广告、促销和分销。

1.销售人员效率

销售经理可用以下指标考核和管理销售队伍,提高销售人员的工作效率。

(1)销售人员日均拜访客户的次数。

(2)每次访问平均所需时间。

(3)每次访问的平均收益。

(4)每次访问的平均成本。

(5)每百次销售访问预定购的百分比。

(6)每月新增客户数目。

(7)每月流失客户数目。

(8)销售成本对总销售额的百分比。

小案例

肯德基设置"密探"

美国肯德基国际公司的子公司遍布全球60多个国家和地区,达9 900多个。然而,肯德基国际公司在万里之外,又怎么能相信它的下属能"循规蹈矩"呢?

一次,上海肯德基有限公司收到了3份从总公司寄来的鉴定书,其内容是对外滩快餐厅的工作质量进行的3次检查评分,得分分别为83分、85分、88分。公司中外方经理都为之瞠目结舌,这三个分数是怎么评定的?原来,肯德基国际公司雇佣、培训一批人,让他们佯装顾客潜入店内进行检查评分。

这些"特殊顾客"来无影去无踪,这就使快餐厅经理、雇员时时感到压力,丝毫不敢疏忽。

焦点问题:请问肯德基对分店的经营行为采用了哪种控制方法?这种方法可取吗?

2.广告效率

为提高广告宣传的效率,经理应掌握这些统计资料:

(1)每种媒体接触每千名顾客所花费的广告成本。
(2)注意阅读广告的人在其受众中所占的比率。
(3)顾客对广告内容和效果的评价。
(4)广告前后顾客态度的变化。
(5)由广告激发的询问次数。

3.营业推广效率

为了提高促销效率,企业应注意的统计资料有:

(1)优惠销售所占的百分比。
(2)每一单位销售额中所包含的陈列成本。
(3)赠券回收率。
(4)因示范引起的询问次数。

4.分销效率

对分销渠道的业绩、企业存货控制、仓库位置和运输方式的效率进行分析和改进,提高分销的效率。

(四)营销战略控制

营销战略控制也叫营销审计,是对一个企业或一个业务单位的营销环境、目标、战略和活动所做的全面的、系统的、独立的和定期的检查,其目的在于决定问题的范围和机会,提出行动计划,以提高企业的营销业绩。营销审计可由企业内部人员来做,也可聘请外部专家进行。

营销审计是营销战略控制的主要工具。一次完整的营销审计活动的内容是十分丰富的,概括起来包括六个大的方面:

(1)营销环境审计,主要包括宏观环境(如人口统计、经济、生态、技术、政治、文化)、任务环境(如市场、顾客、竞争者、经销商、公众)等。
(2)营销战略审计,包括企业使命、营销目标、目的和战略等。
(3)营销组织审计,包括组织结构、功能效率、部门间联系效率等。
(4)营销制度审计,包括营销信息系统、营销计划系统、营销控制系统、新产品开发系统等。
(5)营销效率审计,包括盈利率分析、成本效率分析等。
(6)营销职能审计,包括对营销的各个因素如产品、定价、渠道和促销策略的检查评价。

知识巩固

1.名词解释

营销计划　营销预算　营销组织　产品型营销组织　区域型营销组织　顾客型营销组织　职能型营销组织　营销控制

2. 简答题

(1) 企业营销计划有哪些主要类型?
(2) 简述营销计划的内容。
(3) 试述营销计划执行的过程管理的内容。
(4) 营销部门在企业中的地位如何?
(5) 试述营销组织设计的影响因素。
(6) 试述营销组织结构的主要类型及各自优缺点和适用范围。
(7) 试述营销组织结构未来发展趋势。
(8) 企业为什么要进行营销控制?
(9) 试述营销控制的主要内容。

项目案例

"流程化管理"老了

流程化的管理方式曾经是国际公认的企业核心管理方式,但是,那只是曾经。

就一笔订单来说,从开始到结束,企业的运作流程是这样的:从销售人员下单,到订单处理中心,再到物流配送部门,再到财务部门,再到售后部门,若有客户回馈信息,再逐级反馈到产品研发部门等。这就是一环扣一环式的流程化管理制度下的企业运作。

其实,这种传统流程化管理的初衷,也是为了提升管理效率,降低管理成本,在当时的环境下,管理渗透到了企业的每一个环节中,效率的确也得到了一定的提升。可是这种传统的金字塔式的组织结构已经很难应付现在和未来的业务挑战。

随着消费行为的碎片化,企业面临的消费需求越来越个性化,消费者从"只要有东西就行"的观念,转变为对产品要求多层次的物流保障、服务保障、信息保障(也被称为"消费升级")等。他们不仅有复杂的信息要求,更希望企业的服务能从开始到结束,都以"光速"进行。而在这个过程中,消费者自己又不是一成不变的。

快速、高效、随时随地解决消费者的问题,在流程化管理过程中,这些恰恰是硬伤。

首先,大部分企业的流程化管理,都是从制定详细的流程管理内容开始,而在执行力上,因为过于复杂导致总是有所欠缺,流程管理形同虚设。因此,一旦遇到问题,部门或者个人都难免会互相推卸责任,更不愿意首先出面解决,从而对整个企业造成伤害。

其次,企业运作是随着外部环境的变化而变化的,但一般的流程管理规范内容都停留在多年前的状态,这与企业面临的实际市场情况完全脱节。快速反馈、获取有效市场信息都有困难,更谈不上什么效率了。

再次,在跨部门和跨业务单元流程上,由于流程之间常常是割裂状态,导致企业内部存在着大量的界面冲突(部门利益),于是只好借助大量的会议、更多和更复杂的流程来试图解决,结果往往使流程更复杂、冲突更严重。

由此可见,大部分企业一直采用的流程化管理,越来越难以适应复杂、快速、多变的业务需求,企业有必要通过更加高效的运作方式来提高自身的应变和适应能力,让业务流程变得透明。同时,避免逐级传递所带来的各种浪费,提升整体效率。

一张围绕消费者的企业各部门管理网,更能面对变化,迅速做出反应。在这个过程中,人是最重要的因素。

问题:

1. 你觉得流程化管理正在"老去"吗?为什么?
2. 如果你是公司的营销总监(经理),面对急剧变化的营销环境,你将树立怎样的管控理念?
3. 你觉得在现代营销管理系统中,最难管控的因素是什么?为什么?
4. 你从该案例中得到了什么启示?

实训项目

制订年度营销计划及控制方案

【实训目的】

通过实训,实现理论知识向实践技能的转化,使学生能够运用所学知识为企业制订年度营销计划及相应的控制方案。

【实训内容】

结合某一企业具体实际,为其制订一个年度营销计划,并制订相应的控制方案。

【实训步骤】

(1) 以 6~8 个人为单位组成一个团队。

(2) 由团队成员共同讨论确定选题。

(3) 通过文献调查、深度访谈、企业实习等方式,了解该企业在营销管控方面的实际情况。

(4) 根据调研结果,为该企业制订一个年度营销计划,并制订相应的控制方案。

(5) 各团队派代表展示其成果。

(6) 考核实训成果,评定实训成绩。

【实训要求】

(1) 考虑到课堂时间有限,项目实施可采取"课外+课内"的方式进行,即团队组成、分工、讨论和方案形成在课外完成,成果展示安排在课内。

(2) 每组提交的方案中,必须详细说明团队的分工情况,以及每个成员的完成情况。

(3) 每个团队方案展示时间为 10 分钟左右,老师和学生提问时间为 5 分钟左右。

【实训考核】

(1) 成果评价指标体系

表 9-1　　　　　　　　　　　　成果评价指标体系

一级指标	分值	二级指标	分值	评分标准					得分
工作态度	30	工作计划性	10	5(不及格)	6(及格)	7(中)	8(良)	10(优)	
		工作主动性	10	5	6	7	8	10	
		工作责任感	10	5	6	7	8	10	

（续表）

一级指标	分值	二级指标	分值	评分标准					得分
方案质量	70	内容充实性	20	10	12	14	16	20	
		内容严整性	20	10	12	14	16	20	
		PPT课件生动性	20	10	12	14	16	20	
		表述逻辑性	10	5	6	7	8	10	
总评分									

评分说明：

①对各队成绩评定采取自评、同行评价和老师评价三者相结合的方式，三者各占10％、20％和70％的分值。

②评分时可根据实际情况选择两个等级之间的分数，如8.5分、9分和9.5分等。

③同行评分以组为单位，由本小组成员讨论确定对其他组的各项评分及总评分。

(2) 团队信息

队名：

成员：

说明：本表上交时，每队队长须在每个成员名字后标注分数，以考核该成员参与项目的情况。

(3) 评分表

表 9-2　　　　　　　　　　评分表

评价主体	工作计划性得分（10％）	工作主动性得分（10％）	工作责任感得分（10％）	内容充实性得分（20％）	内容严整性得分（20％）	PPT课件生动性得分（20％）	表述逻辑性得分（10％）	总评分（100％）
自评								
教师评								
本队对其他队的评分								
第1队								
第2队								
第3队								
第4队								
第5队								
第6队								
第7队								
第8队								
第9队								
第10队								

项目十　市场营销的创新与发展

——企业成功的"发动机"

知识目标

- 理解各种营销新理念的内涵、形式及内容。
- 掌握实施各种营销新理念的方法、策略及关键点。
- 熟悉各种营销新理念的应用场景和实施要领。

能力目标

- 能够运用新营销知识去解释一些企业的营销活动。
- 能够列举在新营销理念运用方面比较有特色的企业实例。
- 能够分析、归纳某行业或企业所采用的新营销模式。
- 能够结合某种新产品,为其策划一个营销创新方案。

职业素养目标

- 坚持全面学习观,努力进行多方面、多层次的学习,积极拓展知识面、丰富知识结构,紧跟世界营销理论和实践发展的步伐。
- 立足本职,勇于创新,敢于实践,大胆探索,在从事营销活动时积极学习和使用新知识、新方法、新理念和新技能。
- 培养职业使命感,将日常营销工作同人民幸福、国家富强和民族振兴结合起来。

情境引入

故宫的文化营销

近些年来,故宫深挖品牌历史故事,通过"反差感"创意表现方式,与用户交流,激发用户创意;并通过 IP 授权,与多品牌跨界合作,成功实现了品牌年轻化,成为教科书级别的 IP 营销案例。

2019 年故宫博物院元宵节点灯活动刷爆社交媒体,"紫禁城上元之夜"的点亮活动是自 1925 年 10 月 10 日故宫博物院正式成立后,第一次对社会开放夜场。

继点亮活动之后不久,一张故宫雪后的照片再次引爆了微信朋友圈,仅仅几分钟的时间点击量"10万+"。几日后的情人节又下雪了,这个热点一出,故宫成为情人节情侣约会的地方之一,因为"雪天不再是炸鸡配啤酒,而是故宫走一走"。

试问:故宫俘获年轻人"芳心"的秘诀是什么?

资料来源:搜狐网.故宫营销,文化已成产品营销的制胜法宝,2019-03-06。

任务一 整合营销时代的营销新理念

——构建产品与消费之间的链接

舒尔茨认为,传统的以4P(产品、价格、渠道、促销)为核心的营销框架,重视的是产品导向而非真正的消费者导向,制造商的经营哲学是"消费者请注意"。面对市场环境的新变化,企业应在营销观念上逐渐淡化4P、突出4C。制造商的经营哲学更加"注意消费者"。

舒尔茨认为,整合营销传播的核心思想是:以整合企业内外部所有资源为手段,再造企业的生产行为与市场行为,充分调动一切积极因素以实现企业统一的传播目标。整合营销强调与顾客进行多方面的接触,并通过接触点向消费者传播一致的、清晰的企业形象。

整合营销时代的营销新理念包括:绿色营销、关系营销、体验营销、文化营销等。

一、绿色营销

(一)绿色营销的内涵

绿色营销是指企业在生产经营过程中,将企业自身利益、消费者利益和环境保护利益三者统一起来,以此为中心,对产品和服务进行构思、设计、制造和销售。从内涵上看,绿色营销是企业以环保观念作为其经营指导思想,将绿色消费作为出发点,以绿色文化作为企业文化核心,在满足消费者绿色消费需求的前提下,为实现企业目标而进行的营销活动。

(二)绿色营销的实施

1.树立绿色营销观念

绿色营销观念是企业在绿色营销环境下生产经营的指导思想,绿色营销观念在传统营销观念的基础上增添了新的思想内容。与传统的社会营销观念相比,绿色营销观念更注重社会利益,定位于节能与环保,立足于可持续发展,放眼于社会经济的长远利益与全球利益。

2.设计绿色产品

产品策略是市场营销的首要策略,企业实施绿色营销必须以绿色观念为载体,为社会和消费者提供满足绿色需求的绿色产品。所谓绿色产品,是指对社会、对环境改善有利的产品,又称无公害产品。

3.制定绿色产品的价格

价格是市场的敏感因素,定价是市场营销的重要策略,实施绿色营销不能不研究绿色产品价格的制定。一般来说,在市场的投入期,绿色产品的生产成本会高于同类传统产品。但是,产品价格的上升只是暂时的。随着科学技术的发展和各种环保措施的完善,绿色产品的制造成本会逐步下降,趋向稳定。因此,从长远来看,企业营销绿色产品不仅能使企业赢利,更能在同行竞争中取得优势。

4.建立绿色营销渠道

绿色营销渠道是绿色产品从生产者转移到消费者所经历的通道。企业实施绿色营销必须建立稳定的绿色营销渠道,从绿色交通工具的选择、绿色仓库的建立,到绿色装卸、运输、储存、管理办法的确定与实施,认真做好绿色营销渠道的一系列基础工作。尽可能建立短渠道、宽渠道,减少渠道资源消耗,降低渠道费用。

5.搞好绿色营销的促销活动

绿色促销是通过绿色促销媒体,传递绿色信息,指导绿色消费,启发、引导消费者的绿色需求,最终促成购买行为。

小思考

绿色营销与传统营销有何区别?

二、关系营销

(一)关系营销的内涵

所谓关系营销,是指把营销活动看作是一个企业与消费者、供应商、分销商、竞争者、政府机构及其他公众发生互动作用的过程,其核心是建立和发展与这些公众的良好关系。关系营销被西方舆论界视为"对传统营销理论的一次革命"。它以系统论为基本指导思想,将企业置于社会经济大环境中来考察其市场营销活动,认为企业营销是一个与消费者、竞争者、供应商、分销商、政府机构和社会组织发生互动作用的过程,正确处理与这些个人和组织的关系是企业营销的核心,是企业成败的关键。

微课
关系营销的几个关键问题

小案例

娃哈哈:流变时代,消费者沟通是不变式

从企业规模和效益上来说,娃哈哈多年位居中国饮料行业榜前列;从国民度上来说,娃哈哈这个品牌陪伴了"80后""90后"的成长,承载了几代人的珍贵记忆,是当之无愧的国民"老字号"。如今,娃哈哈不断在营销、产品等方面推陈出新,追求品牌内涵的跃升,在"国民度"之上更添"网感""话题度",愈加得到当代年轻人的喜爱。

实际上,不仅娃哈哈,多数快消品牌都需要面对消费者迭代。如今,在"80后""90后"仍然是消费主力军之际,Z世代受到越来越多来自品牌的注意。Z世代已经被贴上这样的标签:更愿意为自己的兴趣和爱好付费,重视产品体验和内涵以及社交。国货、性价比、颜值、个性、社交等都是他们的消费关键词。

我们从有阅历品牌的成长轨迹中可以发现,其实每一代人都有不同的特质,每一代人都有迹可循。如果将时间往前推10年,我们会发现Z世代是"80后"一代更为开放的延续。在这个时代,穿过数次时间之门的企业和每一代消费者的沟通方式,在具体形式上或许各不相同,但内核并无大异,那就是根植于人(消费者),和消费者沟通,为消费者持续不

断地创造价值。

所以,持续的消费者沟通才是品牌年轻化的题眼。

焦点问题:请问娃哈哈保持品牌年轻化的秘密是什么?

资料来源:曹亚楠.娃哈哈:流变时代,消费者沟通是不变式.销售与市场,2021年1月刊。

(二)关系营销的形态

归纳起来关系营销大体有以下五种形态:亲缘关系营销形态、地缘关系营销形态、业缘关系营销形态、文化习俗关系营销形态和偶发性关系营销形态。

(三)关系营销的策略

企业的关系营销策略可分解为以下五个方面:

1.顾客关系营销策略

企业只有为顾客提供了满意的产品和服务,才能使顾客对产品进而对企业产生信赖,成为企业的忠诚顾客。企业可以通过树立以消费者为中心的观念、了解顾客的需求、提高顾客的满意度、建立顾客关系管理系统、培养顾客的忠诚度等与顾客建立良好关系,促使其成为忠诚顾客。

2.供应商关系营销策略

在竞争日益激烈的市场环境中,明智的企业会和供应商、分销商建立起长期的、彼此信任的互利关系。因此,企业应该以求实为本,增进了解,培养供销商对企业的信心;讲究信用,互利互惠,从长远利益出发,重视建立与供应商之间长期互惠互利的关系;从诚意合作、共同发展等方面制定供应商关系营销策略。

3.竞争者关系营销策略

竞争者关系营销的主要形式有:市场调查合作和市场进入合作,即入市合作;产品和促销合作;分销合作等。

4.员工关系营销策略

员工关系营销是企业关系营销的基础,任何企业都必须首先处理好内部的员工关系。企业内部员工关系融洽协调,全体员工团结一致,齐心协力,才能成功地"外求发展"。

5.影响者关系营销策略

企业必须拓宽视野,注重企业与股东、政府、媒介、社区、国际公众、名流、金融机构、学校、慈善团体、宗教团体等的关系。这些关系都是企业经营管理的影响者,企业与这些环境因素息息相关,构成了保障企业生存与发展的事业共同体。影响者关系营销策略通常可借助公共关系模式来实施。

小链接

关系营销与交易营销的区别

交易营销的主要内容是"4Ps",而关系营销则突破了"4Ps"的框架,把企业的营销活动扩展到一个更广、更深的领域。两者的区别主要表现在以下五个方面:

1.交易营销的核心是交易,企业通过诱使对方发生交易活动从中获利;而关系营销的核心是关系,企业通过建立良好的合作关系从中获利。

2.交易营销把其视野局限于目标市场上,即各种顾客群;而关系营销所涉及的范围广得多,包括顾客、供应商、分销商、竞争对手、银行、政府及内部员工等。

3. 交易营销围绕着如何获得顾客;而关系营销更为强调保持顾客。

4. 交易营销不太强调顾客服务;而关系营销高度强调顾客服务。

5. 交易营销是有限的顾客参与和适度的顾客联系;而关系营销强调高度的顾客参与和紧密的顾客联系。

三、体验营销

(一)体验营销的内涵

体验营销是指企业通过采用让目标顾客观摩、聆听、尝试、试用等方式,使其亲身体验企业提供的产品或服务,让顾客实际感知产品或服务的品质或性能,从而促使顾客认知、喜好并购买的一种营销方式。这种方式以满足消费者的体验需求为目标,以服务产品为平台,以有形产品为载体,生产、经营高质量的产品或服务,拉近企业和消费者之间的距离。

小案例

宜家的体验营销

宜家家居(IKEA)自1943年成立以来,经过数十年的发展,已成为全球最具影响力的家居用品零售商之一,占据着不可撼动的市场地位。其独特的营销策略——体验营销,是其成功的关键因素。

微课:体验营销的几个关键问题

宜家是如何把体验营销做到极致的?

1. 视觉影响法

宜家的营销从你踏进店面那一刻就开始,简洁醒目的LOGO,具有艺术气息的装潢,整齐陈列的商品,通过打造出最佳的视觉效果来刺激消费者的眼球神经,激发消费者的购买欲。

就拿宜家的商品布置来说,你会发现宜家是将产品的使用环境模拟出来,通过设计师的布置来创建一个小房间。在这里,你能感觉到产品的使用效果,可以考虑选择什么样的产品进行搭配。此外,宜家的样板间随着新品上市和季节变更不断变化,让消费者可以迅速了解到家具应该如何布置,从而吸引了大批消费者前来购买商品。

2. 听觉影响法

宜家的定位是让人们不必支付高昂的价格就可以买到时尚、精美的家居产品。在这一点上,宜家打造出口口相传的好口碑,赢得了消费者的持续关注。

3. 感受影响法

如很多商家会在沙发、床垫等产品上放置"损坏赔偿""样品勿坐"等警告语,而宜家则是让消费者随心所欲地观赏和感受自己感兴趣的商品,不仅可以摸,而且可坐、可躺、可卧。更重要的是,当顾客做这一切时不会有喋喋不休的导购员在旁推荐,导购员通常是安静地站在一边,顾客询问时才会上前来。

宜家这种让消费者尽情体验地方式极大地增强与消费者之间的一种互动、体验的营销。目的是让消费者感觉到这里的产品不错,产生对品牌的信任感。久而久之,消费者可能会产生宜家卖的不是产品,而是一种文化、一种生活态度的观念。

焦点问题:宜家体验营销的成功给你带来的启示是什么?

资料来源：搜狐网.营销界大佬"宜家"教你如何玩转体验式营销

(二) 体验营销的体验形式

《体验式营销》一书的作者伯恩德·H.施密特将不同的体验形式称为战略体验模块，并将其分为五种类型：

1. 知觉体验

知觉体验即感官体验，是指将视觉、听觉、触觉、味觉与嗅觉等知觉应用在体验营销上。知觉体验可分为公司与产品识别、引发消费者购买动机和增加产品的附加价值等。

2. 思维体验

思维体验即以创意的方式引起消费者的惊奇、兴趣、对问题进行集中或分散的思考，为消费者创造认知和解决问题的体验。

3. 行为体验

行为体验指通过增加消费者的身体体验，指出他们做事的替代方法、替代的生活形态与互动，丰富消费者的生活，从而使消费者被激发或自发地改变生活形态。

4. 情感体验

情感体验即体现消费者内在的感情与情绪，使消费者在消费中感受到各种情感，如亲情、友情和爱情等。

5. 相关体验

相关体验即通过进行自我改进，使别人对自己产生好感。它使消费者和一个较广泛的社会系统产生关联，从而建立对某种品牌的偏好。

(三) 体验营销的实施

1. 体验营销实施的模式

体验营销的目的在于促进产品销售，通过研究消费者状况，利用传统文化、现代科技、艺术和大自然等资源来增加产品的体验内涵，在给消费者心灵带来强烈的震撼时促成销售。

一般来讲，体验营销实施的模式包括：节日模式、感情模式、文化模式、美化模式、服务模式、环境模式、个性模式、多元化经营模式等。

2. 体验营销的实施步骤

体验营销的实施步骤包括：识别目标客户、认识目标顾客、确定体验内容、确定体验的具体参数、让目标对象进行体验、进行评价与控制。

小思考

选择自己熟悉的某产品或服务，设想一下该如何实施体验营销？

四、文化营销

(一) 文化营销的内涵

文化营销是一个组合概念，简单地说，就是利用文化进行营销，是指企业营销相关人员在企业核心价值观念的影响下，所形成的营销理念、塑造的营销形象，两者在具体的市场运作过程中所形成的一种营销模式。

文化营销是指把商品作为文化的载体,通过市场交换进入消费者的意识,它在一定程度上反映了消费者对物质和精神追求的各种文化要素。文化营销既包括浅层次的构思、设计、造型、装潢、包装、商标、广告、款式,又包含对营销活动的价值评价、审美评价和道德评价。

(二)文化营销的内容

企业文化营销的核心在于寻求被目标客户所接受的价值信条,并将其作为立业之本,从而提高目标客户对整个企业包括其产品的认同。

1.产品文化营销

产品文化营销在营销过程中更加注重产品文化的意义与作用,以文化突出产品、以文化带动营销。

2.品牌文化营销

品牌文化是指有利于同竞争对手的品牌和服务区别开来的名称、标志、符号或设计,或者是这些要素的组合及其所代表的利益认知、感情属性、文化传统和个性形象等价值观念的总和。品牌文化营销中的首要问题是品牌文化定位,好的品牌定位将决定品牌今后的文化走向。品牌的文化定位应注重目标消费群体对品牌的利益认知。在竞争的市场环境中确定品牌的文化定位可根据该品牌在当地市场的份额来实施。

3.企业文化营销

企业文化营销起源于企业文化,是最高层次的文化营销战略。即企业根据自身文化内涵的特色,选择恰当的方式进行系统的革新和有效的沟通,在消费者心目中树立鲜明个性的企业形象,并以此达到企业经营目标的一种营销战略。

小链接

什么是企业文化?

所谓企业文化,就是企业信奉并付诸实践的价值理念。

企业文化包括四个层次的内容:

第一层次是物质文化,包括企业有形资产和无形资产的总和;

第二层次是制度文化,指企业内部管理制度体系;

第三层次是行为文化,指企业各级员工(包括基层员工、中层管理者和高层管理者)的工作行为和工作规范;

第四层次是精神文化,指企业的价值观念、经营理念等,是企业文化的最高、也是最核心的层次。

(三)文化营销应注意的问题

企业在文化营销时应注意以下两个方面的问题:

1.处理好内容与形式的关系

内容决定形式,形式是内容的体现,二者辩证统一。企业在实施文化营销时要将内容(包括产品和服务质量)放在最重要的位置,而不能本末倒置。

2.要用系统的观点对待文化营销

企业的文化营销是一个整体,一个有机的系统。企业文化建设是企业文化营销的前提和基础,企业没有良好的、健康的、全面的文化建设,文化营销就成了无源之水、无本之木。

任务二　数字营销

——引领个性化、精准化营销时代到来

1994年10月14日,美国《热线杂志》刊出美国电话电报公司等14则广告主的图像和信息,标志着网络广告的正式诞生,也宣告了数字营销时代的来临。这场由新技术引发媒体市场、广告市场和营销市场的变革方兴未艾,其对未来的影响巨大而深远,甚至是颠覆性的。有人曾用"变化是当前唯一不变的主题"这句话来加以形容,无疑是对数字营销市场状况的真实写照。

一、数字营销的内涵

尽管数字营销已经走过了20多年的发展历程,但是迄今为止仍然没有一个大家公认的权威定义。国外部分学者或营销专家对数字营销提出了一些看法,有两方面的内容值得关注:其一,数字营销是一种全新的营销方式。他们认为数字营销"也称为电子营销",是"利用数字技术帮助营销活动",是"将互动媒体与营销组合的其他元素相结合",是"一种全新的营销方式"。其二,数字营销有利于与消费者建立关系并实现营销目标。他们强调数字营销"使消费者和企业建立了双向联系,且消费者可以更为便捷地接触到产品和服务",能够"与用户建立更深层次的关系",通过数字媒体、数据和技术与传统传播相结合,实现营销目标。

鉴于此,我们试着给数字营销下了一个定义:它又名在线营销,是利用网络技术、数字技术和移动通信技术等技术手段,借助各种数字媒体平台,针对明确的目标用户,为推广产品或服务、实现营销目标而开展的精准化、个性化、定制化的实践活动,它是数字时代与用户建立联系的一种独特营销方式,具有深度互动性、目标精准性、平台多样性和服务个性化、定制化等特征。

正如Actifio首席执行官Ash Ashutosh所说:"Airbnb是酒店服务机构,但它却没有一间酒店房间;Uber是出租车服务公司,但公司却没有一辆出租车。"数据已经成为各类公司的核心命脉,自然也深刻地影响着数字营销观念及思维方式的变化。

小案例

如影随形的大数据

当你逛淘宝,用美团点外卖,刷抖音视频的时候,有没有发现,每次一打开这些应用大概率出现的都会是你感兴趣或者你曾浏览过的相关内容。比如:你在一家线上店铺买了一根鱼竿,然后在浏览其他网页的时候,就会推送相关的鱼钩、渔夫帽、遮阳伞等商品。这就是用户需求、偏好数据的应用。商家知道用户需要或者喜欢什么,对其做精准推送,提升转化。现在,用户需求偏好数据已经应用在非常多的行业及场景。

焦点问题:请问案例中商家为何能将商品信息精准推送给消费者?

二、数字营销的特征

数字营销具有明显的技术驱动特征,每一种新营销形式的出现无一不是技术创新的结果。在各种营销技术的驱动下,营销模式不断创新,数据化与智能化是数字营销最为显著的特征。

(一)技术驱动性

数字营销的出现建立在数字技术发展的基础上,而数字技术直接催生出了互联网。20世纪90年代中期,全球互联网产业兴起,具有前瞻精神的企业家、投资者像发现新大陆一样,纷纷抢占这个虚拟的市场空间。从美国的硅谷到北京的中关村,几乎每天都有新公司成立,贩售消费者能想到的产品,甚至没有想到的产品。互联网好像一个造梦机器,创业者给投资人描绘出一幅无限美好的前景,互联网追随者们谈论情怀、绘制未来,把前途寄托在打造有实力的在线品牌上,希望这些品牌能够赢得网络用户的心,在未来的某一天实现盈利。如今闻名四海的互联网企业,如亚马逊、雅虎、易趣、谷歌就诞生于此时。

在这场新技术革命中,中国的互联网精英们不甘落后。1998～1999年同样是中国互联网的创世纪,我们今天津津乐道的BAT(Baidu、Alibaba、Tencent)都是这一时期的产物。1997年网易成立,1998年搜狐、腾讯、新浪及3721诞生,1999年阿里巴巴、盛大成立,2000年百度横空出世,基本构建了当今中国的互联网格局。

(二)决策数据化

营销离不开消费者数据的支持,大数据的出现为数字营销提供了充足、精确的消费者数据。相信很多人都听过这则关于大数据的案例:曾经有一位男性顾客到一家塔吉特超市投诉,理由是超市竟然给他女儿寄婴儿用品的优惠券。但这位父亲通过与女儿进一步沟通,才发现自己女儿真的已经怀孕了。一家零售商是如何比一位女孩的亲生父亲更早得知其怀孕消息的?这就要归功于企业对大数据的运用,每位顾客初次到塔吉特超市刷卡消费时都会获得一组顾客识别编号,内含顾客姓名、信用卡卡号及电子邮件等个人资料。以后凡是顾客在塔吉特超市消费,计算机系统就会自动记录其消费内容、时间等信息,再加上从其他渠道取得的统计资料,如职业、收入、婚姻状况、兴趣爱好、媒体接触习惯、消费行为等数据,塔吉特超市便能形成一个庞大的数据库,用于分析顾客的喜好与需求。如果不加以分析,会觉得这些数据是毫无意义的,但在塔吉特超市顾客数据分析部的手里,这些看似庞杂甚至无用的数据蕴含着巨大的商业价值。

无论是IBM、微软、甲骨文、英特尔,还是百度、新浪、阿里巴巴、腾讯、京东,都纷纷布局大数据,试图通过大数据加深理解消费者需求,并试图满足消费者需求。京东曾经运用大数据分析消费者需求并进行手机定制服务,如通过大数据分析买2 000元手机的是什么样的人群,发现:他们是最懂手机的一群人,对手机的软硬件配置要求比较高,屏幕尺寸绝不是越大越好,屏幕分辨率必须要达到1 080P级别,像素最基本要达到前置500万像素、后置1 300万像素的配置。根据用户的大数据分析,JDPhone与中兴合作开发的定制手机成功实现销售目标。

(三)运行智能化

很久以前,《人工智能》《机器姬》等国际著名影片就已经关注到人工智能领域。2017年,因为人工智能程序AlphaGo战胜棋王柯洁,人们才发现原来人工智能已经出现在我们的生活当中,并会在未来给人类带来深远的影响。

2017年,人工智能是非常火爆的概念。谷歌的无人驾驶汽车已经在加利福尼亚州繁忙的城市中行驶了数百万千米;美国国防高级研究计划署也加快了一项教会机器在运作的同时学习新项目的研究进程;Facebook首席执行官马克·扎克伯格宣布了他们在开展机器人、虚拟现实、增强现实和全新沟通方式的相关研发,包括直连大脑接口,终极目标是实现心灵感应,即只用大脑进行交流。

在与国际巨头争夺人工智能这一前沿领域中,国内的互联网巨头百度、阿里巴巴、腾讯、大疆、科大讯飞的表现也毫不逊色。百度的小度机器人、阿里巴巴的阿里小蜜、腾讯QQ的小冰、大疆的无人机、科大讯飞的智能语音都在彰显国内企业进军人工智能领域的信心。

不难设想,人工智能带来的科技产品将会是人类智慧的"容器"。在加速回报定律的影响下,未来在医疗、服务、教育等行业肯定还会出现更多的人工智能颠覆我们现有的生活。人工智能与企业营销的结合会产生怎样的化学反应?这是一个值得期待的事情。

在万花筒般的数字营销世界中,每一天的营销策略、营销手段都在发生变化,微博、微信、微电影、虚拟现实、电子商务、移动支付、大数据、人工智能等如影随形地占据着我们的生活空间,消费者的"数字化生存"已然成为现实。

可以说,未来的营销将变得越来越智能化,它在满足用户需求的同时,也在创造新的需求。谷歌的盈利在于所有的软件应用都是在线的,用户在免费使用这些产品的同时,把个人的行为、喜好等信息也免费地送给谷歌。因此谷歌的产品线越丰富,它对用户的理解就越深入,它的营销与广告就越精准,广告的价值就越高。谷歌通过好用、免费的软件产品换取对用户的理解,通过精准的广告与营销,找到生财之道,颠覆了传统的卖产品赚钱的模式,是互联网思维的典型体现。

三、数字营销的技术基础

数字营销是在数字技术的基础上发展起来的一种营销形式,技术是数字营销区别于传统营销方式的关键所在。

(一)大数据技术

近年来,随着信息化进程的加快,人类社会已逐渐进入以互联网技术为支撑的数字信息时代,数字营销的运行技术也日益完善和成熟,这主要体现在用户信息数据的采集渠道日益丰富,信息的广度、类型和总量不断拓展,以大数据为核心的数据分析处理技术逐渐成熟。

(二)用户行为挖掘与分析技术

数据的获取、存储、处理及挖掘等技术的不断进步,为对用户的消费行为和偏好进行深入分析和挖掘提供了技术支持。数字营销早已不再单纯地追求数据的广度,而是致力于从数据深度上不断挖掘更有价值的用户信息,进而实现从"一对多"营销到"一对一"个性化精准营销,也就是把以往传统的"将一个合适的产品提供给一些合适的客户"的营销思维转变成"将一些合适的产品供给一个合适的客户"这样的营销思维。

(三)搜索与算法

为解决在数字营销运营过程中海量信息为用户选择带来的苦恼,我们通常会用到两种方式来帮助用户以最快的方式找到其最需要的内容：一是数字平台的搜索功能；二是以计算机算法为支撑的信息推荐系统。

搜索功能主要是基于数字平台的站内搜索，将关键词输入搜索框，点击搜索就能够快速地找到所需要的内容，但这就需要用户能够准确描绘出自己需要的关键词。以计算机算法为支撑的信息推荐系统截然不同，它能够自动判别用户兴趣和需求，通过分析用户的历史行为来对用户的兴趣进行建模，从而主动给用户推荐可能满足他们兴趣和需求的信息。

信息推荐系统能够根据用户的历史行为数据对用户的兴趣和喜好进行判断，直接推送用户感兴趣的商品信息，同时还能对用户的行为进行预判，为用户提供购物建议，帮助用户以最快的方式找到自己需要的产品。

小案例

今日头条的智能化信息推荐系统

在日常生活中我们会发现：两个经常使用今日头条浏览资讯的用户，虽然是同一个客户端，但两个用户首页的展现内容却不尽相同，这就是以算法为核心的智能化信息推荐系统在起作用。

今日头条的智能化信息推荐系统通过分析受众的历史浏览记录、转发收藏内容、留言消息等，跟踪受众的地理位置、在线时间、浏览习惯，构建专属于用户个人的新闻定制模型。今日头条之所以能够非常懂用户，精准推荐用户所喜好的新闻，完全得益于以算法为核心的智能化信息推荐系统。

正是得益于精准推荐，今日头条在成立不到十年的时间内便拥有了超过 5.5 亿的用户，每天有超过 2 000 万用户在今日头条上阅读自己感兴趣的文章。那么今日头条是怎么做到无论是新老用户都能按其兴趣精准推荐新闻的呢？下面我们就简单地举一个例子。A、B、C、D 为四个用户，A、B、C 三个用户为已有用户，即老用户，D 用户为新用户，他们都是同一类人群，A、B、C 三个用户具有相同的用户属性，即相同的用户兴趣和喜好，面对三篇不同类型的推文时，前三个用户最终的阅读选择可能各不相同，那么对于新进入平台且只能了解到基本属性的 D 用户，系统应该向 D 用户推荐哪篇文章呢？答案显而易见，肯定是阅读量最大的一篇文章。

焦点问题：请问今日头条能进行信息精准推送的技术基础是什么？

资料来源：马二伟.数字平台营销.北京：科学出版社，2019。

（四）反馈

营销效果的反馈对于商家来说是至关重要的，因为真实有效的营销效果反馈可以为下一次营销活动的开展提供更加有效的指导。营销效果不仅体现在产品或服务的销售数据上，还体现在客服和售后服务上，商家可以通过客服或售后服务来满足用户的求助、咨询、投诉等不同的需求。传统的营销效果反馈主要通过销售渠道或者客服电话的方式获取，但这种反馈相对比较被动。

数字营销在获取用户的反馈方面会更加主动，这种主动不是用户通过客服电话进行的咨询、投诉或者求助，而是利用人机交互技术，通过用户在线上与线下进行交互性活动时产生的大量数据进行的分析,对用户兴趣偏好的预判开展的营销反馈。事实证明,人机交互技术可以大大提升数字营销效果反馈的效率。

人机交互技术是指通过计算机的输入设备和相应的输出设备,以最有效的方式实现人与计算机之间进行对话的技术。人机交互技术打开了用户与计算机之间进行信息交换的通路,用户界面则是这一通路传递和交换信息的桥梁。数字平台的交互,其实就是用户和数字平台之间进行的对话,也被称为人机交互,可以简单地理解为数字平台通过输出设备或显示设备为用户提供大量的信息及相应的提示,而用户可以通过相应的输入设备或一定的功能性按键实现信息的录入,回应问题或提示请求等。一般在数字平台营销中会运用新媒体交互技术、VR 技术、语音识别技术、多点触控技术等来实现平台与用户之间的交互。

此外,数字平台拥有大量数据,不仅包括用户和平台的交互数据,如交易、评价、转发、点赞、评论等,同时还包括用户的浏览路径、点击频率、用户的 IP 地址等数据。这些数据的积累往往都会被平台记录下来,平台将其进行沉淀与管理,然后通过数据分析技术对其进行分析,监测出数据的属性与类别,最终把从这些数据中分析和提炼出的洞察直接迭代进入下一次的活动执行中,继而在这种迭代的过程中不断改善数字平台的营销效果。

四、数字营销中的消费者画像

了解了数字营销的变革、数字营销的理论和技术支撑后,数字营销应当如何运营呢?毫无疑问,吸引和识别消费者成为数字营销的首要任务。换句话说,数字营销最重要的是进行消费者画像,从而更加准确地洞察消费者。

(一)消费者画像是消费者分析的升级

消费者分析是市场营销活动中重要的环节,传统的消费者分析主要借助于问卷调查、访谈等市场调查手段,采用抽样的方式对消费者进行分析,虽然能了解消费者的一些消费心理与行为,但是并不全面。在数字传播技术的加持下,消费者的各种行为都能在数字平台上留下印记,营销人员据此可以进行消费者画像,更加准确地洞察消费者。

(二)消费者画像的特点

得益于互联网的发展和数字技术的应用,数字平台能够获得消费者的部分个人信息。通常情况下,个人在网络上的任何行为都能通过后台数据反映出来,网络后台可以通过 cookie 技术采集到用户详细的上网行为痕迹数据,通过数据挖掘与分析技术对用户数据进行处理,从中了解消费者的需求与动机。与传统的消费者分析相比,数字平台的消费者画像具有以下几个特点:

一是量的区别。传统的消费者分析通过抽样来获取部分消费者的信息,进而来推测整体消费者的情况,而数字平台的消费者画像的数据量很大,几乎是全平台的数据,说是全样本数据也不为过。全方位用户数据的准确性比抽样要高,由量的差别所带来的消费者分析评估的差别是毋庸置疑的。

二是呈现方式的差别。传统的消费者分析呈现的是虚拟的典型客户模型,而数字平台的消费者画像呈现的是消费者真实的生活全貌,不仅描述消费者的样式或动机,还直接展示消费者正在做什么,它再现了消费者的生活活动。

三是信息获取的方式不同。传统的消费者分析是通过一般市场调查的方式,比如定性的个人访谈和焦点小组访谈,或是定量的问卷调查,来获取信息。而数字平台的消费者画像不需要与消费者进行面对面的交流,主要的形式是数据的挖掘与分析。

四是收集的消费者信息的形态不同。传统的消费者分析收集的消费者信息是静态的、片面的;而数字平台的消费者画像收集的消费者信息是动态的、全面的。

(三) 消费者画像的作用

数字平台的消费者画像有着比传统消费者分析更高的可靠性和及时性。它可以完美地抽象出一个消费者的信息全貌,为进一步精准、快速地分析消费者的行为特征、消费习惯等重要信息提供足够的数据基础,是精准营销的基石。

任务三　新媒体营销

——引起消费者共鸣的传播革命

传统媒体追求的是所谓的"覆盖率"(或者叫到达率),报纸杂志看重的是发行量,电视(广播)追求的是收视(听)率,各类网站注重的是访问量。传统媒体的传播方式本质上属于宣传模式,传播路径基本上是单向的。因而很难探测受众看到广告后的反应。

基于新媒体的营销模式,则是由单向宣传向参与度转变。新媒体平台作为近年来快速崛起的行业之一,以时效快、涉及广、影响大的特点被无数个人、企业所热捧。

那么,到底什么是新媒体营销,新媒体营销有哪些呈现形式,目前流行的新媒体平台有哪些,以及如何进行新媒体运营呢?

一、新媒体营销的含义

新媒体营销是以新媒体平台为传播和营销渠道,把相关产品的功能、价值等信息传送给目标消费群,并让其形成记忆和偏好,从而达到品牌宣传、产品销售目的的营销活动。

目前流行的新媒体平台有很多,如我们常见的微信、微博、贴吧等社交平台,优酷、快手、抖音等视频平台,以及豆瓣、天涯这类社区平台,都属于新媒体的范畴。

所谓"新媒体营销"就是以"新媒体"为媒介,以内容为核心,去获取可以帮助企业盈利的"潜在销售线索"。

那么什么是"潜在销售线索"呢?譬如,在正常情况下,用户从了解产品到最后转化为付费用户不是瞬间就能够完成的,特别对于在线工具的 SaaS 产品来说,一个用户的转化周期有时候长达 6 个月,所以如果你缺乏能够和用户直接沟通的"桥梁",我们就很难继续和他们有针对性的沟通,更不用谈及最后的转化了。这个桥梁就是"销售线索",目前最常见的"销售线索"包括用户的手机号码、微信号、邮箱地址、QQ 号、公众号粉丝、微博粉丝等等信息,当然最直接、优质的还是前面三种线索。

总结下来,我们把"新媒体营销"定义为:一系列以新媒体为主要手段,围绕着获取"潜在销售线索"为主要目的的市场营销活动。

小链接

什么是 SaaS？

SaaS，是 Software-as-a-Service 的缩写名称，意思为软件即服务，即通过网络提供软件服务。

SaaS 平台供应商将应用软件统一部署在自己的服务器上，客户可以根据工作实际需求，通过互联网向厂商定购所需的应用软件服务，根据定购的服务和时间向厂商支付费用，并通过互联网获得 Saas 平台供应商提供的服务。

SaaS 应用软件有免费、付费和增值三种模式。付费通常为"全包"费用，囊括了通常的应用软件许可证费、软件维护费以及技术支持费，将其统一为每个用户的月度租用费。

SaaS 是随着互联网技术的发展和应用软件的成熟，在 21 世纪开始兴起的一种完全创新的软件应用模式。传统模式下，厂商通过将软件产品部署到企业内部多个客户终端实现交付。SaaS 定义了一种新的交付方式，也使得软件进一步回归服务本质。企业部署信息化软件的本质是为了自身的运营管理服务，软件的表象是一种业务流程的信息化，本质还是第一种服务模式，SaaS 改变了传统软件服务的提供方式，减少本地部署所需的大量前期投入，进一步突出信息化软件的服务属性，或成为未来信息化软件市场的主流交付模式。

二、新媒体营销的呈现形式

新媒体营销其实是内容与渠道相结合的一种新的营销模式。新媒体营销的呈现形式，是指新媒体内容在各渠道呈现的形式，包括文字、图片、音频、视频、H5 动态页面等。

（一）文字

文字是最为常见的内容呈现形式之一，例如，加多宝凉茶在输掉与广药集团的官司后，发布了一组微博图片，配文为"对不起"，将败诉事件转变为成功的营销事件。

（二）图片

用会被转载的图片做广告，这种直观的视觉方式让读者在瞬间记住图片所要宣传的产品或思想，例如，化妆品品牌百雀羚在其微信公众号上发布的"一九三一"长图广告，贴合了手机端用户的使用习惯，形成了刷屏的效果。

（三）音频

用音频进行营销，不需要占用双眼，就可以实现"伴随式"的营销。例如 2016 年天猫与上海彩虹合唱团合作，推出了"我就是这么诚实"这首推广曲，歌词切中痛点，开启了"双十一"的声音营销之旅。

小案例

喜马拉雅的音频分享

用声音分享人类智慧，用声音服务美好生活，做一家人一辈子的精神食粮，是喜马拉雅的使命和初心。

喜马拉雅拥有丰富的音频内容生态。包括最头部的 PGC 专业内容、PUGC 及 UGC

内容;涵盖泛知识领域的金融、文化、历史类专辑,泛娱乐领域的小说和娱乐类专辑;适合少儿的教育内容,适合中老年的经典内容;内容上既有音频播客的形式,也有音频直播的形式。

喜马拉雅用声音连接了中国数亿人,为内容创作者和用户搭建了共同成长的平台。一方面,创作者用声音分享自己的故事、观点、知识,并因此收获粉丝、成就感或 IP 增值、商业变现的机会;另一方面,丰富的音频内容陪伴用户的每日生活。

焦点问题:今日头条能进行信息精准推送的技术基础是什么?

(四)视频

用视频进行营销,包括电视广告、网络视频、宣传片、微电影等各种方式,例如,美国 Blendtec 公司为宣传自家的搅拌机,以一个老头将各种稀奇古怪的东西扔进搅拌机为主题,拍了一系列视频,给美国的消费者留下深刻印象。

(五)H5 动态页

这是近年来兴起的一种营销方式,利用各种富有创意的设计进行营销,因为形式多样,往往能获得良好的传播效果。例如,支付宝推出的"支付宝十年账单"H5 页面,在微博、微信朋友圈获得了"刷屏"的效果。

小链接

什么是 H5 动态页面?

H5 动态页面又叫互动 H5,相当于微信上的 PPT,也可以达到 Flash 的效果,主要用于品牌方产品的传播和推广。H5 从 2014 年底的初露锋芒,到 2015 年的全面火爆,再到近几年的沉淀,H5 依然是社会化传播的首选。通俗地讲,H5 是一个网页,就像一个很大的容器,里面可以放文本、图片、音视频等基本的流媒体格式的文件。

三、新媒体营销平台的类型

新媒体营销的运营,离不开新媒体营销平台的支持,所谓新媒体营销平台,即新媒体营销的渠道,指的是用户获取信息的来源。新媒体营销的渠道主要包括以下几种:

(一)微信公众号

微信公众号包括订阅号和服务号,针对已关注的粉丝形成一对多的推送,推送的形式多样,包括文字、语言、图片、视频等,并且基于微信本身庞大的用户基础,传播效果较好。

(二)微博

微博较微信更为开放,互动更加直接,推送不受数量和时间的限制,形式多样,并且因其开放性而容易造成爆炸式的传播效果。

(三)社交网站

社交网站包括天涯、豆瓣、猫扑等社区,这些网站有其对应的用户群体,网站内部也有多种玩法,例如豆瓣日志、豆列、小组等,也具有良好的传播效果。

(四)问答平台

以这几年发展红火的知乎、分答等平台为主,这些平台重视内容本身,在站外搜索引擎上的权重较高,常形成用户分享信息的发源地。

(五)视频网站

以哔哩哔哩、Acfun、腾讯视频等视频网站为代表,品牌可以直达用户,更好地与传播内容相融合,并且可以通过弹幕等方式及时获取用户反馈。

(六)短视频平台

以抖音、美拍、秒拍、快手等应用为代表,短视频符合受众的大脑接受和移动端使用习惯,在视频移动化、资讯视频化和视频社交化的趋势带动下,短视频营销正在成为新的品牌风口。

小案例

六大原因告诉你抖音为什么这么火?

抖音是什么?简单来说就是一款创意短视频APP,在这个APP上用户可以拍摄音乐短视频。那么抖音为什么这么火?

1.抓住了时代文化特性:在这个充满工作压力的时代,拿起手机自娱自乐,成为人们最简单的减压方式之一。

2.明星带动效应:众多明星纷纷进驻,明星效应带来的自然也是大把流量。

3.带有PK性的刺激度:抖音采用的是配音录制模式,同一段音乐,每位用户可以发挥自己的想象,去录制视频、观看别人的视频,让视频充满趣味性。

4.集小爱心模式:小爱心的多少决定热度与观众喜爱度,也牢牢抓住了发布者的心,很多人为了小爱心,会分享在微信、微博等社交圈,目的就在于得到更多的小爱心。

5.低门槛全民参与模式:在抖音上你可以看到刚出生宝宝的视频,也能看到八九十岁老人家的视频,在抖音上,没有门槛,只要你想录视频,都可以参与。

6.运营团队很重要:好的产品离不开好的运营团队,抖音的运营团队清晰地知道何时预热、何时引爆,让品牌自带话题,快速火爆!

焦点问题:除了案例中总结的让抖音火起来的六大原因,你还能找到其他原因吗?

资料来源:大释界传媒.六大原因告诉你抖音为什么这么火?

四、新媒体营销运营

新媒体平台作为近年来快速崛起的行业之一,平台上个人自媒体号、企业大号此起彼伏地出现,很多大品牌也开始利用新媒体平台的特性,开展品牌营销,并收获了巨大的成功。新媒体营销的概念也从而诞生。新媒体营销有以下三大特点:

(一)以用户喜欢的内容为王

在传统媒体时代,信息的过滤权掌控在少数人群(如记者和编辑)手里,他们在很大程度上决定着用户能看到什么信息,不能看到什么信息。而在新媒体时代,信息过滤权开始下沉,人人都是内容的传播者。

传统媒体时代,人脑的认知模式是"线性的、高卷入度的";新媒体时代,认知却是"非线性的、低卷入度的"。用户更喜欢那些与自己关联度高、参与度高的内容。

(二)为用户搭建一个舞台

传统媒体时代,企业对渠道的掌控力较强,用户通常扮演倾听者的角色,信息呈现"单向"传播模式。在新媒体时代，人人都自带传播渠道，信息呈现出复杂的"多向"传播模式。

在这样的媒介环境下，用户自我表达的欲望也愈发强烈，他们的意志和偏好成为营销能否成功的一个关键点。

用户需要的不是"引导"，而是"表达"。营销者应该考虑的不只是创意有多巧妙、内容有多精良，而是如何为用户搭建一个舞台，UGC 开始成为营销的一个关键词。

小链接

什么是 UGC？

UGC 全称为 User Generated Content，也就是用户生成内容，即用户原创内容。UGC 的概念最早起源于互联网领域，即用户将自己原创的内容通过互联网平台进行展示或者提供给其他用户。UGC 是伴随着以提倡个性化为主要特点的 Web 2.0 概念而兴起的，也可叫作 UCC（User-created Content）。它并不是某一种具体的业务，而是一种用户使用互联网的新方式，即由原来的以下载为主变成下载和上传并重。

随着互联网的发展，网络用户的交互作用得以体现，用户既是网络内容的浏览者，也是网络内容的创造者。

（三）比起记忆，用户更擅长遗忘

在面对信息过载带来的认知负荷时，用户不会努力去记忆那些他们认为重要的信息，他们更倾向去屏蔽、遗忘那些他们认为不重要的信息。如此一来，营销必须降低用户消化、储存信息的成本，才有机会在用户的心中扎根。

任务四　全网营销

——用户在哪里，营销就该出现在哪里

随着时代的发展和技术的进步，营销模式也在不断地发生变化。在传统营销时代，企业主要是通过代理商、经销商或者直营模式进行营销。传统营销模式的缺点是满足市场需求的时间长、速度慢、成本高。随着互联网在商业上的应用，出现了网络营销。网络营销的优势是传播范围广、成本低，但是也有其缺点：买卖双方缺乏信任、广告效果不佳等。而全网营销，能更好地发挥传统营销和网络营销的优势，弥补其缺点和不足。那么，什么是全网营销，又如何做好全网营销呢？

一、全网营销的含义

全网营销是全网整合营销的简称，指的是将产品规划、产品开发、网站建设、品牌推广、产品分销等一系列电子商务内容集成于一体的新型营销模式，是集合传统网络、移动互联网、PC 互联网为一体进行营销。全网整合营销的优势在于可以帮助企业提升品牌形象、规范销售市场、促进整体销量、解决线下销售瓶颈、梳理分销渠道。

> **小链接**

全渠道营销和全媒体营销

全渠道营销是企业为了满足消费者在任何时候、任何地点、任何方式购买的需求,采取实体渠道、电子商务渠道和移动电子商务渠道整合的方式销售商品或服务,提供给顾客无差别的购买体验。实体渠道的类型包括实体自营店、实体加盟店、电子货架、异业联盟等。电子商务渠道的类型包括自建官方 B2C 商城、进驻电子商务平台(如淘宝店、天猫店、拍拍店、QQ 商城店、京东店、苏宁店、亚马逊店)等。移动电子商务渠道的类型包括自建官方手机商城、自建 APP 商城、微商城、进驻移动商务平台(如微淘店)等。

全媒体营销是指将传统媒体和数字化媒体相结合,从而将营销的覆盖范围和精准程度全面提升的营销模式。全媒体营销强调的是充分利用各种媒体进行立体化营销。

二、全网营销的优势

与其他营销模式相比,全网营销具有以下六大优势:

(一)品牌形象提升

树立良好的品牌形象是企业营销的最高境界,也是许多企业一直所追求的。在全网营销模式下,企业展示品牌形象的渠道更多,例如企业的官方网站、搜索引擎快照、网络旗舰店、分销专卖店、直营店等。

(二)规范销售市场

价格战和假货泛滥是传统电商的两大硬伤。价格战会造成恶性竞争、破坏市场秩序,假货横行会造成消费者对网络营销的不信任。而全网营销通过多种网络终端,可以全方位地展示产品参数、价格等,使整个市场信息透明化,消费者可以轻松方便地了解到市场上每一个品牌、每一个规格型号产品的性能、价格等信息,从而做出选择。在此情形下,商家只需潜心做好产品和服务,为消费者提供更具差异化和性价比的产品和服务即可,而无须为价格战和"打假"分散注意力。

(三)扩大整体销量

网络零售潜力巨大,根据国家统计局发布的数据,2020 年全国网上零售额 117 601 亿元,比 2019 年增长 10.9%。其中,实物商品网上零售额 97 590 亿元,增长 14.8%,占社会消费品零售总额的比重为 24.9%,比 2019 年提高 4.2 个百分点。

(四)解决线下销售瓶颈

随着网购人数的增加,线上营销对线下实体店造成了一定的冲击。但是,线上营销与线下营销并不冲突,全网营销能将线上营销的便捷与线下营销的体验很好地结合起来,对解决线下营销的销售瓶颈也是有帮助的。

(五)完善客服体系

在传统营销模式下,企业与客户沟通的渠道单一,客户很难获得满意的服务体验。在全网营销模式下,客户可以通过各种途径和渠道与企业沟通,获得服务的便捷性和提升客户的满意度。

(六)梳理分销渠道

随着全网营销的发展,企业既可以很好地利用线上、线下两大渠道,又可以整合线上渠道和线下渠道,使得渠道信息更加透明,渠道管理更加高效。

小案例

淘宝的网络营销

大家对淘宝都很熟悉,"买东西,上淘宝"也成了很多人的习惯。目前,淘宝已经成了中国甚至是亚洲最大的网络交易平台之一,2020年"双十一"当天淘宝和天猫的交易额突破了4 900亿元。然而,2003年淘宝刚创立的时候,在产品宣传上并不是一帆风顺的,甚至遇到了难以想象的困难。

一个新产品出现后想要快速地建立知名度和品牌,让更多人知道并购买和使用,使用网络广告进行宣传无疑是最佳选择。淘宝网当时也想这么做。但是当时在中国的网络零售领域,eBay(易趣)几乎垄断了整个市场,并且易趣还与三大门户网站——新浪、搜狐和网易签订了一份价值不菲的广告合同。这份合同有一条排他性协议,就是不允许其他同类型的公司在这三家网站上发布广告。要知道,当时这三大门户网站在中国的互联网领域是霸主,它们拥有绝大多数的流量。把淘宝这个新出现的购物网站排除在这三家网站的宣传渠道之外,无疑是对淘宝的封杀。

但是,淘宝并没有坐以待毙,而是改变了广告策略,"既然大的网站不能做广告,我们就做小网站的广告"。淘宝采取了"蚂蚁啃骨头"的策略,就是以较低的成本在全国成千上万个小网站上投放淘宝的广告。易趣虽大,但是这么多的小网站是无法顾及的,想要在网站广告方面全面封杀淘宝也是根本不可能的。

三大门户网站的流量虽高,但并不是所有人每天只登录这些网站。小网站虽然流量少,但成千上万的小网站集合起来的流量也是巨大的。最终,淘宝依靠这些不起眼的小网站"名扬天下"。

焦点问题:请问淘宝在网络广告投放上成功的策略是什么?给我们带来什么启示?

三、全网营销的主要方式

目前,企业开展网络推广的方式主要包括首页推荐、新闻稿及信息发布、搜索引擎优化、移动微宣传、互动营销推广和广告营销等。

(一)首页推荐

首页推荐主要是权威网站显著位置的展示,主要包括:
(1)新闻推荐:国内知名门户网站的新闻推荐,权威、高端。
(2)视频推荐:国内主流视频网站的推荐,快速扩大知名度。
(3)论坛推荐:各大知名论坛置顶、推荐,快速成为热门话题。
(4)硬广资源:门户网站或客户端的文字链、图片广告、焦点图、视频贴片广告等。

(二)新闻稿及信息发布

新闻稿及信息发布讲究"内容为王、出奇制胜",其具体包括以下方式:
(1)新闻发布:权威门户新闻发布,获取广泛美誉度及网民高度信任。

(2)论坛推广:热门论坛结合创意话题,引发网友参与及扩大影响力。
(3)黄页发布:对企业及产品、品牌信息做大量展示,吸引受众。
(4)视频推广:在视频网站立体展现,让受众近距离了解品牌。
(5)群发推广:精准将信息推送给各种微信群、QQ群。
(6)软文营销:在软文中植入品牌信息,润物细无声地影响网民。
(7)邮件推广:撰写图文并茂的邮件,精心设计内容,针对有效客户进行投放。
(8)微博话题:优化效果较好,稳定累积访问人气,展示品牌非常直观。
(9)店铺推广:建设网上店铺全面展示产品,让网友直观了解产品。
(10)海外软广:通过海外网站进行软文广告投放,使用海外搜索引擎打开海外市场。

(三)搜索引擎优化

搜索引擎优化可以帮助企业达到网络形象快速优化的作用,其具体推广方式如下:
(1)SEO优化:提升关键词排名,带来更多用户。
(2)回答提问:口碑宣传的重要方式,直接影响网友的判断。
(3)百科推广:企业品牌的网络名片,权威的网络形象展现。
(4)地图推广:网上地理位置标示,让客户顺利找到企业的地址。
(5)贴吧推广:建设专属品牌贴吧,聚集品牌粉丝和人气。
(6)下拉及相关:增加搜索黏性,方便客户搜索及增加印象。
(7)认证推广:搜索引擎官网及客服认证,高度提升企业形象。
(8)文库推广:权威文库资料发布,方便搜索优化及网民下载。
(9)友情链接:交换友情链接、发布外部链接获取流量,提交网址增加收录。
(10)其他内容:空间、图片相册、视频等。

(四)移动微宣传

随着移动互联网的普及,移动微宣传可以助力热门资源深度传播。具体来讲,移动微宣传有以下方式:
(1)微博推广:微博内容短小精悍、传播快,影响受众广泛。
(2)微信推广:最热门的宣传方式之一,注重分享,传播效果好。
(3)手机新闻:影响人们在移动端的新闻阅读,效果显著。
(4)APP推广:移动端APP开发及推广。

(五)互动营销推广

互动营销推广往往通过创意策划引爆流行,具体有以下方式:
(1)事件活动:策划网络事件活动,快速引爆话题,扩大影响力。
(2)调查投票:通过问卷调查、投票,提升网络排名及知名度。
(3)SNS共享:通过网络社交平台进行信息分享,获取关注。

(六)广告营销

广告营销主要是让信息曝光,触达目标人群。广告营销有以下几种方式:
(1)百度网盟:国内站长联盟,覆盖全国约60万家优质网站,信息曝光快。
(2)海外联盟:谷歌海外站长联盟,覆盖全球200多万家网站,获取海外咨询。
(3)关键词广告:比如谷歌关键词广告,主要针对外贸的客户获得国际订单。

(4)腾讯系广告：微信朋友圈、腾讯迷你窗、QQ聊天窗等。

总之，全网营销覆盖面宽，形式多样，企业不一定全用到，但是需要多了解，从而知道自己的业务更适合做什么推广。

四、全网营销运营

以上我们就全网营销的内涵、优势和方式进行了学习，对全网营销有了一个基本的了解。那么，企业如何进行有效的全网营销运营呢？结合最新的营销理念和一些成功企业的经验，我们认为，成功的全网营销运营主要包括以下八个方面：

（一）确定产品的目标客户群体

要做好营销，首先要找准目标，也就是找准用户。产品不同，用户就不同，营销的目标也就不同。全网营销与传统营销最大的不同就是，它能够精准触达不同群体的客户。只要找准了产品的用户，就有了相应的营销渠道。

（二）将细分的客户群体进行归类研究

通过项目二营销环境的学习，我们知道影响企业营销活动的因素有很多，主要包括宏观营销环境因素和微观环境因素。学习了项目四中有关市场细分的知识，我们知道在进行市场细分时，可以根据目标消费者的地理分布、人口统计学特征、消费心理和消费行为等因素进行细分。

在互联网时代，不同的消费群体会选择不同的信息媒介，如有的人喜欢用微博，有的人喜欢玩微信，有的人喜欢看电视等。因此，企业要根据产品的定位弄清楚用户在哪里，然后就把营销做到那里。

（三）进行精准营销

如何将合适的商品卖给合适的人呢？就是要做到精准营销。产品的定位不同，适用的消费群体也就不同。要做到精准营销，就要以消费者为出发点，一定要搞清楚用户是谁、他们在哪里等关键问题。当他们需要找某款产品的时候，第一时间把产品展现在他们面前。在全网营销时代，产品营销的渠道是全方位的，要针对不同的销售群体选择不同的营销渠道。那么，精准营销究竟该如何做呢？下面看一个脑白金的案例。

小案例

脑白金的精准营销

脑白金的产品定位是老年人，因此一般人都会认为其营销目标应该是老年人。脑白金的生产者一开始也是这么认为的。

脑白金产品生产出来后，为了打开销路，企业采用了体验式营销的方式，就是在公园里向老年人免费发放脑白金产品。这些大爷大妈试了几次之后觉得效果确实好，脑白金对他们的便秘和失眠有很大的缓解作用，反馈也非常好。这样的免费活动进行了一个月后，生产者开始收费了，但是每盒一百多元的费用让这些大爷大妈们觉得太贵了。他们认为又不是生活必需品，而且还这么贵，因而无法接受。

这让生产者感到很困惑，这些老年人明明一开始很欢迎脑白金，并且产品对他们来说也很适用，为什么一收费他们就不喜欢了呢？后来经过调查发现，虽然这些老年人是受益人群,但是他们的购买力并不强。那么,这个钱由谁来付呢?脑白金的生产者想到了他们的儿女。认识到这个情况之后,脑白金的生产者改变了营销策略,把营销的目标定位在了年轻人身上。后来就有了"孝敬爸妈脑白金"的广告,脑白金的市场也逐渐打开了。

焦点问题:请问脑白金实现精准营销的关键是什么?

(四)寻找目标客户群体中的意见领袖

意见领袖(KOL)是在团队中发布信息和产生影响的重要来源,并能左右多数人态度倾向的少数人。尽管不一定是团体正式领袖,但其往往消息灵通、精通时事;或足智多谋,在某方面有出色才干;或有一定人际关系能力而获得大家认可,从而成为群众或公众的意见领袖。

意见领袖是两级传播中的重要角色,是人群中首先或较多接触大众传媒信息,并将经过自己再加工的信息传播给其他人的人。他们介入大众传播,加快了传播速度并扩大了影响。因此,在网络营销中,找到目标客户群体中的意见领袖至关重要。

小链接

什么是两级传播?

两级传播是由美国著名社会学家拉扎斯菲尔德的作品《人民的选择》中的观点,即观念总是先从广播和报刊传向"意见领袖",然后再由这些人传到人群中不那么活跃的部分。

大众传播并不是直接"流"向一般受众,而是要经过意见领袖这一中间环节,即"信息→大众传播→意见领袖→一般受众"。从"大众传播"到"意见领袖"是第一级传播,从"意见领袖"到"一般受众"为第二级传播。

(五)通过意见领袖的影响力来推动传播

意见领袖常常是追随者心目中价值的化身。换句话说,这个有影响力的人是他的追随者所愿意追随和模仿的,他的一言一行、所作所为受到追随者们的格外重视,并希望自己也能像他那样生活和工作。因此,与意见领袖成为朋友,让其为企业的品牌或产品代言,将是移动互联时代企业成功"引流",形成私域流量的重要途径。

小链接

什么是私域流量?

私域流量是指从公域(互联网)、它域(平台、媒体渠道、合作伙伴等)引流到自己私域(官网、客户名单),以及私域本身产生的流量(访客)。私域流量是可以进行二次以上链接、触达、发售等市场营销活动的客户数据。私域流量和域名、商标、商誉一样属于企业私有的经营数字化资产。知名管理学者穆胜博士指出,同时符合"AIE标准"的流量才是私域流量。

1.可自由触达(Accessibility)

这意味着私域流量的拥有者可以直接接触到流量。从这个意义上说,微信公众号、服务号、微博、抖音等平台上的粉丝都不能算作是私域流量。真正的私域流量,还是主要存在于微信个人号。基于微信一对一的信息推送、一对多的社群运营（群控），都是私域流量运营的天然手段。

2.IP

企业连接流量的方式是一个对用户足以形成影响的IP。现实一点的方式是做"品牌人格的实体化（形成个人IP）"，变成有温度的专家渗透到社交圈。这种角色可能是购物助手（了解货品）、专家（了解领域）、KOL（文化领袖）、KOC（行为领袖）……甚至是能够与用户深度交流、有温度的个人伙伴。没有人希望微信朋友圈里有一个"功能化"的品牌客服，因此个人IP是社交网络里的有效节点。

3.具有耐受性

流量之所以不会离开，一方面是因为连接是基于社交平台，而不是微博那种偏信息流的平台，道理很简单，只要有人际连接就有"人情世故"，关系就相对稳定。另一方面是因为连接必须给对方提供价值，即使是在朋友圈里发货品广告，也需要流量（用户）认可这些信息的价值。

4.制作可传播的高质量素材

在传播实践中，内容生产永远处于整个传媒产业链和价值链的上游位置，掌握了内容优势地位的媒体，往往能够凭借优质内容在媒体竞争中立于不败之地。因此，在全网营销时代，企业做好营销的根本还是内容，好的内容才会吸引意见领袖和粉丝自动转发和传播。

5.建立社群

社群，广义而言是指在某些边界线、地区或领域内发生作用的一切社会关系。它可以指实际的地理区域或是在某区域内发生的社会关系，也可以指存在于较抽象的、思想上的关系。

社群可以简单地被认为是一个群，但是社群需要有一些它自己的表现形式。首先，社群是建立在社交关系链的基础之上的，社群不仅是拉一个群那么简单，而是基于一个点、需求和爱好将大家聚合在一起，且要有稳定的群体结构和较一致的群体意识。其次，成员具有一致的行为规范、持续的互动关系。再次，成员间有分工协作，具有一致行动的能力。最后，社群就是基于一个点、需求和爱好把一群志同道合的人聚集在一起，目的就是实现共赢。

按照经典商业管理课程的定义，市场营销是在创造、沟通、传播和交换产品中，为顾客、客户、合作伙伴以及整个社会带来经济价值的活动、过程和体系。因此，营销的要义是让参与方利益最大化，从而建立一个核心利益一致的庞大社群。

6.去中心化

去中心化是互联网发展过程中形成的社会关系形态和内容产生形态，是相对于"中心化"而言的新型网络内容生产过程。在去中心化互联网时代，自媒体、爆款产品和粉丝经济三大要素至关重要。

自媒体，是指普通大众经由数字科技与全球知识体系相连之后，提供与分享他们经验和见闻的一种途径。自媒体是私人化、平民化、普泛化、自主化的传播者，以现代化、电子化的手段,向不特定的大多数或者特定的单个人传递规范性及非规范性信息的新媒体的总称。

爆款产品是指在商品销售中供不应求或销售量很高的商品,具有刚需、痛点和高频三大特征。

粉丝经济泛指架构在粉丝和被关注者关系之上的经营性创收行为,是一种通过提升用户黏性并以口碑营销形式获取经济利益与社会效益的商业运作模式。

知识巩固

1.名词解释
绿色营销　关系营销　体验营销　文化营销　数字营销　新媒体营销　全网营销

2.简答题
(1)绿色营销的实施包括哪些内容?
(2)关系营销的形态与策略有哪些?
(3)体验营销的策略与实施步骤是什么?
(4)文化营销的内容有哪些?
(5)数字营销的特征及运行基础是什么?
(6)新媒体营销的类型及运营关键点有哪些?
(7)全网营销的主要方式及运营关键点有哪些?

项目案例

"小米"的全网营销

小米科技有限责任公司(以下简称"小米")的全网营销模式是移动互联时代成功的营销模式之一,"小米"的全网营销模式主要包含以下几个方面:

1.信息发布
"小米"在推出每一款新品或发布重大信息之前,首先通过向"小米"内部员工或供应商发布的形式在圈内引起热议,然后通过媒体转载、发酵,直至正式公开,最后将"小米"新品或重大信息的神秘面纱一点点掀开。此外,但凡"小米"有新品推出,都会召开一场"小米"产品发布会,为其新产品上市造势。"小米"的每一次发布会都会引起众媒体与手机发烧友的关注,与此同时,网络上到处都会出现小米手机的身影,在各大IT产品网站上也随处可见小米手机的新闻,以及拆机测评、竞品比较等。

2.建论坛
2011年年中,以MIUI论坛为基础,小米手机论坛迅速建立起来。之后又相继建立了几个核心的技术板块(如资源下载、新手入门、小米学院等),后来又增加了生活方式的板块(如酷玩帮、随手拍、爆米花等)。这些板块的人气为小米手机后续实施的"饥饿营销"

起到了极大的宣传推广作用。

3. 口碑营销

也许你不关注 IT 产品,可是你不可能不知道小米手机,因为你的手机控朋友都在讨论小米手机。出于好奇心,你也开始上网了解小米手机,了解小米手机的种种优越性,甚至你还不由自主地当起了"口碑传播者"。小米手机通过制造各种"新闻",如某位名人要把苹果手机扔进垃圾桶改用小米等,在各种途径的传播中,小米手机悄悄地实现了品牌的推广。

4. 事件营销

超强的配置、极低的价格、极高的性价比,小米手机凭借着这些特点赚足了媒体的眼球,"小米"的发布会也被媒体所津津乐道。就在第一次新品发布会之后,小米手机在网络上的关注人数从几千人上升到了几十万人。

5. 微博营销

小米手机正式发布前,其团队会充分发挥社交媒体——微博的影响力。比如,在小米手机发布前,通过手机话题的小应用和微博用户互动,挖掘出小米手机包装盒"踩不坏"的卖点。产品发布后,又掀起转发微博送小米手机的活动,以及分享图文并茂的小米手机评测等。在小米手机新品发布之前,"小米"的 CEO 每天发微博的数量控制在两三条;但在新品发布前后,他不仅利用自己微博高密度地宣传产品,还频繁地参与新浪访谈,出席腾讯微论坛、极客公园等活动。因此,微博的营销功能被小米团队运用到了极致。

6. 饥饿营销

在小米手机新品发布前的一段时间,有媒体公布了新机硬件的采购细节,爆料新机第一批产能只有 1 万台,这个消息让不少"米粉"神经立马紧张起来,如此出色的手机居然第一批产能只有一万台?这则消息除了让消费者神经绷紧,媒体方面也出现了诸多猜测,有的说是"小米"实力不足,有的说"小米"搞"饥饿营销",虽然每一次"小米"官方都会辟谣,但是还是引发了"米粉"们在网络上更为广泛的讨论。对于网络营销来说,引发消费者广泛讨论是至关重要的,有人说推广要准备很多推广文案和信息,其实只要你找出几个有讨论价值的点,再结合自己的产品,让用户来对你的生产内容和信息进行讨论,这样你的推广效果就会事半功倍。

小结: 在"小米"的前期发展中,基本上没有投放过任何的线下广告,而是完全采用网络媒体,"小米"主要靠口碑营销成功地实现了品牌的推广,让很多人认识了小米手机以及"小米"这家企业。同时,也开创了国产手机营销模式创新的先河,其中全网营销可谓是功不可没!

谈到"小米"的网络营销,这里不得不提一下"小米"的营销团队。"小米"是一个新兴的互联网公司,主要借助的营销媒介也是互联网。因此,"小米"在营销团队的组建上也和其他公司大相径庭。近年来,"小米"的新媒体营销团队发展到近百人,其中小米论坛有 30 余人,微博有 30 余人,微信有 10 余人,百度、QQ 空间各 10 余人。从"小米"新媒体营销团队的这种组织架构上,可以清晰地看到其全网营销战略。

"小米"的创始人在解读几大新营销渠道的匹配度时说,"论坛是我们用户的大本营,一些深度的用户沉淀还是会通过论坛来完成;微博和微信上所能提供的信息是有限的,数据库的管理也是一个问题。微博本身是一个媒体,在客服的管理基础上,会有很多天然的营销传播的优势。在今天看来,我们更多的是把微信当成客服工具来用,还没有把它当成营销工具,因为它本身是私密圈子。"

问题:
1."小米"在推行全网营销战略时用到了哪些网络平台?
2."小米"全网营销战略成功的原因是什么?
3."小米"全网营销战略的成功给你带来什么启示?

实训项目

新媒体营销策划

【实训名称】
新媒体营销策划

【实训目的】
通过实训,实现理论知识向实践技能的转化,使学生能够运用所学知识为具体产品或企业制订新媒体营销方案。

【实训内容】
以某一企业为背景,结合其具体产品或服务,为该产品或服务制订一个切实可行的新媒体营销运营实施方案。

【实训步骤】
(1)以6~8个人为单位组成一个团队。
(2)由团队成员共同讨论确定选题(可以针对企业或产品的具体情况选择一个或多个新媒体平台设计一个营销运营方案)。
(3)通过文献调查、深度访谈、企业实习等方式,了解该产品或服务的特性、市场环境、企业状况等。
(4)根据环境分析的结果,为该产品或企业策划一个切实可行的实施方案。
(5)各团队派代表展示其成果。
(6)考核实训成果,评定实训成绩。

【实训要求】
(1)考虑到课堂时间有限,项目实施可采取"课外+课内"的方式进行,即团队组成、分工、讨论和方案形成在课外完成,成果展示安排在课内。
(2)每组提交的方案中,必须详细说明团队的分工情况,以及每个成员的完成情况。
(3)每个团队方案展示时间为10分钟左右,老师和学生提问时间为5分钟左右。

【实训考核】
(1)成果评价指标体系

表 10-1　　　　　　　　　　　　　　成果评价指标体系

一级指标	分值	二级指标	分值	评分标准					得分
				5(不及格)	6(及格)	7(中)	8(良)	10(优)	
工作态度	30	工作计划性	10	5	6	7	8	10	
		工作主动性	10	5	6	7	8	10	
		工作责任感	10	5	6	7	8	10	
方案质量	70	内容充实性	20	10	12	14	16	20	
		内容严整性	20	10	12	14	16	20	
		PPT课件生动性	20	10	12	14	16	20	
		表述逻辑性	10	5	6	7	8	10	
		总评分							

评分说明：

①对各队成绩评定采取自评、同行评价和老师评价三者相结合的方式，三者各占10%、20%和70%的分值。

②评分时可根据实际情况选择两个等级之间的分数，如8.5分、9分和9.5分等。

③同行评分以组为单位，由本小组成员讨论确定对其他组的各项评分及总评分。

(2)团队信息

队名：

成员：

说明：本表上交时，每队队长须在每个成员名字后标注分数，以考核该成员参与项目的情况。

(3)评分表

表 10-2　　　　　　　　　　　　　　评分表

评价主体	工作计划性得分(10%)	工作主动性得分(10%)	工作责任感得分(10%)	内容充实性得分(20%)	内容严整性得分(20%)	PPT课件生动性得分(20%)	表述逻辑性得分(10%)	总评分(100%)
自评								
教师评								
本队对其他队的评分								
第1队								
第2队								
第3队								
第4队								
第5队								
第6队								
第7队								
第8队								
第9队								
第10队								

参考文献

[1] 菲利普·科特勒,凯文·莱恩·凯勒.营销管理.上海:格致出版社,2021
[2] 马二伟.数字平台营销.北京:科学出版社,2019
[3] 秦志强.新媒体营销与运营实战笔记.北京:人民邮电出版社,2020
[4] 燕鹏飞.全网营销.广州:广东人民出版社,2018
[5] 贾丽军.智能营销,从4P时代到4E时代.北京:中国市场出版社
[6] 梁惠琼,施伟凤等.市场营销.北京:清华大学出版社,2021
[7] 程淑丽,王宏.市场营销精细化管理全案.北京:人民邮电出版社,2021
[8] 杜明汉,刘巧兰.市场调查与预测:理论、实务、案例、实训.大连:东北财经大学出版社,2020
[9] 张晋光.市场营销.北京:机械工业出版社,2021
[10] 邱小平.市场调研与预测.北京:机械工业出版社,2017
[11] 冯丽云.现代市场调查与预测.北京:经济管理出版社,2020
[12] 吴健安,聂元昆.市场营销学.北京:高等教育出版社,2020
[13] 岳淑捷,胡留洲.市场营销理论与实务.北京:人民邮电出版社,2011
[14] 丁纪平.市场营销学.北京:人民邮电出版社,2020
[15] 张卫东,夏清明.现代市场营销学.北京:科技文献出版社,2015
[16] 屈冠银.市场营销理论与实训教程.北京:机械工业出版社,2020
[17] 吕一林,岳俊芳.市场营销学.北京:科学出版社,2021
[18] 易正伟.销售管理原理与实务.北京:中国水利电力出版社,2014
[19] 潘振良,徐晓鹰.现代市场营销.北京:高等教育出版社,2015
[20] 高南林.营销策划实务.北京:暨南大学出版社,2012
[21] 贾妍,李海琼.市场营销理论与操作.北京:北京交通大学出版社,2015
[22] 季辉,王冰.营销理论与实务.北京:科学出版社,2015
[23] 赵亚翔.市场营销.大连:大连理工大学出版社,2009